"十三五"国家重点图书出版规划项目

中国土地与住房研究丛书·村镇区域规划与土地利用

丛书主编　冯长春

Study on the Regulation and Optimization
Methods of Land Use in
BEIJING-TIANJIN-HEBEI REGION

京津冀区域土地优化利用管控技术方法研究

冯长春　苏黎馨　/等著

图书在版编目(CIP)数据

京津冀区域土地优化利用管控技术方法研究/冯长春等著.—北京:北京大学出版社,2021.4

(中国土地与住房研究丛书·村镇区域规划与土地利用)

ISBN 978-7-301-32082-2

Ⅰ.①京… Ⅱ.①冯… Ⅲ.①土地利用—研究—华北地区 Ⅳ.①F321.1

中国版本图书馆 CIP 数据核字(2021)第 055011 号

书　　　名	京津冀区域土地优化利用管控技术方法研究
	JINGJINJI QUYU TUDI YOUHUA LIYONG GUANKONG JISHU FANGFA YANJIU
著作责任者	冯长春　等著
责 任 编 辑	王树通
标 准 书 号	ISBN 978-7-301-32082-2
审　图　号	GS(2021)1617 号
出 版 发 行	北京大学出版社
地　　　址	北京市海淀区成府路 205 号　100871
网　　　址	http://www.pup.cn　新浪微博:@北京大学出版社
电 子 信 箱	zpup@pup.cn
电　　　话	邮购部 010-62752015　发行部 010-62750672　编辑部 010-62764976
印 刷 者	天津中印联印务有限公司
经 销 者	新华书店
	730 毫米×1020 毫米　16 开本　19.5 印张　372 千字
	2021 年 4 月第 1 版　2021 年 4 月第 1 次印刷
定　　　价	68.00 元

未经许可,不得以任何方式复制或抄袭本书之部分或全部内容。

版权所有,侵权必究

举报电话: 010-62752404　电子信箱: fd@pup.pku.edu.cn

图书如有印装质量问题,请与出版部联系,电话: 010-62756370

"中国土地与住房研究丛书"
村镇区域规划与土地利用
编辑委员会

主编 冯长春

编委 （按姓氏拼音排序）

曹广忠	曹敏政	陈　春	陈耀华
楚建群	戴林琳	戴特奇	冯长春
冯　健	龚咏喜	郭　菲	贺灿飞
黄志基	李贵才	梁进社	林　坚
刘　青	刘　涛	刘雪萍	刘志
吕　斌	彭震伟	沈昊婧	宋　峰
苏黎馨	唐　琳	仝　德	王茂军
吴健生	严长青	杨家文	杨子江
阴　劼	曾　辉	张　华	张书海
张文新	张一凡	赵鹏军	朱晟君

丛 书 总 序

本丛书的主要研究内容是探讨我国新型城镇化之路、城镇化与土地利用的关系、城乡一体化发展及村镇区域规划等。

在当今经济全球化的时代，中国的城镇化发展正在对我国和世界产生深远的影响。诺贝尔奖获得者、美国经济学家斯蒂格利茨(J. Stiglitz)认为中国的城镇化和美国的高科技是影响21世纪人类发展进程的两大驱动因素。他提出"中国的城镇化将是区域经济增长的火车头，并产生最重要的经济利益"。

2012年11月，党的十八大报告指出："坚持走中国特色新型工业化、信息化、城镇化、农业现代化道路，推动信息化和工业化深度融合、工业化和城镇化良性互动、城镇化和农业现代化相互协调，促进工业化、信息化、城镇化、农业现代化同步发展。"

2012年的中央经济工作会议指出："积极稳妥推进城镇化，着力提高城镇化质量。城镇化是我国现代化建设的历史任务，也是扩大内需的最大潜力所在，要围绕提高城镇化质量，因势利导、趋利避害，积极引导城镇化健康发展。要构建科学合理的城市格局，大中小城市和小城镇、城市群要科学布局，与区域经济发展和产业布局紧密衔接，与资源环境承载能力相适应。要把有序推进农业转移人口市民化作为重要任务抓实抓好。要把生态文明理念和原则全面融入城镇化全过程，走集约、智能、绿色、低碳的新型城镇化道路。"

2014年3月，我国发布《国家新型城镇化规划(2014—2020年)》，根据党的十八大报告、《中共中央关于全面深化改革若干重大问题的决定》、中央城镇化工作会议精神、《中华人民共和国国民经济和社会发展第十二个五年规划纲要》和《全国主体功能区规划》编制，按照走中国特色新型城镇化道路、全面提高城镇化质量的新要求，明确未来城镇化的发展路径、主要目标和战略任务，统筹相关领域制度和政策创新，是指导全国城镇化健康发展的宏观性、战略性、基础性规划。

从世界各国来看，城市化(我国称之为城镇化)具有阶段性特征。当城市人口超过10%以后，进入城市化的初期阶段，城市人口增长缓慢；当城市人口超过30%以后，进入城市化加速阶段，城市人口迅猛增长；当城市人口超过70%以后，进入城市化后期阶段，城市人口增长放缓。中国的城镇化也符合世界城市化的一般规律。总结自1949年以来我国城镇化发展的历程,经历了起步(1949—1957年)、曲折发展(1958—1965年)、停滞发展(1966—1977年)、恢复发展(1978—1996年)、快速发展(1996年以来)等不同阶段。新中国成立后,国民经济逐步恢复,尤其是"一五"期间众多建设项目投产,工业化水平提高,城市人口增加,拉开了新中国城镇化进程的序幕。城市数量从1949年的136个增加到1957年的176个,城市人口从1949年的5765万人增加到1957年的9949万人,城镇化水平从1949年的10.6%增长到1957年的15.39%。1958—1965年这一时期,由于"大跃进"和自然灾害的影响,城镇化水平起伏较大,前期盲目扩大生产,全民大办工业,导致城镇人口激增2000多万,后期由于自然灾害等影响,国民经济萎缩,通过动员城镇工人返乡和调整市镇设置标准,使得城镇化水平回缩。1958年城镇化水平为16.25%,1959年上升到18.41%,1965年城镇化水平又降低到低于1959年水平。1966—1977年,期间经历"文化大革命",国家经济发展停滞不前,同时大批知识青年上山下乡,城镇人口增长缓慢,城镇化进程出现反常性倒退,1966年城镇化水平为17.86%,1976年降为17.44%。1978—1996年,十一届三中全会确定的农村体制改革推动了农村经济的发展,释放了大量农村剩余劳动力,改革开放政策促进城市经济不断壮大,国民经济稳健发展,城镇化水平稳步提升,从1979年的18.96%增加到1996年的29.4%,城市数量从1978年的193个增加到1996年的666个。1996年以来,城镇化率年均增长1个百分点以上。2011年城镇人口达到6.91亿,城镇化水平达到51.27%,首次突破50%;2012年城镇化率比上年提高了1.30个百分点,城镇化水平达到52.57%;2013年,中国大陆总人口为136 072万人,城镇常住人口73 111万人,乡村常住人口62 961万人,城镇化水平达到了53.73%,比上年提高了1.16个百分点;2014年城镇化水平达到54.77%,比上年提高了1.04个百分点;2015年城镇化水平达到56.10%,比上年提高了1.33个百分点。这表明中国社会结构发生了历史性的转变,开始进入城市型社会为主体的城镇化快速发展阶段。与全球主要国家相比,中国目前的城镇化水平已超过发展中国家平均水平,但与发达国家平均77.5%的水平还有较大差距。

  探讨我国新型城镇化之路,首先要对其内涵有一个新的认识。过去一种最为普遍的认识是:城镇化是"一个农村人口向城镇人口转变的过程"。在这种认识的指导下,城镇人口占国家或地区总人口的比重成为衡量城镇化发育的关键,多数情况下甚至是唯一指标。我们认为:城镇化除了是"一个农村人口向城镇人口转变的过程",还包括人类社会活动及生产要素从农村地区向城镇地区转移的过程。新型城镇化的内涵应该由4个基本部分组成:人口;资源要素投入;产出;社会服务。换言之,新型城镇化的内涵应该由人口城镇化、经济城镇化、社会城镇化和资源城镇化所组成。

人口城镇化就是以人为核心的城镇化。过去的城镇化,多数是土地的城镇化,而不是人的城镇化。多数城镇化发展的路径是城镇规模扩张了,人却没有在城镇定居下来。所谓"没有定居",是指没有户籍、不能与城镇人口一样享受同样的医保福利等"半城镇化"的状态。2013年中国"人户分离"人口达到了2.89亿人,其中流动人口为2.45亿人,"户籍城镇化率"仅为35.7%左右。人口城镇化就是要使半城镇化人口变成真正的城镇人口,在提高城镇化数量的同时,提高城镇化的质量。

城镇化水平与经济发展水平存在明显的正相关性。国际经验表明,经济发达的地区和城市有较高的收入水平和更好的生活水平,吸引劳动力进入,促进城市化发展,而城市人口的增长、城市空间的扩大和资源利用率的提升,又为经济的进一步发展提供必要条件。发达国家城市第三产业比重达到70%左右,而我国城市产业结构以第二产业为主导。经济城镇化应该是城市产业结构向产出效益更高的产业转型,通过发展集群产业,带来更多的就业和效益,以承接城镇人口的增长和城市规模的扩大,这就需要进行产业结构调整和经济结构转型与优化。

社会城镇化体现在人们的生活方式、行为素质和精神价值观及物质基础等方面。具体而言,是指农村人口转为城镇人口,其生活方式、行为、精神价值观等发生大的变化,通过完善基础设施以及公共服务配套,使得进城农民在物质、精神各方面融入城市,实现基本公共服务均等化。

资源城镇化是指对土地、水、能源等自然资源的高效集约利用。土地、水和能源资源是制约我国城镇化的瓶颈。我国土地资源"一多三少",总量多,人均耕地面积少、后备资源少、优质土地比较少,三分之二以上的土地利用条件恶劣;我国有500多个城市缺水,占城市总量的三分之二;城镇能耗与排放也成为突出的挑战。因此,资源城镇化就是要节能减排、低碳发展、高效集约利用各类资源。

从新型城镇化的内涵理解入手,本丛书的作者就如何高效集约地利用土地资源,既保证社会经济和城镇化发展的用地需求,又保障粮食安全所需的十八亿亩耕地不减少进行了研究。同时,以人为核心的城镇化,能使得进城农民市民化,让城镇居民安居乐业,本丛书研究了我国新型城镇化进程中的"人—业—地—钱"相挂钩的政策,探讨了我国粮食主产区农民城镇化的意愿及城镇化的实现路径。

在坚持以创新、协调、绿色、开放、共享的发展理念为引领,深入推进新型城镇化建设的同时,加快推进城乡发展一体化,也是党的十八大提出的战略任务。习近平总书记在2015年4月30日中央政治局集体学习时指出:"要把工业和农业、城市和乡村作为一个整体统筹谋划,促进城乡在规划布局、要素配置、产业发展、公共服务、生态保护等方面相互融合和共同发展。"他强调:"我们一定要抓紧工作、加大投入，努力在统筹城乡关系上取得重大突破，特别是要在破解城乡二元结构、推进城乡要素平等交换和公共资源均衡配置上取得重大突破，给农村发展注入新的动力，让广大农民平等参与改革发展进程、共同享受改革发展成果。"因此，根据党的十八大提出的战略任务和习近平同志指示精神，科学技术部联合教育部、国土资源部（现自然资源部）等部门组织北京大学、中国科学院地理科学与资源研究所、同济大学、武汉大学、东南大学等单位开展了新农村建设和城乡一体化发展的相关研究。本丛书展示的一些成果就是关于新农村规划建设和城乡一体化发展的研究成果，这些研究成果力求为国家的需求，即新型城镇化和城乡一体化发展提供决策支持和技术支撑。北京大学为主持单位，同济大学、武汉大学、东南大学、中国科学院地理科学与资源研究所、北京师范大学、重庆市土地勘测规划院、华南师范大学、江苏省城镇与乡村规划设计研究院、广东省城乡规划设计研究院等单位参加的研究团队，在"十一五"国家科技支撑计划重大项目"村镇空间规划与土地利用关键技术研究"的基础上，开展了"十二五"国家科技支撑计划重点项目"村镇区域空间规划与集约发展关键技术研究"。紧密围绕"土地资源保障、村镇建设能力、城乡统筹发展"的原则，按照"节约集约用地、切实保护耕地、提高空间效率、推进空间公平、转变发展方式、提高村镇生活质量"的思路，从设备装备、关键技术、技术标准、技术集成和应用示范五个层面，深入开展了村镇空间规划地理信息卫星快速测高与精确定位技术研究、村镇区域发展综合评价技术研究、村镇区域集约发展决策支持系统开发、村镇区域土地利用规划智能化系统开发、村镇区域空间规划技术研究和村镇区域空间规划与土地利用优化技术集成示范等课题的研究。研制出2套专用设备，获得13项国家专利和23项软件著作权，编制22项技术标准和导则，开发出23套信息化系统，在全国东、中、西地区27个典型村镇区域开展了技术集成与应用示范，为各级国土和建设管理部门提供了重要的技术支撑，为我国一些地方推进城乡一体化发展提供了决策支持。

新型城镇化和城乡一体化发展涉及政策、体制、机制、资源要素、资金等方方面面，受经济、社会和生态环境等各种因素的影响。需要从多学科、多视角进行系统深入的研究。这套丛书的推出，旨在抛砖引玉，引起"学、研、政、产"同人的讨论和进一步研究，以期能有更多更好的研究成果展现出来，为我国新型城镇化和城乡一体化发展提供决策支持和技术支撑。

中国土地与住房研究丛书·村镇区域规划与土地利用
编辑委员会
2016年10月

前　言

2014年2月26日,习近平总书记主持召开了京津冀协同发展工作座谈会,强调实现京津冀协同发展,是面向未来打造新的首都经济圈、推进区域发展体制机制创新的需要,是探索完善城市群布局和形态、为优化开发区域发展提供示范和样板的需要,是探索生态文明建设有效路径,促进人口、经济、资源和环境相协调的需要,是实现京津冀优势互补、促进环渤海经济区发展、带动北方腹地发展的需要,是一个重大国家战略,要坚持优势互补、互利共赢、扎实推进,加快走出一条科学持续的协同发展路子来。习总书记将京津冀协同发展上升为国家战略,开启了该区域全面合作、协同发展的新篇章。2015年4月30日,中共中央政治局会议审议通过了《京津冀协同发展规划纲要》。纲要明确指出,京津冀协同发展的核心是有序疏解北京非首都功能,调整经济结构,优化空间结构,走出一条内涵集约发展的新路子,探索出在人口和经济高度密集地区优化开发新模式,促进区域协调发展,建成以首都为核心的世界级城市群、区域整体协同发展改革引领区、全国创新驱动经济增长新引擎、生态修复环境改善示范区。这一国家战略实施五年来,北京城市副中心建设、非首都功能疏解、冬奥会筹办、雄安新区建立以及京津冀交通一体化和环境综合整治等一系列重大举措落地实施,有力地推动了京津冀区域协同创新与高质量发展。2019年1月,习总书记又一次对京津冀进行调研考察,对京津冀协同发展提出了6个方面的要求,为京津冀协同发展战略继续攻坚克难、寻求突破指明了方向,提供了着力点。其中,明确提到:要立足于推进人流、物流、信息流等要素市场一体化,推动交通一体化;要破除制约协同发展的行政壁垒和体制机制障碍,构建促进协同发展、高质量发展的制度保障;要强化生态环境联建联防联治,持之以恒推进京津冀地区生态建设,加快形成节约资源和保护环境的空间格局、产业结构、生产方式和生活方式。按照习总书记的要求,推动要素市场和交通一体化,形成资源节约、生态环境良好、产业结构和布局合理的空间格局,土地资源优化利用至关重要。为此,原国土资源部设立了公益性行业科研专项项目"京津冀土地优化利用一体化管控关键技术与应用"(项目编号:201511010),自然资源部土地整治中心、北京大学、中国人民大学、中国科学院遥感与数字地球研究所、中国农业大学、中国地质大学(北京)、天津市国土资源和房屋管理研究中心、河北省土地整理服务中心等科研单位联合攻关。该项目面向京津冀全域空间,以绿色和智慧的土地利用为目标,重点研究土地生态价值评估、土地优化利用大数据、"三生"空间规划与优化调控、基于生命共同体的用途管制等关键技术。集成融合常规技术方法,开发土地优化利用模拟分析平台与决策支持系统;围绕调查、评价、规划、整治、许可和市场运行,构建京津冀一体化土地管控体系,并在京津冀典型地区进行应用示范,以实现在生态安全底线约束下,优化区域土地利用格局,强化区域尺度资源优化配置统筹机制,提升土地资源利用功能效率,为京津冀区域社会经济持续发展提供有力支撑和保障。

北京大学承担了专项项目中"京津冀土地优化利用管控技术方法研究(201511010-3A)"课题。该课题针对京津冀协同发展跨区域、多层次、多主体、多目标的基本特点,建立了"多维度分析—多要素驱动—多尺度评价—多目标优化"的整体研究框架,全面诊断了区域自然本底条件、土地利用现状特征和主要问题;系统分析了土地资源开发利用的演变规律及驱动机制;从空间规划、政策创新、土地利用模式优化、社会经济转型等多维度,探讨区域土地资源优化利用一体化管控的理论与技术方法,为京津冀区域土地资源合理配置提供科学决策依据,以期实现"两保护、三保障",即保护生态环境和耕地红线,保障粮食安全、城镇建设和社会经济发展,使土地资源开发利用的规模与结构合理、空间格局优化、资源节约集约和效率高效。

本书的内容是在课题"京津冀土地优化利用管控技术方法研究"的核心成果基础上,结合新型城镇化、空间治理和城镇建设用地评价等几个专题研究成果,进行整合完善形成的,共包括九个章节。第一章,导论,对研究背景、研究目标与意义、研究内容与结构、主要数据来源进行系统阐述。第二章,京津冀区域发展的空间结构特征,基于"城市—区域"空间结构演化的一般规律,刻画京津冀区域人口、经济、交通等多种要素的生产组织格局,并与全球一些城市群进行比较研究,加深对该区域协同发展内在动力及面临问题的认识。第三章,京津冀土地利用现状特征,主要从规模结构与土地利用效益两个维度认识京津冀区域土地利用的现状特征和变化趋势。第四章,京津冀土地利用时空演变格局及驱动力研究,基于长时间尺度、多级土地利用分类和空间尺度,研究区域土地利用的时空演变规律及其影响的驱动力。第五章,京津冀建设用地规模变化的时空特征,针对建设用地的扩张,分析概括区域内建设用地发展演变的典型模式。第六章,京津冀建设用地变化驱动力研究,基于县域、网格两类空间单元分别构建驱动力分析模型,识别影响区域内建设用地规模增长与扩张方向的主导因素。第七章,京津冀土地利用适宜性评价与空间优化,构建适用于区域尺度的土地利用适宜性评价方法，结合评价结果与政策要求，分区制定优化准则，并通过叠置分析实现区域土地利用空间优化配置。第八章，京津冀区域空间治理体系发展特征，梳理了京津冀区域协同治理的政策体系与实施机制，讨论其对土地资源优化配置的影响作用。第九章，京津冀土地优化利用管控体系优化建议，结合前八个章节的研究结论，概括京津冀土地优化利用管控需求，并对相关支撑制度的创新、技术方法体系的改进提出相应建议。

本书的成果是研究团体集体智慧的结晶。各章节撰写分工：第一章：冯长春、苏黎馨；第二章：苏黎馨、习皓、冯长春；第三章：杨乐、苏黎馨、习皓、吕品妍；第四章：杨乐、苏黎馨、习皓、郑树杰；第五章：李也、冯长春；第六章：李也、冯长春；第七章：楼梦醒、杨乐、冯长春；第八章：苏黎馨、李也、冯长春；第九章：冯长春、苏黎馨、郭永沛、单正英。最后全书由冯长春、苏黎馨统稿。

《土地科学动态》对本课题研究成果进行了专题推送，部分内容已发表于《地理科学进展》《城市发展研究》等学术期刊上。笔者多次在学术交流会议上做会议报告，与专家学者交流研讨，吸取有益意见，并基于第七章的研究成果完成了软件开发，申请并获得软件著作权，软件名称为"土地利用适宜性评价与分区技术系统"（登记号：2019SR0119529）。该软件提供了对基础数据的处理模型，核心功能在于对"农用地适宜性评价""建设用地适宜性评价"和"综合适宜性结果"进行快速简易的运算。

"京津冀土地优化利用管控技术方法研究"课题，在研究过程中得到了自然资源部国土整治中心、北京市国土资源勘测规划中心、中国科学院遥感与数字地球研究所、中国人民大学、中国地质大学（北京）、中国农业大学、河北省土地整理服务中心、天津市开垦征地事务中心等单位或机构的大力支持。在多次专题研讨、专家咨询、成果交流会议上，项目负责人郧文聚先生及各研究单位的同行专家和学者们提供了诸多宝贵的意见与建议，对课题研究的持续完善与深化具有重要意义。同时，各团队在专业领域内为京津冀土地优化利用实现一体化管控所研发的关键技术、推进的应用示范，加深了本课题对京津冀国土空间系统发展更全面、更深刻的认识，很好地帮助了本课题拓宽研究思路。在此，表示深深的感谢！

本书对京津冀区域土地利用的时空演变格局进行了系统分析，探讨了土地利用演化规律及其驱动机制，构建了区域土地优化利用一体化管控体系；并通过多维度比较研究，诊断了区域发展面临的主要问题和挑战，研究提出京津冀土地利用影响因素识别技术，京津冀土地利用适宜性评价与空间优化等技术方法。本书依托的课题启动于2015年，于2018年结题。研究过程伴随着京津冀协同发展战略的提出，贯穿了京津冀协同发展战略实施的第一个五年，也经历了国家设立雄安新区、国务院机构改革、国土空间规划体系等一系列重大变革。京津冀土地优化利用管控技术方法体系的构建,在逐渐明晰的区域协同发展战略框架下,亦不断进行调整,形成阶段性研究成果,并在北京、天津和河北进行了应用示范,取得了较好的效果。但还需要深入研究和不断完善,真诚地希望同行和读者不吝批评指正。另外,本研究的土地利用时空分析更多地基于2015年已形成的格局与规律,以此作为区域协同管控的基础与依据。但如前所述,2015年至今的五年间,京津冀区域协同发展经历了深刻、快速的关键变革期,区域土地利用格局是否呈现出新的演化趋势,以及协同管控发挥了怎样的作用?仍有待进一步研究,也期待与同行专家、学者共同探讨。

最后,本书的出版得到了北京大学出版社的大力支持,特此致谢!

冯长春
2020 年 10 月

目 录

第一章　导论 / 1
　　第一节　研究背景 / 1
　　第二节　研究目标与研究意义 / 3
　　第三节　研究内容与研究结构 / 4
　　第四节　研究数据主要来源 / 5

第二章　京津冀区域发展的空间结构特征 / 9
　　第一节　区域发展基础 / 9
　　第二节　要素的空间集聚特征 / 13
　　第三节　城际联系格局 / 22
　　第四节　京津冀与长三角、珠三角比较 / 31
　　第五节　世界级城市群发展模式比较 / 37
　　第六节　本章小结 / 42

第三章　京津冀土地利用现状特征 / 44
　　第一节　土地利用总体特征 / 44
　　第二节　京津冀区域土地利用综合效益 / 49
　　第三节　土地优化利用的国际经验 / 63
　　第四节　本章小结 / 67

第四章　京津冀土地利用时空演变格局及驱动力研究 / 69

第一节　土地利用结构变化 / 69
第二节　地类间的相互转移变化 / 78
第三节　京津冀区域土地利用空间格局演变 / 97
第四节　京津冀区域土地利用变化驱动力分析 / 103
第五节　本章小结 / 117

第五章　京津冀建设用地规模变化的时空特征 / 119

第一节　数据来源与处理 / 119
第二节　京津冀建设用地阶段性演变特征 / 122
第三节　京津冀建设用地变化的空间分异 / 145
第四节　京津冀建设用地变化的典型模式 / 161
第五节　本章小结 / 164

第六章　京津冀建设用地变化驱动力研究 / 167

第一节　区域建设用地变化驱动力因素选择 / 167
第二节　区县尺度的京津冀建设用地数量变化
　　　　驱动力分析 / 174
第三节　网格尺度的京津冀建设用地扩张方向
　　　　驱动力分析 / 185
第四节　本章小结 / 197

第七章　京津冀土地利用适宜性评价与空间优化 / 199

第一节　区域农用地适宜性评价 / 199
第二节　区域建设用地适宜性评价 / 212
第三节　区域土地利用适宜类别空间分布 / 225
第四节　区域土地利用空间优化建议 / 228
第五节　本章小结 / 236

第八章　京津冀区域空间治理体系发展特征 / 238

第一节　京津冀协同发展政策演进 / 238
第二节　京津冀区域协同治理整体框架 / 242
第三节　区域空间规划体系构建 / 246
第四节　交通协同发展与区域空间治理 / 253

第五节　产业转移与区域空间治理 / 256
第六节　区域尺度的生态协同保护 / 261
第七节　国内外区域治理模式比较研究 / 263
第八节　本章小结 / 271

第九章　京津冀土地优化利用管控体系优化建议 / 274
第一节　京津冀土地优化利用管控需求 / 274
第二节　土地优化利用管控体系构建总体思路 / 277
第三节　区域协同发展的保障策略 / 281

参考文献 / 285

第一章

导 论

第一节 研究背景

一、城市群作为新型城镇化的主体形态,需提升资源环境的支撑作用

我国在经历了快速城镇化进程后,社会经济的可持续发展面临越来越多的挑战,亟需通过优化空间结构、提升空间利用效率,来推动形成高质量、可持续的区域经济发展格局。在《中共中央关于制定国民经济和社会发展第十一个五年规划的建议》中明确提出:"以特大城市和大城市为龙头,通过统筹规划,形成若干用地少、就业多、要素集聚能力强、人口分布合理的新城市群。"从此,我国城市群发展战略的地位不断上升,实施路径逐渐明朗。"十二五"期间(2011—2015年),《国家新型城镇化规划(2014—2020年)》正式发布,进一步强调了以城市群为新型城镇化的主体形态,提出"根据资源环境承载能力构建科学合理的城镇化宏观布局"作为基本原则之一,明确了"两横三纵"的城镇化战略格局。到了"十三五"期间(2016—2020年),在原先"四大板块"战略的基础上,增加了对"京津冀、'一带一路'、长江经济带"的发展指引,进一步聚焦了区域发展中的空间单元,力求通过培育和生产更有竞争力的城市群来支撑国家经济的增长与转型发展。结合实际发展情况,国内以城市群为代表的"城市—区域"空间单元已在全国生产力格局中发挥着战略支点、增长极点和核心节点的作用,承载着各种生产要素流的汇聚与扩散,尤其是京津冀、长三角、珠三角三大城市群,是我国经济最活跃、要素最集中的区域。为了更好地推动城市群发展,需要全面加快推进区域协调机制的创新。立足区域整体利益,探索引导各类要素合理流动、协同优化生产布局、统筹生态环境保护的方法体系与制度保障。为此,研究京津冀区域土地优化利用一体化管控关键技术,发挥资源环境对京津冀城市群协同发展的支撑作用具有现实意义。

二、生态文明体制建设不断深化,需强化土地资源系统化管控

自然资源是人类赖以生存的物质基础,针对不同发展阶段面临的"人地矛盾",我国始终在探索并推动自然资源管理体制的优化与创新。2012年以来,随着中国特色社会主义"五位一体"总体布局的提出,带动了发展理念的新一轮转变,亦开始推进生态文明顶层设计与制度体系建设。国家相继出台了《关于加快生态文明建设的意见》《生态文明体制改革总体方案》等多项涉及生态文明建设的改革方案,开创了自然资源管理的新局面。改革方向与核心内容包括:转变发展思路,建立支持绿色生产与消费的政策导向,促进资源节约集约利用;建立起综合观,基于自然资源的系统性特征,实施统筹管理,通过成立自然资源部落实相关管理职能的合并;自然资源的资产价值更加受到重视,在考虑其经济价值的同时,生态价值优先考虑,树立"绿水青山就是金山银山"的发展理念;构建国土空间规划的新体系,强化空间管控,实施全域、全要素管控,优化空间开发保护格局。土地资源作为自然资源的重要组成部分,为人类活动提供了物质基础、承载空间与生态服务功能。但土地资源具有不可移动性、稀缺性、功能复合性等特征,又涉及不同要素的交互作用。随着自然资源系统治理思维的强化,可能显化空间单元复杂性带来的矛盾,集中体现在实体空间、功能空间与管理空间三者的关系上。因此,研究土地资源合理利用与高效配置的技术方法,对切实保护与有效修复土地资源,促进城市—区域社会经济可持续发展具有重要作用。

三、京津冀协同发展战略的实施,需优化土地资源配置机制

2015年,中共中央政治局会议审议通过了《京津冀协同发展规划纲要》,将实现京津冀协同发展作为区域发展总体战略的重要一环,明确其对于优化生产力布局,提高发展质量和效益的战略作用。在相关部委的牵头下,又陆续出台了《"十三五"时期京津冀国民经济和社会发展规划》《京津冀协同发展土地利用总体规划(2015—2020年)》等区域规划。要求以疏解北京非首都功能为契机,调整地区经济结构和产业布局空间结构,走出一条内涵集约发展的新路子,探索出一种人口经济密集地区优化开发的模式,促进区域经济协调发展,形成新增长动力和增长极。2017年,中共中央、国务院决定设立雄安新区,并将其定位为"具有全国意义的新区、千年大计、国家大事",完善了区域治理结构。

京津冀协同发展战略实施以来,在非首都功能疏解、经济结构调整、交通一体化和环境整治等方面取得了显著成效。但仍然面临资源环境的压力,空间格局还不够优化,导致土地等资源利用效率较低,甚至存在粗放利用的现象。同时,城市等级体系不完善,城市间发展梯度较大,加剧了中心城市资源环境超载的问题,并受负外部效应影响,区域环境仍然面临较大挑战,亟需建立土地资源优化配置和协同管控机制。

第二节 研究目标与研究意义

一、研究目标

针对京津冀区域土地资源保护与开发利用的现状特征和存在问题,构建"多尺度评价-多元驱动-多目标优化"的土地利用系统分析框架;分析京津冀区域土地资源开发利用的空间分异特征,诊断影响土地利用变化的驱动因素,揭示区域土地利用的时空演变规律以及城乡建设用地扩张的模式和机制。研究京津冀土地资源利用的适宜性评价的理论方法,评测区域土地资源利用潜力;建立京津冀土地优化利用的指标体系,划分京津冀土地优化利用分区,提出土地资源优化配置和管控方法。梳理京津冀协同发展有关政策和治理平台,对比分析国内外大都市区空间治理的结构和机制,针对京津冀土地优化利用管控现状和需求,构建京津冀区域治理的现代化体系和模式,并提出区域治理的政策建议,以期促进和提升京津冀区域土地优化利用一体化管控水平。

二、研究意义

理论层面上,扩展了区域尺度土地利用系统分析的实证研究,在构建多尺度互补、多视角融合的分析框架方面可提供参考。对区域土地利用变化驱动因素识别研究进行了有益补充,在丰富指标体系、优化数理模型方面具有一定贡献。研发适用于区域尺度的土地利用适宜性评价指标体系与评价方法,有利于推动相关技术方法的转型,更好地面向自然资源统一管理的需求。尝试探讨城市群空间结构、土地利用格局、协同治理模式之间的互动作用,有助于加快形成土地资源管理系统观,为构建区域一体化土地利用管控体系提供了理论依据。

实践层面上,相关研究成果有利于促进京津冀土地利用模式与管控体系的全面优化。研究发现的土地利用演变规律,总结的优化利用途径与经验,可为国土管理部门提升土地利用效率、推动土地资源优化配置提供决策依据。制定的指标体系、管控技术方法具有一定的推广应用价值,可促进相关职能部门工作效率的提升。对区域空间治理模式的系统梳理与优化建议，可为协调解决区域土地利用矛盾，优化空间格局，实现区域协同发展提供重要参考。

第三节　研究内容与研究结构

本研究针对当前京津冀区域土地资源开发利用缺乏区域协调和统筹，导致土地资源空间配置不尽合理、土地利用效率不高、生态环境面临挑战、社会经济发展不可持续等现实问题，开展京津冀区域土地优化利用管控技术方法研究。核心工作主要包括以下五个方面：

（一）构建区域尺度土地利用特征的系统分析框架。基于人地系统耦合的理论视角，遵循城市群空间结构演化规律，立足京津冀地域空间结构发育特征，科学分析区域土地利用的规模结构、利用效益与空间分异特征。建立区域、城市、网格三种分析尺度，分别聚焦共同问题、特征分异、空间过程，厘清不同土地类型之间、土地系统与人类活动之间的复杂互动关系，响应土地管控从调控规模结构向优化国土空间结构转型的趋势。

（二）概括总结京津冀区域土地利用时空演变规律。采用上述框架，综合运用数理模型与空间分析方法，研究京津冀区域土地利用格局的主要特征与演化规律。建立比较研究视角，通过与国内外发育较好的城市群或都市圈进行横向比较，诊断京津冀区域发展的结构性问题，并借鉴有益经验。为深入理解相关问题的形成机制，综合考虑社会、经济、生态等多维度影响因素构建指标体系，运用数学模型定量识别京津冀区域土地利用变化的主导驱动因素，关注不同地类变化驱动因素的差异以及各城市之间土地利用变化驱动因素的分异。

（三）创新区域建设用地时空演变分析框架与驱动力识别技术。运用多源数据挖掘与融合技术，获取长时间序列的建设用地一手数据。从区域、次区域和城市三个层面建立建设用地时空演变分析框架，概括京津冀区域建设用地扩张的典型模式。选取区县和网格两种空间单元，分别构建建设用地变化驱动力分析模型，探索京津冀区域建设用地扩张机制的阶段性演变特征及其在不同次区域的分异性。

（四）研制区域土地利用适宜性评价技术与空间优化方法。根据区域内资源禀赋情况，分别构建"农用地适宜性评价指标体系"与"建设用地适宜性评价指标体系"。运用多因子综合评价模型，以网格为分析单元，分别进行农用地适宜性评价与建设用地适宜性评价。综合考虑区域土地利用中的主要矛盾，建立比较判别矩阵，得到区域土地利用综合适宜性格局。梳理分区管控要求，制定分区优化准则，通过空间叠置分析，优化京津冀区域土地资源的空间配置。

（五）优化京津冀区域土地优化利用管控技术方法体系。 系统梳理京津冀区域空间治理体系的内在结构、运行机制与创新手段，对京津冀区域治理所处的特定背景形成理性认识。在与国外较成熟区域治理模式的比较研究中，总结一般规律，并发现京津冀的特色问题。从区域尺度国土空间优化的需求出发，进一步基于土地管控需求、相关保障制度、技术创新等多个维度进行问题诊断，并提出优化建议。

围绕上述内容，全书共分为九个章节，研究思路与结构安排详见图 1-1。

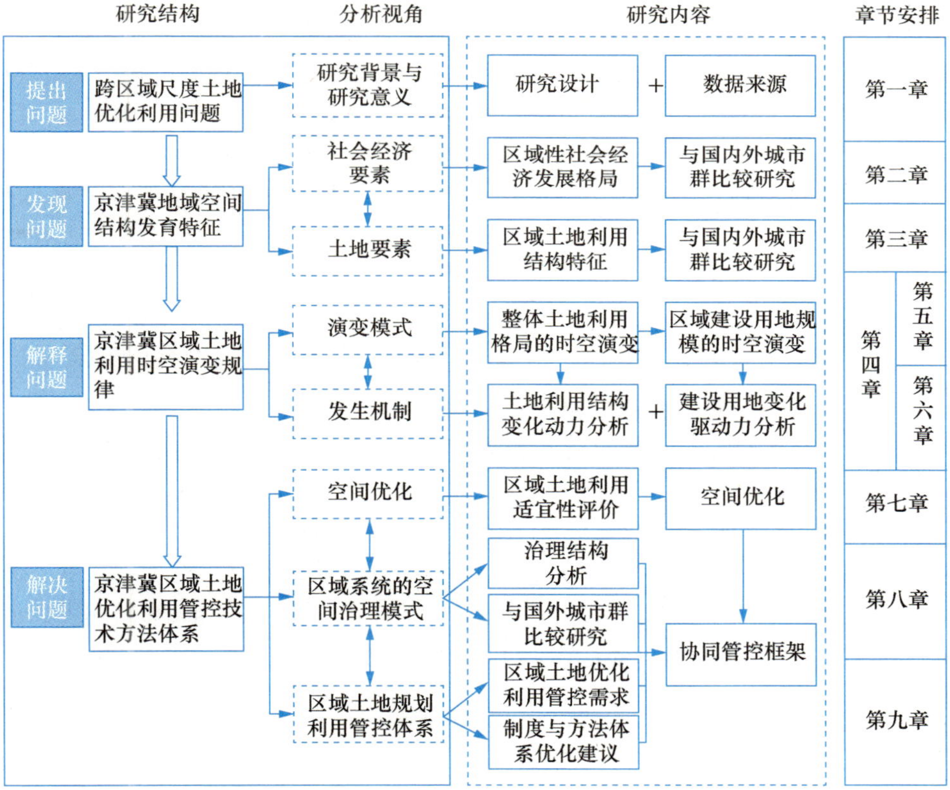

图 1-1 研究框架

第四节 研究数据主要来源

一、社会经济数据

根据数据获取的科学性、可操作性原则，本研究采用的社会经济数据主要来源于相应年份的《中国统计年鉴》《中国城市统计年鉴》《中国城市建设统计年鉴》《河北经济年鉴》《北京区域统计年鉴》《北京统计年鉴》《天津统计年鉴》《石家庄统计年鉴》《唐山统计年鉴》《秦皇岛统计年鉴》《邯郸统计年鉴》《邢台统计年鉴》《保定统计年鉴》《张家口统计年鉴》《承德统计年鉴》《廊坊统计年鉴》《衡水统计年鉴》,以及各区/县相应年份的《国民经济和社会发展统计公报》。其他辅助数据包括国家层面关于京津冀的规划文件和政策文件,以及北京、天津和河北的相关规划和政策文件。主要通过CNKI的年鉴数据库、中国经济与社会发展统计数据库,以及纸质统计资料等进行数据收集,得到了绝大部分数据。有少数区/县的个别指标数据缺失,对于缺失的数据在回归分析中采用有数据观察样本的均值替代缺失数据,实际上是忽略了缺失数据的少量样本的影响。对于研究时段内一些城市的行政区划调整可能带来的影响,本研究对比了分析中各年份的行政区划情况,按照区/县行政单元数量最少的原则对一些区/县进行了合并。

二、土地利用数据

本研究采用的土地利用数据,主要来源于中国科学院资源环境科学数据中心的中国土地利用遥感监测栅格数据。该数据是基于Landsat TM数字影像,采用遥感信息人机交互快速提取方法,解译、建立起全国土地利用变化矢量数据库,再由矢量数据栅格化生成,最终得到分辨率高达30 m的栅格数据。土地利用分为耕地、林地、草地、水域、城乡工矿居民用地、未利用土地等6个一级类型,在此基础上可进一步细分为25个二级类型,各用地类型具体内涵见表1-1。研究范围截取北京市、天津市、河北省全域,选取1980年、1990年、1995年、2000年、2005年、2010年、2015年7个时期,对京津冀区域土地利用的时空演变格局展开系统分析。

三、自然基底数据

土壤数据由中国科学院资源环境科学数据中心提供的1∶1 000 000土壤类型、1∶1 000 000中国土地资源图数字化数据计算获得,地形地貌数据由中国科学院资源环境科学数据中心提供的分辨率高达30 m的DEM数据及计算处理获得,灌溉条件由1∶1 000 000水系数据计算获得,气象数据由中国科学院资源环境科学数据中心提供的多年平均降水量数据进行掩膜提取而获得。

工程地质条件由中国科学院资源环境科学数据中心提供的中国土壤侵蚀空间分布数据、中国地质科学院水文地质环境地质研究所提供的地震烈度分区数据、原国土资源部发布的《全国地质灾害防治"十三五"规划》进行掩膜提取和GIS矢量化获得,自然生态条件根据中国1km年植被指数(NDVI)数据集、自然保护区和面状水域的分布情况分别进行计算和缓冲区分析而获得。

表 1-1 原始数据的土地利用分类

一级地类及编号	二级地类及编号	地类内涵
1 耕地	11 水田	指有水源保证和灌溉设施,在一般年景能正常灌溉,用以种植水稻、莲藕等水生农作物的耕地,包括实行水稻和旱地作物轮种的耕地
	12 旱地	指无灌溉水源及设施,靠天然降水生长作物的耕地;有水源和浇灌设施,在一般年景下能正常灌溉的旱作物耕地;以种菜为主的耕地;正常轮作的休闲地和轮歇地
2 林地	21 有林地	指郁闭度>30%的天然林和人工林,包括用材林、经济林、防护林等成片林地
	22 灌木林	指郁闭度>40%、高度在2m以下的矮林地和灌丛林地
	23 疏林地	指郁闭度为10%~30%的林地
	24 其他林地	指未成林造林地、迹地、苗圃及各类园地(果园、桑园、茶园、热作林园等)
3 草地	31 高覆盖度草地	指覆盖度>50%的天然草地、改良草地和割草地,此类草地一般水分条件较好,草被生长茂密
	32 中覆盖度草地	指覆盖度为20%~50%的天然草地和改良草地,此类草地一般水分不足,草被较稀疏
	33 低覆盖度草地	指覆盖度为5%~20%的天然草地,此类草地水分缺乏,草被稀疏,牧业利用条件差
4 水域	41 河渠	指天然形成或人工开挖的河流及主干常年水位以下的土地,人工渠包括堤岸
	42 湖泊	指天然形成的积水区常年水位以下的土地
	43 水库坑塘	指人工修建的蓄水区常年水位以下的土地
	44 永久性冰川雪地	指常年被冰川和积雪所覆盖的土地
	45 滩涂	指沿海大潮高潮位与低潮位之间的潮浸地带
	46 滩地	指河、湖水域平水期水位与洪水期水位之间的土地
5 城乡工矿居民用地	51 城镇用地	指大、中、小城市及县镇以上建成区用地
	52 农村居民点	指独立于城镇以外的农村居民点
	53 其他建设用地	指厂矿、大型工业区、油田、盐场、采石场等用地,以及交通道路、机场及特殊用地

（续表）

一级地类及编号	二级地类及编号	地类内涵
6 未利用土地	61 沙地	指地表为沙覆盖,植被覆盖度在5%以下的土地,包括沙漠,不包括水系中的沙漠
	62 戈壁	指地表以碎砾石为主,植被覆盖度在5%以下的土地
	63 盐碱地	指地表盐碱聚集,植被稀少,只能生长强耐盐碱植物的土地
	64 沼泽地	指地势平坦低洼,排水不畅,长期潮湿,季节性积水或常年积水,表层生长湿生植物的土地
	65 裸土地	指地表土质覆盖,植被覆盖度在5%以下的土地
	66 裸岩石质地	指地表为岩石或石砾,植被覆盖度＞5%的土地
	67 其他	指其他未利用土地,包括高寒荒漠,苔原等

（资料来源:中国科学院资源环境科学数据中心）

第二章

京津冀区域发展的空间结构特征

从城市—区域的空间发展规律来看,京津冀区域并非只是简单的城市集合,该区域是一个自然、社会、经济等要素组成的有机体,区域内的城市存在一定的规模等级,并具有相互制约、相互依存的关系。发育了以首都为核心的大都市区,并依循一定的地域结构嬗递原则,向着世界级城市群目标不断演化发展。在这一过程中,土地资源既为各类生产职能提供承载空间,也承担着重要的生态服务功能,分布格局与发展演化方向深受城市—区域空间结构的影响,区域尺度的土地利用分析因而具有更大的复杂性。为了更好地认识京津冀区域土地利用的发展规律,本章首先对区域社会经济发展格局进行解构,围绕区域内生产要素集聚特征、产业职能分工关系、交通经济联系等问题开展研究。并通过与国内外发育较好的城市群的比较研究,判断其发展的阶段性特征及发展趋势,为更好地理解区域土地利用格局奠定基础。

第一节 区域发展基础

一、自然条件

京津冀地处东经113°04′至119°53′、北纬36°01′至42°37′,整体位于华北平原北部,陆地总面积约为$21.6×10^4$ km²。京津冀区域内部的地貌类型较为齐全,山地、高原、丘陵、平原、盆地、湖泊洼淀、海洋等均具备,但以平原地貌为主。整体地势呈现西北高、东南低的特征(图2-1),西为太行山山地,北为燕山山地,燕山以北为张北高原,其余为海河平原。根据这一自然地理格局,可将该区域总体分为三大地域单元:西北山地、东南平原和东部海域,这决定了区域内部必然存在差异化的发展路径。此外,区域整体处于暖温带半湿润季风气候带,春季干旱多风少雨,夏季湿润多雨,秋季秋高气爽少雨,冬季干冷少雨雪(周伟奇等,2017)。区域内的水系主要发源于燕山和太行山脉,主要分为海河和滦河两大水系,但海河流域具有"十年九旱"之称,京津冀区域是较严重的资源型缺水地区(封志明等,2006;卢璐等,2011),这也成为其可持续发展的关键制约因素之一。

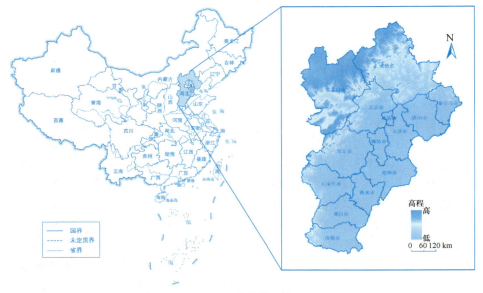

图 2-1 京津冀区位

特定的地理环境特征,为京津冀区域带来了丰富的资源禀赋,并塑造了区域特定的资源分布格局。区域内的野生物种主要分布于区域西北部,尤其是河北省域内的山地地区,这里蕴藏着十分丰富的高等植物。优质的耕地资源则主要集中于华北平原,在良好的光照条件与气候环境作用下,塑造了河北省的农业发展优势,不仅对于保障区域粮食安全具有重要意义,也是我国小麦、棉花的重要产区。区域内还分布有种类丰富的矿产资源,在冀东、邯邢地区分布了丰富的黑色金属;在冀北与太行山地区分布了大量的有色金属;在冀东、冀西北以及北京密云、怀柔地区和天津北部的局部地区分布了一定贵金属;此外,冀东与冀中地区还有油田分布(马震等,2017)。根据河北省自然资源厅的公开信息,截至2016年年底,河北省已发现各类矿产130种,探明储量的矿产有104种。其中,煤保有资源储量居全国第 12 位,铁矿保有资源储量居全国第 3 位,金矿保有资源储量居全国第 17 位。海洋资源则集中分布于天津及河北省东部的秦皇岛、唐山、沧州等滨海地区,天津市附近海域内已探明的石油储量便超过 1.9 亿吨,天然气储量达到 638 亿立方米,分布有重要的大港油田和渤海油田,是京津冀区域油气资源、盐业资源的富集地(刘晓颖,2016)。京津冀区域上述资源环境特征,是区域发展的基础要素,也是建立区域分工体系的先决条件,持续影响着区域开发与建设的主要方向。

二、地缘关系

京津冀三地地域相连、文化相近,具有地域的完整性和人文的亲缘性(李国平等,2012)。从自然地貌来看,整个华北平原基本属于黄河的冲积平原,而今京津冀区域则是由古代黄河与现代海河合力冲积而成。同时,该区域两面环山、一面临海,这为其作为一个完整的地理单元提供了先决条件(赵幸等,2016)。不同的历史阶段,三地虽历经分分合合,但总体上都是一个相对完整的区域,联系十分紧密。秦统一六国后,京津冀区域成为当时国家北部边境的军事锁钥。秦朝当时在全国设 36 郡,在河北境内陆续设置了 8 郡,今北京地区、天津地区分属其中两郡。汉代至隋朝期间,以"州"为大行政区,今河北中南部属冀州,而今河北北部、今北京地区、今天津地区属幽州。到了唐朝,以山河大势将全国分为十道,今河北辖域主要为河北道,还有一小部分分属河东道,而北京上隶河北道(马海龙,2008)。到了辽宋金时期,这里是古代北方民族冲突频发的区域,边界变动频繁,今北京曾是辽金等政权的京城所在。但此时,只是中国北部的政治中心(王茂华等,2018)。到了元代,在北京建都,名为大都,北京地区正式成为全国的政治中心。而今河北省的其他地区则分属上都、保定、真定、河间、顺德、广平、大名等路所辖。但元代以大都为都城,存在时间较短。因此,许多学者认为京津冀区域整体兴起应当从明朝迁都北京开始。此时,京师之地直隶中央,习惯称为北直隶,包括 8 府、2 个直隶州、17 个散州、116 个县。除了隆庆州在今天北京市辖区内,其余府州都跨河北省(马海龙,2008)。到了清朝,正式将京师附近的广大区域定为直隶省,成为其北方最重要的省份,省治保定。当时的范围相当于今河北全省,北京、天津两市及河南、山东的一小部分。1911 年,地方行政区划沿袭清朝旧制,河北省仍称直隶省,省会设在天津,管辖 12 府、7 直隶州、3 直隶厅,共 158 个州县。1913 年,北洋政府颁布命令,废除府级行政建制,北京因系首都所在地,仍特别设置顺天府,直接隶属中央。新中国成立后,恢复了河北省建制,而北京和天津为直辖市。此后,河北省先后合并了原察哈尔省、热河省的部分辖域。1958 年,又将顺义、延庆、平谷、通县、房山、密云、怀柔、大兴等县划归北京市。同年,天津市降格为河北省地级市。1966 年,为了落实和响应"备战、备荒、为人民"的重大战略指示,保定重新成为河北省省会,而天津则升级为直辖市。仅过了 2 年,石家庄取代保定成为河北省省会,河北省如今的行政格局大致形成。但在 1973 年时,河北省的蓟县、宝坻、武清、静海、宁河等五县划归天津。至此,津、冀之间的行政区划调整基本完成。

特殊的地理环境,决定了京津冀所在区域具有天然的整体性。人类历史上对其开发利用,也遵循了这种内在联系。在社会经济与政治的不断发展中,其内部格局不断变迁,总体上经历了从最开始的南北之分,到后来的京师与京畿之分,再到划分为京、津、冀三地。但不论怎么改变,彼此的相互作用逐渐强化,表现出深厚的地缘关系,这是京津冀三地各种合作行为的重要基础。

三、区位特征

北京市作为我国首都,是国家的政治中心、文化中心、科技创新中心、国际交往中心,发展过程中始终享有优越的政策环境,对各类资源要素,尤其是高端要素具有强大的吸引力,是国内人才、资金、货品、信息等绝对的汇集中心。同时,作为全国最大的交通枢纽,北京汇集了京九、京广、京沪、京哈等国家铁路动脉,呈辐射状通向全国,乃至国外。拥有首都机场、大兴机场两个核心的大型国际航运枢纽,具有十分突出的空港优势,随着中国(北京)自由贸易试验区的正式成立,又进一步巩固了北京市作为我国国际交往门户的地位。天津市面向东北亚,地处中蒙俄经济走廊的东部起点,占据新亚欧大陆桥的重要节点,是 21 世纪海上丝绸之路战略支点。其位于环渤海地区的中心位置,是京津冀区域的海上门户,天津港更是北方重要的对外贸易窗口,货物、集装箱吞吐量分别居全国第 3 位和第 6 位。截至 2019 年,天津港港口岸线总长 32.7 km,水域面积 336 km²。2018 年,天津港货物吞吐量 44 604 万吨,外贸货物吞吐量 25 864 万吨。河北省位于环渤海地区的中心地带,是全国唯一兼具高原、山地、丘陵、平原、湖泊和海滨的省份。区位方面,其为东北地区与国内其他省区联系的重要通道,同时又是西北诸省区的北方出海通道,具有重要意义。河北省全省海岸线长度约 487 km,海域面积约 0.7×10^4 km²,集聚了丰富的海洋资源,分布有长芦盐场、大港油田、任丘油田(周伟奇等,2017)。港口资源上,自北向南分布着秦皇岛港、京唐港、曹妃甸港、黄骅港等诸多港口,与天津港一起构成了京津冀区域的对外贸易通道。尤其是天津港、秦皇岛港、唐山港、黄骅港组成的港口群,几乎涵盖了我国北方港口 90% 的煤炭装船任务,在能源原材料运输方面承担了重要职能(李国平,2019)。同时,河北省也是北京市与天津市连接内陆市场、中部市场、东北市场的重要通道,并凭借良好的农业生产区位,为京津冀区域提供重要的粮食保障。总体上,京津冀区域内三地凭借互补的区位条件,支撑京津冀区域成为我国北方经济规模最大、最具活力的区域,也愈发获得世界的关注。是我国北方通向世界最直接、最便捷的要冲,更是国内经济由东向西、由南向北推进的重要枢纽。

第二节 要素的空间集聚特征

一、经济发展水平

京津冀区域的经济发展,呈现出较为突出的非均衡格局。结合2016年的相关数据,北京土地面积仅占京津冀总面积的7.6%,但创造了区域内33.9%的经济总量,集聚了区域内19.4%的常住人口。天津土地面积仅占京津冀总面积的5.5%,创造的经济总量占区域总值的比例为23.7%,常住人口的规模是区域总规模的13.9%。相比之下,河北的土地面积占到区域总面积的86.9%,但创造的经济总量占比仅为42.4%,常住人口规模占比仅为66.7%。一般公共预算收入方面,北京市占区域总值的47.7%,天津占比为25.6%,而河北的占比仅为26.7%。因一般公共预算收入主要来源为地方的各项税收,该数据间接反映出三地的经济发展差距(表2-1)。北京、天津两市面积虽小,但经济活动活跃,创造了区域内大部分价值。

表2-1 京津冀区域2016年基本发展情况

指 标	北京	天津	河北
土地面积/(10^4 km^2)	1.64	1.19	18.77
占京津冀比例/(%)	7.6	5.5	86.9
年末常住人口/万人	2172.9	1562.1	7470.1
占京津冀比例/(%)	19.4	13.9	66.7
地区生产总值/亿元	25 669.1	17 885.4	32 070.5
占京津冀比例/(%)	33.9	23.7	42.4
一般公共预算收入/亿元	5081.3	2723.5	2849.9
占京津冀比例/(%)	47.7	25.6	26.7
人均GDP/(元/人)	118 198	115 053	43 062
常住人口密度/(人·km^{-2})	1325.0	1312.7	398.0

(数据来源:各省(市)2017年统计年鉴)

综合工业化发展阶段划分的各项指标，2016年北京和天津的人均GDP分别达到了118 198元/人和115 053元/人。而河北省同年的人均GDP仅为43 062元/人，不仅与北京、天津差距显著，也仍低于同年的全国平均水平(53 980元/人)。产业结构发育方面，北京市第三产业占绝对优势，天津市第三产业比重仅略高于第二产业。因此，北京、天津、河北三省(市)目前处于不同的工业化发展阶段，北京和天津已经步入后工业化时期，而河北省应当仍处于工业化中后期阶段(表2-2)。京津冀区域内三省(市)的工业化进程存在较显著的梯度，尤其是河北省发展相对滞后，不利于区域综合实力的提升，但也是推动产业转移，实现产业在区域尺度上优化配置的必要条件。

表2-2　北京、天津、河北2016年工业化发展相关指标水平

指　　标	北京	天津	河北
人均GDP/(元·人$^{-1}$)	118 198	115 053	43 062
产业结构	0.51∶19.26∶80.23	1.23∶42.33∶56.44	10.89∶47.57∶41.54
制造业增加值在总商品生产部门增加值中占比/(%)	61.9	72.67	4.70
人口城镇化率/(%)	86.5	82.9	53.3
就业结构(第一产业就业人口占比)/(%)	4.07	7.21	32.68
工业化阶段	后工业化	后工业化	工业化中后期

数据来源：《北京统计年鉴2017》《天津统计年鉴2017》《河北经济年鉴2017》。

结合河北城镇体系规划、京津冀协同发展规划纲要的空间结构，以北京东城区为中心，分别观察"京—保—石""京—唐—秦""京—张"发展轴上2015年经济水平衰减特征。可以发现，京津冀区域内三条主要的发展轴方向上均存在显著的经济水平衰减，"京—唐—秦"发展轴方向上因唐山市经济发展水平较高，形成了次级高峰(图2-2)。而其他两条发展轴方向上几乎呈现断崖式衰减，对"京—保—石"发展轴来说，北京南部本身发展就相对滞后，进入河北境内后更是持续平缓(图2-3)。"京—张"发展轴的情况也类似(图2-4)。

第二章　京津冀区域发展的空间结构特征

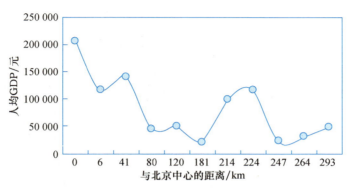

图 2-2　2015 年沿"京—唐—秦"发展轴人均 GDP 衰减

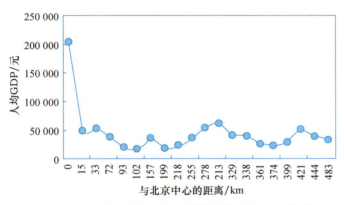

图 2-3　2015 年沿"京—保—石"发展轴人均 GDP 衰减

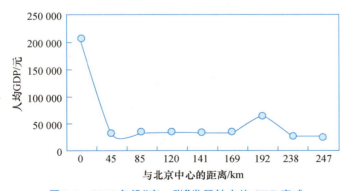

图 2-4　2015 年沿"京—张"发展轴人均 GDP 衰减

二、人口分布特征

根据相关统计年鉴,京津冀区域 1990 年的人口规模便已达到 8129.03 万人,2000 年增长为 9055.28 万人,2010 年达到 1.04 亿人,2017 年进一步增长为 1.13 亿人,总体上保持了每 10 年 1000 万左右的增长规模(表 2-3)。然而,该区域人口规模的空间分布存在较大差异,表现为在北京与天津高度集聚,并形成了"北京—保定—石家庄—邯郸"与"北京—天津—唐山"两条人口集聚轴带。2017 年,轴带上 6 座城市的人口总规模达到了区域人口总规模的 68.41%,而仅北京人口就占了区域人口总规模的 19.22%。相比之下,秦皇岛、张家口、承德三市,2017 年人口规模之和仅为 1157.14 万人,甚至少于北京市的人口规模。不仅如此,虽然天津人口规模位居区域第二位,但仍比北京人口少了 613.83 万人。由此可见,京津冀区域内人口空间分布呈现高度集聚的特征,主要集中在北京、天津与河北省的区域中心城市,尤以北京最为突出。

结合年均增长率来看,可以明显发现,河北省的人口增长缓慢,且与京、津两市的差距较大。1990—2000 年,河北省人口年均增长率仅为 0.83%,而同期北京的人口年均增长率为 2.31%,天津的人口年均增长率为 1.25%。到了 2000—2010 年,河北省的人口年均增长率较之上一阶段反而有所下降,减少为 0.78%。而同期北京的人口年均增长率进一步增长为 3.70%,天津则增长至 2.64%。到了 2010—2017 年,河北省的人口年均增长率又进一步下降为 0.66%,但该阶段京、津两市的人口年均增长率亦出现下降趋势。其中,天津下降为 2.62%,北京下降得更为显著,减少至 1.46%(图 2-5)。

表 2-3　2000—2017 年京津冀区域总人口分布情况　　　　(单位:万人)

地区	2000 年	2010 年	2017 年
北京	1364.00	1961.20	2170.70
天津	1001.14	1299.29	1556.87
石家庄	889.80	989.20	1087.99
承德	353.90	372.96	380.22
张家口	449.80	465.97	465.84
秦皇岛	266.30	299.01	311.08
唐山	704.00	758.24	789.70
廊坊	383.20	436.39	474.09
保定	1055.17	1120.81	1169.05

第二章　京津冀区域发展的空间结构特征　17

(续表)

地区	2000 年	2010 年	2017 年
沧州	668.97	714.33	755.49
衡水	415.70	440.20	446.04
邢台	664.50	711.43	735.16
邯郸	838.80	918.81	951.11
京津冀合计	9055.28	10 487.84	11 293.34

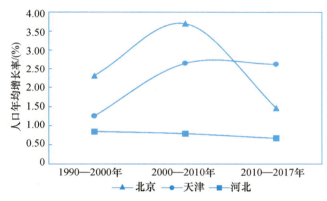

图 2-5　不同阶段北京、天津、河北人口年均增长率比较

结合第六次人口普查数据，可以发现，北京与天津的省外外来人口，均以河北省为最主要的来源地。其中，北京市来自省外的外来人口中有 22.13% 来自河北省，天津市来自省外的外来人口中有 25.22% 来自河北省。对两座直辖市而言，河北省均是最大的外来人口来源地(图 2-6)。2015 年，国家卫计委发布了全国流动人口监测数据，数据显示，北京流动人口的最大来源地依然为河北，北京来自河北的流动人口占其流动人口总数的 20.9%；天津的情况类似，但河北省是第二大来源地，天津来自河北的流动人口占其流动人口总数的 17.6%。这充分说明，京、津两地的虹吸作用显著，具有极大的人口吸引力，河北在人口吸引力方面明显处于弱势，区域内人口几乎呈现单向流动的特征。

从县域人口发展情况来看，2000—2015 年河北省内有 11 个县(市)的人口规模不增反减。河北省内除了保定、廊坊以外，各市均有存在这种情况的县(市)(表 2-4)。通过观察它们的区位条件，可以将这类县(市)的区位特征归纳为以下四种：一是邻近所在城市的中心城市；二是邻近所在城市的其他发展中心(如临海港口)；三是与旁边更发达的城市接壤；四是具有较好的交通可达性(如设有铁路站点)。这些区位条件良好的县(市)反而面临人口流失的问题，一方面可能是

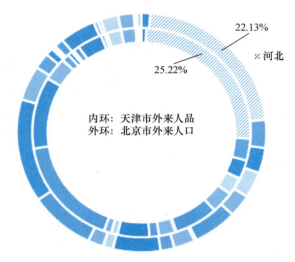

图 2-6　北京与天津市外来人口来源构成(2010 年)
（数据来源：北京市、天津市第六次人口普查）

因为河北省内许多城市的中心区仍处于扩张发展阶段,另一方面也可能直接受到了中心城市的吸引。结合 2015 年全国流动人口监测数据来看,河北省外出人口首选目的地是省内其他县市,这部分流动人口占全省流动人口比例高达57%,其次是北京与天津,分别占比 16.5% 与 10.4%。总体上,河北省人口主要流向了北京、天津以及省内较发达的县(市、区),反方向的流动则很少。这一现象背后,蕴含着三地社会经济发展实力的势能差,这是河北省加快发展面临的主要瓶颈之一,也是区域协同发展需要破解的难题。

表 2-4　2000—2015 年间河北省人口减少的县(市)及其区位特征

县/县级市	人口变化/万人	区位特征	
		铁路设站情况	地理位置
石家庄正定县	−9.40	设高铁站	接壤石家庄城区
承德承德县	−2.13	设普通火车站	接壤承德城区
张家口宣化县	−1.39	设普通火车站	接壤张家口城区,后被并入宣化区
秦皇岛昌黎县	−1.94	设普通火车站	接壤秦皇岛城区与唐山市
唐山乐亭县	−4.51	无火车站	接壤唐山曹妃甸区与秦皇岛市,临海
沧州黄骅市	−0.61	无火车站	接壤天津市,临海
衡水饶阳县	−0.15	设普通火车站	接壤保定市和沧州市

第二章 京津冀区域发展的空间结构特征

(续表)

县/县级市	人口变化/万人	区位特征	
		铁路设站情况	地理位置
衡水冀州市	−2.69	无火车站	接壤衡水城区、石家庄市和邢台市
邢台邢台县	−10.84	无火车站	接壤邢台城区
邢台沙河市	−2.93	设高铁站	接壤邢台城区和邯郸市
邯郸邯郸县	−8.16	无火车站	邻近邯郸城区,后被并入城区

三、产业分工体系

从地缘、人缘和资源禀赋等条件上来看,京津冀产业分工都具有良好的发展潜力和发展前景。自2014年2月26日习近平总书记亲自谋划开始,在中央和国家领导人的高度重视和切实推动下,京津冀区域产业转型升级、绿色崛起迎来了难得的战略性机遇。但从历史和现状来看,京津冀产业分工经历过相对曲折的过程,产业协作水平至今仍有较大的优化空间。

从三省(市)内部的三次产业结构来看(表2-5),北京的产业结构表现出明显的服务化特征,第三产业比重2017年高达80.60%;天津第三产业比重虽然也在不断上升,但工业化也在走向不断深入,2017年二、三产业比重为40.94%和58.15%;相比之下,河北的第一产业与第二产业比重最大,是区域内重要的农业和工业基地,2017年河北三次产业结构比为9.21∶46.58∶44.21。从主要行业门类的发展情况来看,北京属于典型的服务产业密集与发达型地区,且创新能力强,高新技术产业、文化创意产业以及其他现代服务业等方面发展具有显著优势。天津属于工业深加工型地区,重工业、轻工业技术水平较高,产业链条层次也较高,是我国北方重要的工业中心。河北虽然近年来产业升级趋势明显,表现为原料型产业占比的下降和医药、电子等行业占比的提升,但仍以钢铁、煤炭、电力、轻工等资源供给型产业为主,采掘业、重加工工业和农副产品生产、加工业的发展优势依然较明显。

表2-5 京津冀区域2017年三次产业结构 (单位:%)

地 区	地区生产总值	第一产业	第二产业	第三产业
北京市	100.0	0.40	19.00	80.60
天津市	100.0	0.91	40.94	58.15
石家庄市	100.0	6.39	43.94	49.67
承德市	100.0	16.03	41.64	42.33
张家口市	100.0	14.06	35.81	50.13

(续表)

地区	地区生产总值	第一产业	第二产业	第三产业
秦皇岛市	100.0	12.87	34.17	52.96
唐山市	100.0	7.87	53.55	38.58
廊坊市	100.0	6.60	43.68	49.72
保定市	100.0	11.30	45.94	42.76
沧州市	100.0	7.23	48.73	44.04
衡水市	100.0	12.32	45.36	42.32
邢台市	100.0	11.86	45.60	42.54
邯郸市	100.0	9.08	47.92	43.00

资料来源：《北京统计年鉴2018》《天津统计年鉴2018》《河北经济统计年鉴2018》。

根据相关数据可以发现，京津冀三地的产业分工具有以下特征。一是产业结构仍存在一定程度的同构问题。2016年，北京与天津具有优势的工业行业中，均有"计算机、通信和其他电子设备制造"和"其他制造业"，且三地的"其他"产业门类占比都较高（见表2-6、表2-7）。二是一定程度上存在发展梯度过大的

表2-6　北京、天津、河北2016年工业化发展相关指标水平

排序	北京		天津		河北	
	区位熵	行业	区位熵	行业	区位熵	行业
1	3.457	开采辅助活动	2.725	石油和天然气开采业	1.973	烟草制品业
2	3.265	仪器仪表制造业	2.428	废弃资源综合利用业	1.973	有色金属矿采选业
3	2.670	电力、热力生产和供应业	1.954	有色金属冶炼和压延加工业	1.876	皮革、毛皮、羽毛及其制品和制鞋业
4	2.647	燃气生产和供应业	1.749	铁路、船舶、航空航天和其他运输设备制造业	1.842	纺织业
5	2.452	汽车制造业	1.741	食品制造业	1.768	非金属矿采选业
6	2.399	金属制品、机械和设备修理业	1.717	文教、工美、体育和娱乐用品制造业	1.765	木材加工和木、竹、藤、棕、草制品业
7	2.119	计算机、通信和其他电子设备制造业	1.702	计算机、通信和其他电子设备制造业	1.644	化学纤维制造业
8	1.776	医药制造业	1.670	其他制造业	1.417	黑色金属冶炼和压延加工业
9	1.340	其他制造业	1.663	煤炭开采和洗选业	1.382	非金属矿物制品业
10	1.158	印刷和记录媒介复制业	1.238	纺织服装、服饰业	1.300	橡胶和塑料制品业

注：根据三地规模以上工业企业总产值数据进行计算而得。

问题,北京已跨入后工业化的服务业高级化阶段,天津处于重工业与加工工业进一步深化的工业化后期阶段,而河北则处于原材料工业向加工型升级的工业化中期阶段。此外,北京的经济增长动力主要为消费拉动经济增长,而天津与河北还处在资本拉动阶段,巨大差异和松散结构导致京津冀产业结构无法顺利对接和协同发展。

表 2-7　2016 年京津冀区域服务业各行业区位熵

行业	北京	天津	河北
批发和零售业	0.32	1.21	0.66
交通运输、仓储和邮政业	0.12	0.45	0.72
住宿和餐饮业	0.05	0.15	0.12
金融业	0.41	0.83	0.35
房地产业	0.19	0.36	0.33
其他	1.04	1.67	0.99

注:根据行业增加值计算而得;"其他"行业中包括农、林、牧、渔服务业,信息传输、软件和信息技术服务业,租赁和商务服务业,科学研究和技术服务业,水利、环境和公共设施管理业,居民服务、修理和其他服务业,教育、卫生和社会工作,文化、体育和娱乐业,公共管理、社会保障和社会组织等。

从区域产业协同分析,采用区域分工指数来衡量京津冀区域的产业协同化水平,计算公式如下:

$$S_{jk} = \sum_{i=1}^{n} \left| \frac{q_{ij}}{q_j} - \frac{q_{ik}}{q_k} \right|$$

其中,q_{ik} 和 q_{ik} 分别表示 j、k 地区 i 产业的产值,q_j 和 q_k 分别表示 j、k 地区的工业总产值。S_{jk} 的取值范围为 $[0,2]$。S_{jk} 的取值越大,表明 j、k 两地产业差异化程度越高,产业同构化程度越低,分工度越高,协同化水平越高;反之,则协同化水平越低(孙久文等,2012;王海涛等,2013)。

基于 2013—2017 年《中国工业统计年鉴》数据,选取北京、天津和河北三地工业领域的 40 个具体产业,对 2012—2016 年京津冀三地的产业分工指数进行测算。测算结果表明,京冀两地的产业同构程度最低,京津次之,津冀最高。具体来看,2012—2016 年,京津的产业分工指数从 0.760 312 上升到 0.959 584,京冀的产业分工指数从 1.005 978 上升到 1.142 435,表明京津、京冀同构化程度在逐渐降低,产业协同化水平在不断提升。与之相反,津冀两地的产业分工指数出现先上升后下降的态势,由 2012 年的 0.649 688 上升为 2013 年的 0.676 885,随后开始下降,2016 年津冀两地产业分工指数下降为 0.560 259,表明两地产业同构化程度呈上升态势,产业协同度不断降低(表 2-8)。依据指数均值方差,

2012—2016年,京冀之间分工指数的离散程度相对最高,而津冀之间分工指数的离散程度最低,说明天津与河北的产业分工态势更为稳定,未来可能还将长期持续。

表2-8　京津冀产业分工指数

区域	年份	产业分工指数	分工指数平均值	指数均值方差
北京—天津	2012	0.760 312	0.019 008	0.037 008
北京—天津	2013	0.811 677	0.020 292	0.040 454
北京—天津	2014	0.862 234	0.021 556	0.042 149
北京—天津	2015	0.917 542	0.022 939	0.043 602
北京—天津	2016	0.959 584	0.023 990	0.045 894
北京—河北	2012	1.005 978	0.025 149	0.052 032
北京—河北	2013	1.035 622	0.025 891	0.053 089
北京—河北	2014	1.047 220	0.026 181	0.052 510
北京—河北	2015	1.085 116	0.027 128	0.052 237
北京—河北	2016	1.142 435	0.028 561	0.054 556
天津—河北	2012	0.649 688	0.016 242	0.026 007
天津—河北	2013	0.676 885	0.016 922	0.025 527
天津—河北	2014	0.639 717	0.015 993	0.022 444
天津—河北	2015	0.572 921	0.014 323	0.018 333
天津—河北	2016	0.560 259	0.014 006	0.016 535

第三节　城际联系格局

一、基础设施条件

交通,是构建城镇间联系的重要基础,交通网络也是影响区域空间结构、经济联系的关键因素。随着交通技术的不断发展升级,地方之间的空间距离被大大压缩,交通成本也大幅下降,有利于城市间形成更密切的合作往来,加速区域内人口、货物、资金的沟通交流。因此,促进了同城化、地方间产业转移、城市群、经济带等一体化空间效应。

京津冀区域基本形成了覆盖铁路、公路、港口、航空等多种运输方式的综合交通运输体系。铁路方面,由京广线、京九线、京沪线、京哈线、京通线、京承线、京包线、京原线等形成了以北京为中心的放射线路网,还包括津山线、石德线、石太线等纵横线及支线。公路方面,京津冀区域已经形成了以全国性公路枢纽北京为中心,由国家高速公路的7条首都放射线、2条纵线、3条横线构成的国家高速公路主干网。7 条首都放射线包括 G1 京哈高速、G2 京沪高速、G3 京台高速、G4 京港澳高速、G5 京昆高速、G6 京藏高速和 G7 京新高速;2 条纵线包括 G5 长深高速和 G5 大广高速;3 条横线则包括 G8 荣乌高速、G20 青银高速、G22 青兰高速。

从网络结构上看,京津冀区域的公路和铁路网络系统均呈现围绕北京"单中心、放射状、非均衡"的网络格局,铁路运输组织功能主要由北京枢纽承担,天津、石家庄等枢纽对于区域交通组织功能尚未得到有效发挥。2016 年北京和天津的铁路网密度分别达到了 6.73 km/100 km² 和 8.92 km/100 km²,而河北仅为 3.71 km/100 km²,差距悬殊。公路建设方面,区域内公路设施水平较为相近,2016 年三地的公路网密度分别为 134.30 km/100 km²、140.87 km/100 km²、100.39 km/100 km²。虽然河北仍略低,但差距不大。差距体现于高速公路建设方面,北京高速公路网密度为 6.18 km/100 km²,天津为 10.15 km/100 km²,而河北仅为 3.46 km/100 km²。目前,京津冀大多数城市之间及重要交通枢纽之间的联系仍十分不便,尤其是京津到冀南、冀东、冀东南地区的交通设施建设相对滞后。

港口方面,津冀地区拥有海岸线 641 km,已经形成了以天津港为枢纽,包括天津港、秦皇岛港、唐山港(津唐港、曹妃甸)、黄骅港等大型港口的渤海西岸港口群。其中,天津港是我国北方最重要的外贸口岸,北京 90% 的海运货物都是经过天津港出海,我国华北、西北等地区大多数在天津港中转能源物质和原材料(郭钧,2004)。秦皇岛港是世界第二大和我国第一能源输出港,自建立时起就承担了我国煤炭外运的重担,更是"北煤南运"大通道的重要枢纽港。唐山港是华北、西北及京津冀区域综合运输的重要枢纽,是我国能源和原材料等货物运输和中转的基地,包括津唐港和曹妃甸港。黄骅港是我国沿海重要的能源输出港口之一,由杂货、综合、煤炭及河口 4 个港区组成。然而,河北亦明显落后于天津,2016 年河北港口集装箱吞吐量仅为 305 万标箱,而天津港口同年的集装箱吞吐量为河北的 4.8 倍。

民航方面,京津冀区域已形成由 4 个民用和 4 个军民合用机场组成的机场群。至 2015 年,北京首都机场旅客吞吐量已经连续 6 年在世界排名第二位,且为亚洲地区第一位。从表 2-9 中可以看出,北京首都机场的客货吞吐量在整个京津冀城市群中占据主导地位,2016 年北京民航客运量是天津的 4.8 倍,是河北的 16.6 倍。

总体来看,京津冀交通基础设施分布极不均衡,高等级交通基础设施主要分布在以京津为首的京津冀核心区域以及石家庄及其邻近城市构成的交通基础设施密集区。京津冀区域各中心城市间的互联通道仍严重不足,城际轨道方面仅有京津城际铁路(126 km),在其他城际需求集中的运输通道大多为铁路干线,区域内客货运输仍然依赖公路交通。

表 2-9 2016 年京津冀区域交通运输相关数据

交通运输情况		北京市	天津市	河北省
铁路	铁路里程/km	1103	1061	6956
	铁路网密度/(km/100 km²)	6.73	8.92	3.71
	铁路货运量/万吨	725	8149	16 313
	铁路客运量/万人	13 380	4543	10 771
公路	公路里程/km	22 026	16 764	188 431
	公路网密度/(km/100 km²)	134.30	140.87	100.39
	公路货运量/万吨	19 972	32 841	189 822
	公路客运量/万人	48 040	13 741	39 925
	高速公路里程/km	1013	1208	6502
	高速公路网密度/(km/100 km²)	6.18	10.15	3.46
港口	港口货物吞吐量/万吨	—	55 056	95 208
	港口旅客吞吐量/万人次	—	78.7	5.1
	集装箱吞吐量/万标箱	—	1452	305
航空	民航客运量/万人	7872	1645	475

数据来源：《北京统计年鉴 2017》《天津统计年鉴 2017》《河北省统计年鉴 2017》。

二、人口流动格局

本节通过统计来往于两城市之间每日的火车班次数量，研究区域人口流动的空间格局特征。京津之间人口流动最为密切，显著高于其他城市之间的联系，河北省各市则呈现出更复杂的格局。具体来说，石家庄市与北京、保定的联系最为密切，每日从石家庄往北京的列车共有 156 次，往保定的有 134 次。其次，即主要往邯郸、邢台方向。再次之，为与天津的联系。而与之相邻的衡水则联系很少，每日列车班次 28 次。与保定市人口流动联系最为密切的是石家庄市，每日从保定开往石家庄的列车班次达到 141 次，比位于第二位的北京还多了 44 次，而处于第三梯队的反而是位于冀南的邢台与邯郸。沧州市与天津市的人口流动联系最为密切，每日列车班次为 57 次，次之为北京市和唐山市。廊坊市的联系方向类似，不同的是与北京联系最为密切，次之为天津，沧州居第三位。与唐山市人口流动联系最为密切的是天津市，每日列车班次达到 102 次，其次为秦皇岛，北京与石家庄反而处于第三梯队，同时与冀西北虽然距离不远，但人口流动联系强度还不如与冀南地区的联系。秦皇岛与唐山的联系最为密切，次之为天津，与北京、石家庄、保定、沧州的联系位于第三梯队。与唐山类似，秦皇岛与邻近的冀西北地区人口联系强度反而弱于与冀南的联系强度。承德与各市联系均不密切,与其他城市间的联系不在一个数量级上。相对而言,与北京、石家庄、保定联系略高,每日列车班次分别为 7 次、6 次、5 次。向其余各市的每日列车班次均不超过 2 次。张家口的人口流动联系方向,具有明显的"向京"特征,往北京的每日列车班次为 25 次,而与其他城市的联系均不密切。邢台的人口流动联系方向主要指向了石家庄和保定,与北京、邯郸的联系次之,其余方向上的联系则不明显。邯郸的人口流动联系方向与邢台类似,联系最密切的为石家庄,其次为保定、北京、邢台、天津(图 2-7)。

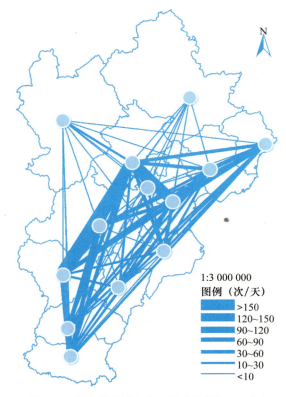

图 2-7　京津冀区域内人口流动格局(2016 年)

总体来说,京津冀区域内人口在各城市之间的流动,都具有较明显的距离衰减特征,但均与北京、天津存在较密切的联系,环京津地区内,尤其以北京的吸引力最为突出,廊坊和张家口的联系方向几乎完全指向北京。此外,各城市与张家口、承德的联系均相对微弱,整个冀西北地区是区域人口流动联系的凹陷区。此外,河北省沿海地区的三座城市(唐山、秦皇岛、沧州)彼此之间联系相对密切,但沧州市受到空间位置的影响,与唐山、秦皇岛市的联系,明显弱于"唐—秦"两市的联系。而石家庄市作为省会城市,在冀中南地区已经形成一定的中心性,其周边的保定、邢台、邯郸,均与之存在较为密切的人口流动。

三、经济联系格局

(一)城市之间的经济联系

在京津冀发展成为世界级城市群的目标下,区域内必将形成更紧密的协作关系,而在区域外则形成更广泛的辐射影响,向构建更具层次性、动态性与系统性特征的空间结构演化。本研究主要利用经典的引力模型,来测度两座城市之间的经济联系强度。一般来说,两地的经济联系强度具有随距离增大而衰减的特征,因此地方间距离的测量方式存在较大的影响。原始模型选取两地直线距离加以衡量,后来学者们常用两地间公路里程数或铁路最短旅行时间距离加以修正。考虑京津冀区域公路建设水平差距较少,且公路货运量较之铁路货运量更为突出,选择用公路里程数来衡量两地距离。其中,经济联系强度模型为

$$R_{ij} = \frac{\sqrt{P_i V_i} \sqrt{P_j V_j}}{D_{ij}^2}$$

式中,R_{ij}代表城市i与城市j之间的经济联系强度,P_i、P_j代表城市i、j的总人口(万人),V_i、V_j代表城市i、j的经济总量,可采用工业总产值(亿元)或地区生产总值(亿元),D_{ij}代表城市i与城市j间的公路里程数(km)。R_{ij}可表征城镇间绝对经济联系量,反映某一城镇的对外经济联系范围。

经济隶属度(L_r)用两城市间经济联系强度占区域经济联系总和的比例来表征,测算模型为

$$L_r = \frac{R_{ij}}{\sum_{j=1}^{n} R_{ij}}$$

从分析结果(表2-10)中可以明显看出,石家庄与唐山市是河北省域内部较为突出的中心城市。石家庄的辐射范围主要是与其接壤的几座城市,包括保定、邢台、邯郸。而唐山的主要影响范围空间上不连续,不仅与相接壤的秦皇岛、承德联系密切,还跨越京津地区,与廊坊和沧州存在较强的经济联系。在这两个圈层以外,可以明显地发现两个比较特殊的区域。首先,张家口与省内各市经济联系均不强。其次,河北省南部门户城市邯郸与邢台的经济联系强度达到了191.74,是省域范围内联系强度最高的两座城市,与次之的"石家庄—保定"联系强度相比,高出了0.76倍。一定程度上,可以说明邢台、邯郸与省内的经济联系

较弱,长期以来处于较为独立的发展状态。上述空间结构,一定程度上与河北省现行的城镇体系战略格局是吻合的。以唐山为核心的沿海率先发展区以及以石家庄为核心的冀中南功能拓展区,是河北省未来发展的重要依托。而张家口、承德一带则作为冀西北生态涵养区,发展模式对生态功能的重视将超过经济职能,也就决定了冀西北区域的城市经济职能相对其他城市较弱。

但若将北京与天津考虑在内,则表现出北京、天津强大的虹吸力,但影响范围主要在相邻区域内。京津西北方向的承德、张家口经济联系强度显著指向京津。唐山主要的经济联系方向亦指向京津,因紧邻天津,且产业结构类似,与天津表现出极强的经济联系强度。廊坊的区位决定了其与北京、天津均具有极强的经济联系,且远远超过其与省内其他城市的经济联系,经济发展与北京联系尤为密切。保定最主要的经济联系方向亦为北京,其次是天津,再次为石家庄,但三个方向之间联系强度差距不大。沧州与天津的联系强度十分突出,显著高于其与省内其他城市的联系强度;与北京的联系明显弱于与天津的联系,但也是仅次于天津的主要联系方向之一。除此之外,冀中、冀南各个城市经济联系的京津指向则明显减弱。京、津并非石家庄最主要的经济联系方向,从侧面反映出,石家庄受到京、津的虹吸作用相对较弱,在冀中南地区能发挥一定区域性中心城市的作用。衡水的对外经济联系中,最强的方向指向石家庄,其次为沧州、天津,北京属于第三梯队。邢台与邯郸,是河北省内受京、津影响最弱的城市,二者彼此的经济联系十分强,除此之外便是受省会城市石家庄的影响较大。经济隶属度指标表现出了相似的格局(表2-11),北京主要辐射了天津、承德、张家口、廊坊和保定;而天津是整个区域沿海地区的发展核心,主要辐射了唐山和沧州;石家庄作为省会城市,辐射范围有限,仅包含衡水;而邯郸与邢台之间,存在强烈的相互影响。

(二)中心城区与县域的经济联系

考虑河北省城镇化进程相对滞后,且地域面积辽阔,县域经济活力是地区经济发展的重要支点。研究进一步分析各城市中心城区与县级单元之间的经济联系强度。根据结果,将各城市按照中心城区与县级单元经济联系强度的平均值进行排序,从大到小依次为北京、天津、石家庄、唐山、邯郸、保定、秦皇岛、廊坊、邢台、沧州、张家口、承德、衡水。北京、天津中心城区的带动力显著高于河北省各市。河北省内部,又以石家庄、唐山、邯郸的中心城区带动力较强。石家庄市中心城区显著与正定区联系紧密,而保定主要是与定州和高阳县联系紧密。其中,2010年正定县部分地区成立为正定新区,而定州市为河北省直管市,均是行政级别相对较高的地区。承德、张家口中心城区对县域的带动力均非常弱,主要是因为受自然条件约束,其中心城区自身经济亦十分薄弱(表2-12)。总体上,河北省内各城市的中心城区对其县域经济的带动能力不强,城市自身发展凝聚力

表 2-10　2014 年京津冀区域内各城市间的经济联系强度　　（单位：亿元·万人/km²）

	北京	天津	石家庄	承德	张家口	秦皇岛	唐山	廊坊	保定	沧州	衡水	邢台	邯郸
北京	—												
天津	2376.340	—											
石家庄	52.944	41.698	—										
承德	26.499	11.273	2.534	—									
张家口	25.045	12.058	3.065	1.388	—								
秦皇岛	11.396	15.870	1.474	0.947	0.588	—							
唐山	136.542	343.216	12.099	12.230	4.351	36.524	—						
廊坊	532.208	299.934	12.269	3.281	3.300	1.908	26.982	—					
保定	159.713	128.586	108.937	3.758	3.943	2.149	22.193	38.552	—				
沧州	56.845	236.835	31.138	3.026	1.686	2.651	33.405	22.708	51.984	—			
衡水	15.540	23.334	37.115	0.752	0.739	0.630	5.7991	4.902	21.614	26.259	—		
邢台	12.724	13.574	80.305	0.681	0.940	0.555	4.266	2.756	14.330	8.5324	13.170	—	
邯郸	15.504	17.584	52.495	0.955	1.244	0.776	5.769	3.551	14.270	10.223	12.733	191.738	—

表 2-11　2014年京津冀区域内各城市的经济隶属度　　（单位：%）

	北京	天津	石家庄	承德	张家口	秦皇岛	唐山	廊坊	保定	沧州	衡水	邢台	邯郸
北京	0.00	67.50	12.14	39.36	42.92	15.10	21.22	55.88	28.02	11.71	9.56	3.70	4.74
天津	69.46	0.00	9.56	16.75	20.67	21.03	53.35	31.49	22.56	48.80	14.35	3.95	5.38
石家庄	1.55	1.18	0.00	3.76	5.25	1.95	1.88	1.29	19.11	6.42	22.83	23.37	16.06
承德	0.77	0.32	0.58	0.00	2.38	1.26	1.90	0.34	0.66	0.62	0.46	0.20	0.29
张家口	0.73	0.34	0.70	2.06	0.00	0.78	0.68	0.35	0.69	0.35	0.45	0.27	0.38
秦皇岛	0.33	0.45	0.34	1.41	1.01	0.00	5.68	0.20	0.38	0.55	0.39	0.16	0.24
唐山	3.99	9.75	2.77	18.17	7.46	48.40	0.00	2.83	3.89	6.88	3.57	1.24	1.77
廊坊	15.56	8.52	2.81	4.87	5.66	2.53	4.19	0.00	6.76	4.68	3.02	0.80	1.09
保定	4.67	3.65	24.98	5.58	6.76	2.85	3.45	4.05	0.00	10.71	13.29	4.17	4.37
沧州	1.66	6.73	7.14	4.49	2.89	3.51	5.19	2.38	9.12	0.00	16.15	2.48	3.13
衡水	0.45	0.66	8.51	1.12	1.27	0.83	0.90	0.51	3.79	5.41	0.00	3.83	3.90
邢台	0.37	0.39	18.42	1.01	1.61	0.73	0.66	0.29	2.51	1.76	8.10	0.00	58.66
邯郸	0.45	0.50	12.04	1.42	2.13	1.03	0.90	0.37	2.50	2.11	7.83	55.81	0.00
隶属度最高的城市	天津	北京	保定	北京	北京	唐山	天津	北京	北京	天津	石家庄	邯郸	邢台

表 2-12 2015 年京津冀各城市中心城区经济与县域经济联系强度

(单位:亿元·万人·km^{-2})

北京		天津		石家庄				承德	
房山区	949.1	东丽区	2280.8	井陉县	43.3	赵县	59.3	承德县	8.9
通州区	2058.6	西青区	602.1	正定县	531.9	辛集市	24.1	兴隆县	0.9
顺义区	1118.2	津南区	532.9	行唐县	22.3	晋州市	48.4	平泉县	1.4
昌平区	996.5	北辰区	607.4	灵寿县	27.7	新乐市	62.3	滦平县	2.0
大兴区	2028.9	武清区	265.9	高邑县	14.4			隆化县	2.3
门头沟区	302.1	宝坻区	38.7	深泽县	9.4			丰宁满族自治县	0.3
怀柔区	119.3	滨海新区	806.9	赞皇县	17.9			宽城满族自治县	1.4
平谷区	63.3	宁河区	32.9	无极县	33.8			围场满蒙自治县	0.5
密云区	79.0	静海区	287.0	平山县	53.1				
延庆区	36.1	蓟县	15.9	元氏县	75.0				

张家口				保定				衡水	
宣化县	9.8	涿鹿县	2.3	涞水县	4.2	曲阳县	4.6	枣强县	2.3
张北县	3.2	赤城县	0.6	阜平县	0.9	蠡县	14.9	武邑县	3.0
康保县	0.3	崇礼县	1.2	定兴县	12.9	顺平县	13.9	武强县	0.4
沽源县	0.2			唐县	10.0	博野县	7.3	饶阳县	0.4
尚义县	0.4			高阳县	20.6	雄县	5.8	安平县	0.4
蔚县	0.6			容城县	7.5	涿州市	9.1	故城县	0.7
阳原县	0.4			涞源县	1.7	定州市	25.0	景县	0.8
怀安县	2.8			望都县	14.6	安国市	10.7	阜城县	0.6
万全县	27.2			安新县	11.3	高碑店	9.5	冀州市	3.0
怀来县	2.0			易县	12.0			深州市	1.7

唐山		邢台				秦皇岛		廊坊	
滦县	43.6	临城县	2.1	平乡县	2.2	青龙满族自治县	2.1	固安县	10.0
滦南县	37.3	内丘县	7.7	威县	1.6	昌黎县	17.9	永清县	12.0
乐亭县	17.4	柏乡县	1.1	清河县	0.7	卢龙县	3.9	香河县	6.3
迁西县	19.4	隆尧县	3.8	临西县	0.6			大城县	0.9
玉田县	34.2	任县	13.8	南宫市	1.0			文安县	1.9
遵化市	27.1	南和县	11.6	沙河市	20.9			大厂回族自治县	1.4
迁安市	32.7	宁晋县	2.0	新河县	0.3			霸州市	7.9
		巨鹿县	1.6	广宗县	1.3			三河市	5.5

邯郸						沧州			
临漳县	20.6	肥乡县	21.7	馆陶县	3.5	青县	7.8	献县	2.8
成安县	32.4	永年县	197.3	魏县	13.0	东光县	3.1	孟村回族自治县	2.6
大名县	5.8	邱县	2.1	曲周县	11.1	海兴县	0.7	泊头市	9.3
涉县	3.9	鸡泽县	5.5	武安市	55.5	盐山县	4.0	任丘市	2.9
磁县	29.1	广平县	7.3			肃宁县	1.0	黄骅市	6.9
						南皮县	6.3	河间市	4.2
						吴桥县	0.8	献县	2.8

不足,且总体上呈现十分不平衡的格局。综上,京津冀区域内的发展中心缺乏合理的等级结构,除了北京与天津发育成了突出的核心外,其余城市均难以构成次区域中心,包括河北省各地级市的中心城区,大多未能带动县域经济发展,导致省域内部的离散发展,进一步导致河北省内难以发育形成区域次级中心城市。

第四节 京津冀与长三角、珠三角比较

一、整体发展特征

长期以来,京津冀、长三角、珠三角都是国家经济最发达的三大区域。根据2016年5月国务院批准的《长江三角洲城市群发展规划》,"长三角"范围涵盖一座直辖市和三个省的部分城市,共26座城市,分别为上海市、江苏省的南京、无锡、常州、苏州、南通、盐城、扬州、镇江、泰州,浙江省的杭州、宁波、嘉兴、湖州、绍兴、金华、舟山、台州,安徽省的合肥、芜湖、马鞍山、铜陵、安庆、滁州、池州、宣城,总面积约 21.17×10^4 km²,约占中国国土面积的 2.21%(图 2-8a)。"珠三角"的概念首次由广东省政府于1994年提出[①],包括广州、深圳、佛山、东莞、中山、珠海、江门、肇庆、惠州9座城市。2019年2月中共中央、国务院印发的《粤港澳大湾区发展规划纲要》中,除增加香港、澳门外,同样延续了这一范围,总面积约 5.48×10^4 km²,约占广东省国土面积的1/3(图 2-8b)。

京津冀与长三角、珠三角相比,人口集聚与经济规模优势均不突出。根据2018年的相关数据,京津冀、长三角、珠三角三大区域国土面积占全国的比例分别为 2.25%、2.21% 与 0.57%,京津冀的国土面积最大。然而,就人口承载情况来看,2018年京津冀总人口规模达到了1.13亿人,承载了全国 8.08% 的人口,小于长三角的 11.04%,约为珠三角人口的1.8倍,但京津冀国土面积为珠三角的近4倍。京津冀的人口密度与长三角、珠三角的差异则更为显著,三者2018年区域人口密度分别约为 523 人/km²、727 人/km²、1150 人/km²。经济发展方面,2018年京津冀的GDP总量占全国的 8.88%,而相应的,长三角与珠三角2018年的GDP总量占全国的比例分别达到 19.43% 和 8.82%。一定程度上,说明三大区域土地利用的产出效率存在一定差距。参考地均GDP指标来看,京津冀、长三角、珠三角2018年的地均GDP分别为 3778.9 万元/km²、8438.45 万

---

① 1985年2月18日,国务院批转《长江、珠江三角洲和闽南厦漳泉三角地区座谈会纪要》,将珠江三角洲地区开辟成沿海经济开放区,发展外向型经济,这也成为日后珠江三角洲经济区的雏形。1994年10月,中共广东省委七届三次会议作出了建设珠江三角洲经济区的决定。随后,《珠江三角洲经济区城市群规划》《珠江三角洲经济区现代化建设规划纲要(1996—2010)》等相继出台。

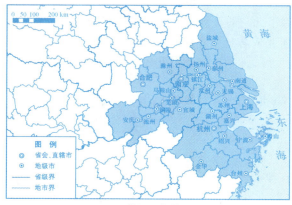

a. 长江三角洲

b. 珠江三角洲

图 2-8　长三角、珠三角区域范围

元/km²、14 789.87 万元/km²，长三角的地均 GDP 约为京津冀的 2 倍，珠三角的地均 GDP 为京津冀的近 4 倍。结合产业结构发展情况，三大区域均进入了以第三产业为主的发展阶段，2018 年京津冀、长三角、珠三角第三产业占 GDP 比例分别达到 64%、54%、57%。然而，京津冀产业结构走向高精尖化仍有一定的提升空间，北京作为全国科技创新中心的优势并未得到全面释放。一方面，京津冀高新技术产业新产品开发经费支出总量与长三角、珠三角相比没有明显优势。另一方面，2018 年京津冀 R&D 经费内部支出略高于珠三角，但京津冀 2018 年专利授权量约为长三角的 35% 和珠三角的 54%，科技创新效率需进一步提升。最后，从区域的公路密度来看，京津冀也仍低于长三角与珠三角，2018 年三地的公路密度分别为 1.07 km/km²、1.43 km/km²、1.14 km/km²。总体上，京津冀区域已经发育成为国内重要的增长极,以 2.25% 的国土面积承载了全国 8.08% 的人口和 8.88% 的 GDP 总量。然而,与长三角、珠三角相比,发展效率仍有较大的提升空间,不论是人口密度、地均产值、公路密度,还是科技创新的投入-产出情况,均需要进一步优化。

表 2-13 中国三大城市群主要发展指标比较(2018 年)

比较指标		京津冀		长三角		珠三角	
		规模	占全国比例/(%)	规模	占全国比例/(%)	规模	占全国比例/(%)
发展规模	国土面积/10^4 km²	21.6	2.25	21.17	2.21	5.48	0.57
	总人口/亿人	1.13	8.08	1.54	11.04	0.63	4.52
	GDP/亿元	81 624.23	8.88	178 641.97	19.43	81 048.5	8.82
发展水平	第二产业/亿元	26 161.52	7.15	76 359.87	20.86	33 395.72	9.12
	第三产业/亿元	51 832.72	11.04	96 975.42	20.65	46 400.55	9.88
	人均 GDP/万元	7.24	—	11.60	—	12.86	—
发展效率	经济密度/(万元·km⁻²)	3778.90	—	8438.45	—	14 789.87	—

数据来源:相关省(市)、地级市 2019 年统计年鉴。

二、核心城市发展特征

进一步聚焦京津冀、长三角、珠三角区域内实力最强的 5 座核心城市的发展情况,主要包括北京、天津、上海、广州和深圳。根据 2018 年的相关数据(表 2-14),5 座城市的经济发展水平大致可分为三个梯队。第一梯队是上海与北京,两座直辖市 2018 年的 GDP 总量均突破了 3 万亿元,且以上海的经济总量为首位。第二梯队为广州与深圳,两座城市 2018 年的 GDP 总量均突破了 2 万亿元。第三梯队为天津,其经济发展稍微滞后于其他 4 座城市,2018 年 GDP 总量为 18 809.64 亿元,也已接近 2 万亿元,但与北京仍有较大差距。基于人均 GDP 水平的比较,则呈现略有差异的结果。珠三角区域内核心城市的人均 GDP 水平最高,2018 年广州与深圳的人均 GDP 分别达到了 155 491 元和 189 568 元,明显高于北京与上海。一定程度上,这体现了发展路径的差异,北京与上海拥有众多高质量、大规模设施,形成了雄厚的发展实力,而广州与深圳主要依托高密度要素集聚与精细化管理,保持着较大的经济活力。从产业结构来看,五座城市在国内发展均处于领先地位,第三产业占比均在50%以上,形成了"三二一"产业格局。其中,又以北京第三产业的发展最为突出,不论是占比还是产值均为五座城市之首,说明北京的服务业发展具有绝对优势,对外辐射能力强。此外,天津的第二产业仍对城市发展具有重要意义。但天津第二产业比重虽比上海高出近11个百分点,产值却仅为上海的78%。总体上,天津市的工业与制造业发展仍需进一步转型升级,才能更好地促进城市经济增长,也更好地实现"京津"双城联动。

经济密度方面,深圳的优势十分突出,而北京、天津的地均产出则明显低于深圳、上海与广州。2018年,天津的地均产出仅为广州的51%、上海的30%、深圳的13%。这可能与珠三角未涉及跨省域问题有一定关系,省级政府能够更好地在省域范围内协调、统筹资源的优化配置,支撑核心城市持续发展。相关研究报告[①]曾指出,深圳的高经济密度一方面得益于通过创新多元手段,盘活了存量土地;另一方面,也与其积极地和周边城市成立合作区,以拓展发展空间有着密切关系。例如,2011年成立的深汕合作区,2018年建立的深莞惠试验区,均很好地通过功能协调、产业合作、土地共享的模式实现了发展扩容。

表 2-14　三大城市群核心城市的主要指标比较(2018 年)

	北京	天津	上海	广州	深圳
GDP/亿元	30 320.00	18 809.64	32 679.87	22 859.35	24 221.98
常住人口/万人	2154.20	1559.60	2423.78	1490.44	1302.66
人均 GDP/元	140 211	120 711	134 982	155 491	189 568
第二产业比例/(%)	18.63	40.46	29.78	27.27	41.05
第三产业比例/(%)	80.98	58.62	69.90	71.75	58.78
经济密度/(万元·km^{-2})	18 475.93	15 718.65	51 541.47	30 748.08	121 263.28

数据来源:相关直辖市、地级市 2019 年统计年鉴。

三、其他城市发展特征

关注区域核心城市以外地区的发展情况,可以发现河北省作为京津冀区域的重要腹地,整体发展相对滞后。2018年,河北省人均GDP约为47 772元,城镇化率为56.43%,第三产业占比为46.2%,低于全国平均水平,更远低于北京市与天津市。进而将河北省内各城市的发展水平,与长三角、珠三角区域内其他城市进行比较。比较范围涵盖河北省的11座城市,分别是石家庄市、唐山市、秦

---

① 参考资料:华略智库高级研究员,陆辰佳. 以亩产论英雄:深圳如何做到经济密度遥遥领先. https://www.sohu.com/a/413982533_748530. 2020-08-20.

皇岛市、承德市、张家口市、廊坊市、保定市、沧州市、衡水市、邢台市、邯郸市；长三角除了上海市以外的25座城市，珠三角除了广州市、深圳市以外的7座城市，具体范围与本小节开头叙述的一致，此处不再赘述；共计43座城市（图2-9）。

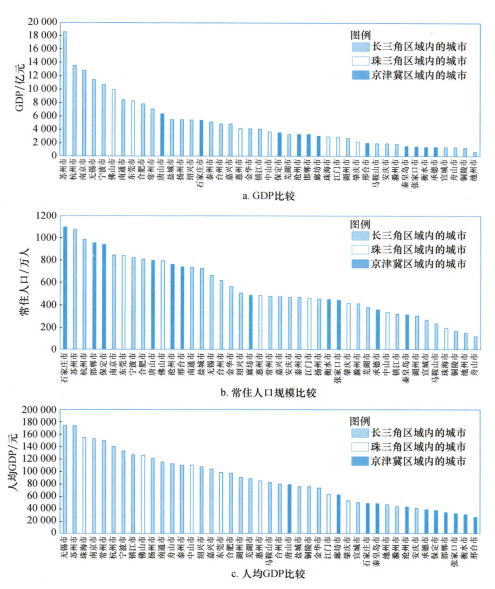

图2-9　三大区域内非核心城市发展水平比较（2018年）

数据来源：相关城市2019年统计年鉴。

首先,从 2018 年的 GDP 发展水平来看,河北省除了唐山市、石家庄市以外,几乎都处于中下游水平。即使是省内居首位的唐山市,在 43 座城市中也仅排在第 11 位,且与位居第 1 位的苏州市经济发展差距较为显著,后者的经济总量是前者的近 3 倍。珠三角区域内的非核心城市中,以佛山市的经济发展最为领先,在 43 座城市中位列第 6 位,2018 年其经济总量也为唐山市的 1.6 倍。其次,结合 2018 年各市的常住人口规模来看,呈现出了不一样的特点。河北省各市的人口规模反而具有优势,前 10 位中有 4 座位于河北省,石家庄市人口规模更是位居第 1 位。此外,河北省内各市在两个人口规模区间内均匀分布,常住人口规模在 700 万至 1100 万之间的市有 6 座,其余 5 座地级市的常住人口规模则集中在 180 万至 500 万之间,500 万至 700 万的规模区间几乎是缺失的,体系结构不够合理。珠三角区域广州、深圳以外的 7 座地级市中,人口规模也存在一定断层,前两位的东莞市、佛山市常住人口规模均在 790 万以上,第三位的惠州市则仅为 483 万。但相比之下,其人口分布更为集中,莞、佛两市的常住人口便占了 7 座地级市常住人口规模的 46%。长三角区域除上海以外的各市,则在各个规模区间内均有分布,层级结构相对合理,但小城市的人口发展仍有一定优化空间。最后,根据 2018 年的人均 GDP 指标,更突显了河北省经济发展水平的相对不足。河北省内人均 GDP 最高的唐山市,在 43 座城市中仅排在第 24 位,在后 10 位中河北省内地级市占了 7 位。

总体上,长三角在长期融合发展过程中,形成了更为合理的体系结构。"一超六强"的总体格局,全面提升了区域整体竞争力。上海市作为区域核心城市,不仅自身经济能级不断提升,还较好地发挥了辐射带动作用。苏州、南京、无锡、杭州、宁波、合肥等城市发展实力强劲,未来还将作为支点,打造形成南京、杭州、合肥、苏锡常、宁波五大都市圈,最终发育为网络化空间结构。珠三角区域虽然面积最小,但具有经济活跃、发展效率高等突出优势。在空间资源相对稀缺的条件下,区域社会经济依然保持着高质量发展进程。一方面,得益于城市尺度上积极盘活存量空间、创新土地集约利用模式的各项措施;另一方面,区域尺度上也积极探索了多重空间组合模式,支持核心城市的资源与要素溢出,以全面带动周边城市的发展。优越的开放创新环境以及良好的区位条件,不仅支撑了深圳市超速发展,持续优化了广州市的发展实力,还很好地培育出东莞市、佛山市、珠海市等次级中心城市,使得区域空间结构更加合理。通过比较,进一步印证了京津冀区域发展中存在一定过于集聚的问题。北京作为首都,不仅是京津冀区域绝对的发展核心,也是国家重要的中心城市,在全国经济格局中发挥着举足轻重的作用;集聚了众多高端要素,且高级生产性服务业发展具有突出优势。然而,不论是作为次级中心的天津市,还是作为重要腹地区域的河北省,在与长三角、珠三角进行横向比较时,均表现出实力不足的问题。一定程度上,也影响了区域综合实力的提升。天津市应当进一步巩固并强化自身的经济实力,扩大在全国范围的影响力,与北京实现更好的联动发展。河北省既要积极承接非首都功能疏解,更要同步加速产业转型升级,优化城镇体系结构,才能更好地融入区域发展大局中。

第五节　世界级城市群发展模式比较

随着经济全球化和区域一体化的发展,城市群或大都市区越来越成为世界经济和社会发展的战略空间单元。人口不断向都市区集聚成为世界各国的普遍趋势。与此同时,城市群内部的社会经济联系愈加紧密,随着交通和通信等基础设施的快速发展和完善,城市群或大都市区最终形成统一的居住区和劳动力市场,在一个城市工作、在另一个城市居住成为许多城市群或大都市区居民的理性选择,核心区和周边地区也建立了密切的垂直产业联系。

根据经济实力、土地规模以及京津冀区域"世界城市地区"的共同战略目标,将美国波士华城市群、日本太平洋沿岸城市群、东南英格兰城市群进行对比,能够看出京津冀区域在国际水平比照下的优势与不足,更有助于京津冀区域在更高标准下贯彻落实国家对京津冀区域的战略要求,在更高水平上进行区域协作。

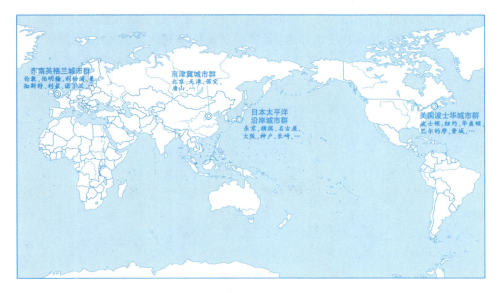

图 2-10　国外城市群区位

一、城市等级比较

最近几年,各类研究机构越来越多地尝试对城市进行系统性排名比较。其中,全球化与世界级城市研究网络(Globalization and World Cities Research Network,GaWC)发布的《世界级城市名册》(*The World According to GaWC*)在国际城市研究领域城市等级测定方面最为权威。考虑到先进生产性服务业在全球城市经济创建中的核心作用,GaWC 以先进生产性服务业公司在世界各大城市中的办公网络为指标,用六大"高级生产者服务业机构"在世界各大城市中的分布为指标对世界城市进行排名,主要包括:银行、保险、法律、咨询管理、广告和会计,重点关注该城市在全球活动中具有的主导作用和带动能力。GaWC 最高层次的 Alpha++级,是名副其实的全球城市,在所有年份的排名中,均只有伦敦和纽约两个城市入围。第一梯队中,包括了 Alpha+、Alpha、Alpha-三级,其中 Alpha+城市是其他一些综合性较强的城市,与伦敦和纽约形成补充,大部分是为亚太地区提供先进的服务需求;Alpha 和 Alpha-级的城市同样是非常重要的世界城市,在世界经济中连接着大的经济区或国家。第二梯队 Beta 级,均有助于将其地区或国家与世界经济联系起来。第三梯队 Gamma 级,主要是连接较小的地区或国家进入世界经济的城市,或者虽是主要的世界城市,但其主要的全球能力不是先进的生产性服务业。第四梯队包括"高度自足"(High sufficiency)和"自足"(Sufficiency)两个级别,此档城市尚处于踏入世界城市的门槛阶段,多能够提供足够程度的服务,无需明显地依赖其他世界城市,通常是较小的首都或传统的制造业中心城市。自 1999 年 GaWC 提出指标体系后,每 2~4 年更新一次,至今共有 7 期报告,最新一期的数据于 2020 年 8 月发布(表 2-15)。

表 2-15 GaWC 历次报告中京津冀城市群内部城市位次变化

GaWC 全球城市分级	2000 年	2004 年	2008 年	2010 年	2012 年	2016 年	2018 年	2020 年
Alpha++								
Alpha+			北京	北京	北京	北京	北京	北京
Alpha								
Alpha-		北京						
Beta	北京					天津	天津	天津
Gamma								
High sufficiency				天津	天津			
Sufficiency							石家庄	石家庄

第二章　京津冀区域发展的空间结构特征

作为国际性城市榜单，GaWC衡量城市排名的关键性指标，还是倾向于城市的国际性情况，也就是城市与世界的联系紧密度（图2-11）。经过近几十年的发展，我国城市世界影响力和竞争力不断加强，城市位次都有所攀升。然而与其他世界级城市群对比（表2-16），京津冀在城市内部等级上仍然与世界各大城市群存在差距，主要表现出两个问题。首先是中心城市级别低，京津冀区域仅有2座城市进入世界级城市行列，且中心城市北京在全球城市等级中仅为"Alpha+"。其次，存在城市等级缺失的问题。京津冀区域内仅有一个"Alpha"等级城市（北京）和一个"Beta"等级城市（天津），缺少"Gamma""High sufficiency"级别的城市，城市等级跨度较大。

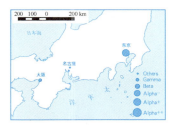
a. 日本太平洋沿岸城市群

b. 美国波士华城市群

c. 东南英格兰城市群

图2-11　世界各大城市群内部城市等级构成

表2-16　京津冀与世界各大城市群内部城市等级构成

GaWC全球城市分级	美国波士华	东南英格兰	日本太平洋沿岸	中国京津冀
Alpha++	纽约	伦敦		
Alpha+			东京	北京
Alpha-	华盛顿、波士顿			
Beta	费城			
Gamma	巴尔的摩	布里斯托、利兹	大阪	天津
High sufficiency	哈特福德	南安普顿		
Sufficiency	普罗维登斯	卡迪夫、诺丁汉	名古屋	

二、规模体系比较

世界上发展速度较快的城市群，如美国波士华城市群、日本太平洋沿岸城市群、东南英格兰城市群等，在体系发育方面都具有相似的特点。区域内集聚有巨大规模的人口，城镇分布高度密集。同时，城市间存在明确的分工，产业互补性较强，经济联系十分紧密，往往是国际和地区重要的经济增长极。

京津冀区域内以北京、天津两座特大城市为发展中心,但与世界各大城市群相比,仍有较显著的差距。首先,区域内城市规模等级具有断层。在超大城市北京、天津与大城市之间,缺乏中间等级的特大城市发挥承上启下的作用,城市规模差异过大,城市体系存在断层。其次,中小城市的职能升级相对滞后于人口发展,为了实现打造京津冀世界级城市群的目标,需要加快发展次级中心城市发挥腹地支撑作用,以承接北京产业和人口的外溢。最后,中心城市的发展空间受到限制,北京规模已超过伦敦和纽约,要实现职能提升需为高端功能腾挪空间。

表 2-17 京津冀与世界各大城市群内部城市规模构成

人口	美国波士华	东南英格兰	日本太平洋沿岸	中国京津冀
1 000 万以上	1 个		1 个	2 个
500 万~1 000 万	2 个	1 个	1 个	
100 万~500 万	2 个	1 个	3 个	4 个
50 万~100 万	2 个	6 个		8 个

三、产业分工比较

与美国波士华、东南英格兰、日本太平洋沿岸城市群进行对比,可看出这些城市群中不同等级城市分工各有差异,通过产业互补及生产要素流通实现协同效应最大化(图 2-12)。京津冀在城市内部产业分工上与世界各大城市群的差距主要体现在:首先,中心城市发展重点不突出,北京市同时承担世界级(政治中心、国际交往中心等)、国家级(科技创新中心、文化中心等)、区域级(交通枢纽等)的产业,产业门类过于综合;其次,节点城市、中小城市具有一定产业趋同问题,均以制造业为主。

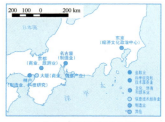
a. 日本太平洋沿岸城市群

b. 美国波士华城市群

c. 东南英格兰城市群

图 2-12 世界各大城市群内部产业分工

根据各大世界级城市群的发展经验,一般以少数核心城市为发展引擎,重点提升其科技创新实力作为核心竞争力。进而依托健全的交通网络,通过区域规划引导产业布局优化,从而提升整个区域在国际竞争中的优势。东京大湾区不仅是日本的创新中心,也是全球创新网络的关键节点。其在经历了重工业发展阶段后,依托区域规划引导制造业向外转移,逐渐实现以技术密集型产业为主的产业结构,发育有高新产业集群、高端生产性服务业集群(杨东亮等,2019)。根据相关学者研究中搜集的数据,2018年,东京大湾区内集聚了全国约40%的高校和50%的研究机构,而湾区内2017年的专利授权量有83.1%来自东京都(杨东亮等,2019)。美国波士华城市群也是国际上重要的科技创新与金融中心,是美国高等教育中心与现代研究型大学的发源地(李恒,2016)。纽约拥有592个国际性研发机构与462个产业孵化机构(周海成,2016);波士顿的高校资源优势突出,是重要的人才培养中心与研发中心(王洁琛,2015)。伦敦作为首个全球科技创新中心,也长期保持着技术领先地位。不仅拥有200多家研究机构,多数跨国企业也有独立的科研机构运行(周海成,2016)。2010—2015年,伦敦的科技企业数量增长幅度接近50%,不仅提供了三万余个新增工作机会,还吸引了342亿美元的创投资本(陈强等,2020)。除了核心城市发挥生产要素和资源配置中心的作用,区域内一般还依托数量适宜的节点城市与若干中小城市发展互补产业,发挥支撑作用。东京大湾区内,以东京都为全国的政治、经济、金融、文化中心;神奈川县重点发展工业和总部经济,并作为国家行政机构的主要集聚地区;埼玉县承接了部分东京都转移出来的政府职能;千叶县依托空港、海港,物流产业发达;茨城县发挥研发机构与高校集聚的优势,重点发展高科技产业;山梨县积极发展旅游及相关产业(杨东亮等,2019)。波士华城市群内,华盛顿作为政治中心,侧重政策保障职能;波士顿主要作为人才培养中心,集聚高科技产业;纽约发挥突出的金融服务优势与经济辐射能力(王洁琛,2015)。只有依托合理有序的产业分工体系,才能维持区域经济的发展活力,保障区域经济的高效运行。

表 2-18 区域城镇体系等级结构

节点类型	数量	人口	职能分工	主导产业
中心城市	1个	千万级	生产要素和资源配置中心	金融业、高端服务业等
节点城市	2~5个	百万级	承接中心城市产业转移	高端制造、贸易物流、新技术开发等
中小城市	若干		城市群腹地,一般处于产业链末端	零部件生产、精密加工等,或依托自身优势发展特色产业

第六节　本章小结

　　京津冀受自然地理条件影响，自古便建立了紧密的地缘关系。在特殊政治经济背景的综合作用下，逐渐发展成为我国最发达的三大区域之一。然而，区域内发展不均衡的问题较为显著，区域发展的空间结构亟需进一步优化。根据对区域内要素集聚格局、城际联系特征的分析，可以明显发现北京对各类资源，尤其是高端资源具有难以比拟的吸引力，在京津冀区域发展中占据绝对的核心地位。通过与国内外发育较成熟的"城市群"开展横向比较研究，可以发现，仅有强大的核心城市是难以支撑区域可持续发展的。不论是国内的长三角、珠三角区域，还是国际范围内的日本太平洋沿岸城市群、美国波士华城市群、东南英格兰城市群，均依托着合理的"中心（核心）城市＋节点城市＋中小城市"的体系结构来组织区域发展。相比之下，京津冀过往的发展中主要存在两方面问题。首先，区域核心城市强而超载，不仅逐渐影响自身可持续发展，也不利于区域整体实力的提升。具体来说，北京虽然人口规模大，但城市等级并未达到相应水平；职能多样，但也存在一定产业发展重点不突出的问题；虹吸作用大于辐射作用，同时承担了世界级、国家级、区域级等多层职能，不仅带来较大的资源环境压力，也会影响发展效率。其次，区域城镇体系的规模等级存在一定缺失，与核心城市规模相适配的节点城市、中小城市发育不足；区域分工不够明确，节点城市、中小城市专业化程度仍有待提升，各等级城市之间需增强衔接，加快形成上下联动的分工合作机制。然而，随着京津冀协同发展战略的提出，在非首都功能疏解的带动下，上述问题已得到很大程度的改善。

　　对区域土地资源而言，相关问题可能导致其同时面临超载与浪费的挑战，对提升土地利用综合效益产生不利影响。一方面，北京集聚了过多功能，土地资源压力较大。另一方面，河北省各市因留不住优势资源，发育的产业等级相对较低，环境友好度不高，可能带来新的环境破坏与污染问题；加上产业同构现象，从土地资源配置效率的角度来看，也造成了一定程度的浪费。因此，有必要优化调整区域发展的空间结构，进而推动区域土地资源的优化配置。

　　结合"城市群"地域空间结构演化的一般规律以及京津冀面临的现实问题，主要可以依托以下三条路径：① 立足区域尺度推动产业优化配置，引导北京退出企业往河北转移，并加快推动河北省传统工业的转型升级，强化北京高端服务业与天津技术密集型制造业的联动发展；② 加强交通网络建设，组团之间经济联系不够紧密,一定程度上是因为交通网络不够完善,这是区域协同发展的重要基础,建立多层次、高密度的交通网络才能支撑生产要素、优势资源的优化配置;
③ 建立区域生态环境共治机制,生态退化、环境污染所产生的负面影响具有强烈的外部效应,是区域内城市共同面临的挑战,同时也与产业职能分工不合理有着密切关系,这两点都决定了生态环境的治理应当立足区域尺度进行协调。

第三章

京津冀土地利用现状特征

区域自然基底在社会经济发展格局的长期作用下,逐渐形成了京津冀现阶段的土地利用格局。本章聚焦区域土地资源的发展现状,立足区域尺度,分析不同类型土地资源的结构特征与空间分布特征,对区域资源禀赋情况形成全面认识。从城市角度出发,梳理不同城市土地利用结构的分异特征,重点关注由此反映出的资源禀赋与发展路径差异。基于县域单元,构建土地利用综合效益评价指标体系与评价方法,探讨京津冀区域内县域土地利用的经济效益、社会效益、生态效益、综合效益的发展水平与空间分异性,透视区域人地关系特征。通过与国外首都都市圈的横向比较,为京津冀区域进一步实现资源要素优化配置提供参考,为统筹区域土地利用、制订差别化土地利用政策提供依据。

第一节 土地利用总体特征

为了更清晰地概括不同系统之间的相互作用,更有效地聚焦核心问题,本研究在已有土地利用分类体系的基础上,对其进行适当合并或简化,以支撑相应的分析需求。结合原始数据中的地类内涵,将林地、草地与水域视为主要的生态用地,将"城乡、工矿、居民用地"简称为建设用地,并通过耕地来反映区域农业用地发展的基本特点,以更好地透视人类开发建设行为与农业生产、生态环境之间的相互影响。另外,为了更好地聚焦不同土地利用类型的系统特征与质量变化趋势,将结合其内部结构开展分析,结构分类的主要依据是原始数据中的 25 个二级地类。例如,通过林地类型的构成、草地覆盖度的变化,来反映区域生态空间质量的发展趋势。

一、整体结构特征

根据 2015 年的土地利用数据,京津冀区域土地覆被以耕地为主,区域内耕地总面积占区域土地总面积的 46.99%,是分布最广的土地利用类型(图 3-1)。结合耕地内部结构来看,京津冀区域内的耕地以旱地为主,旱地面积占耕地总面积的 98% 以上。

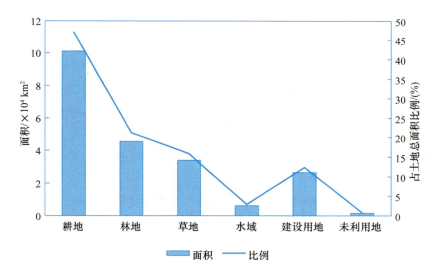

图 3-1 京津冀区域 2015 年土地利用结构

此外,区域内分布有较大面积的林地与草地,林地、草地的面积分别占区域土地总面积的 21.18% 和 15.81%。总体上,林、草地质量得到了较好的保护,且以高质量生态用地为主。林地中,分布最多的为有林地和灌木林,郁闭度较高,两类林地面积约占林地总面积的 90%。草地也以中、高覆盖度的草地为主,高覆盖度草地面积占草地总面积的 65.95%,两类草地占草地总面积的 95%。

除了耕地、林地、草地以外,面积规模第 4 位的土地利用类型为建设用地,建设用地总面积约占区域土地总面积的 12.38%。建设用地中,又以农村居民点用地的面积最广,农村居民点用地、城镇用地、其他建设用地的面积分别占建设用地总面积的 58.11%、27.42% 和 14.47%。

区域内,水域和未利用地的规模较小,水域面积仅占区域土地总面积的 2.87%,未利用地的面积占比不足 1%。京津冀受自然条件影响,较为干旱,为了缓解这一问题,建设了较多人工水库坑塘。从水域的内部结构来看,以水库坑塘、河渠、滩地为主。区域内水域中有 51.98% 为水库坑塘,23.66% 为河渠,16.05% 为滩地,三类用地便构成了区域内近 92% 的水域。未利用地中,以沼泽地和盐碱地为主,尤其是沼泽地占了未利用地面积的 74.35%,盐碱地则占了未利用地面积的 20.46%。

二、空间分布特征

结合空间分布格局来看,京津冀区域内各土地利用类型的分布存在一定程度的不均衡,尤其是林地、草地与城镇用地,集聚特征显著。林地与草地,主要集中分布于西北部坝上高原、燕山-太行山山地地区。立足城市尺度来看,林地集中分布于承德、张家口和北京,三座城市的林地面积占区域林地总面积的 75.24%。草地主要分布于承德、张家口和保定,三座城市的草地面积占区域草地总面积的 73.27%。可以发现,承德和张家口是区域内林地、草地最集中分布的地区,承担着较大的资源保护压力。

建设用地整体分布的集聚程度,明显弱于林地与草地,但社会经济发展较快的城市依然是区域内建设用地扩张的主要来源。若按建设用地面积占区域建设用地总面积的比例进行排序,前五位分别是北京、天津、保定、唐山与石家庄,均是区域空间结构中重要的中心城市。结合具体的建设用地类别来看,便可以进一步发现城镇用地突出的集聚格局。北京与天津两座直辖市的城镇用地规模,便占了区域城镇用地总面积的 40%,而两座城市的土地总面积,仅占区域总面积的 13%(图 3-2)。

三、城市间结构分异

进一步聚焦区域内各城市的用地结构分异特征,借助威弗-托马斯(Weaver-Tomas)组合系数法,分析各城市土地利用的组合类型特征,确定各城市最主要的土地利用类型。威弗-托马斯组合系数的计算方法为:先依据各土地利用类型面积占土地利用总面积的比例大小,从大到小进行排序。然后,假设区域内仅有占比例最大的那一类土地利用类型,而其余地类平均分配时,考虑此时区域内的

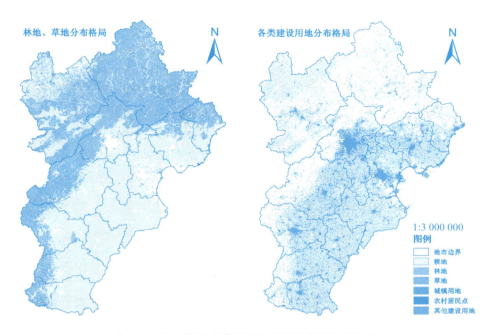

图 3-2 2015 年京津冀区域主要用地类型分布格局

土地利用结构特征。即假设占比例最大的土地利用类型的比例为 100%，则其余地类的比例均为 0。相应地，当区域内仅平均分布了占比例前两位的土地利用类型时，即假设前两位地类的比例分别为 50%，其余地类的比例均为 0。以此类推，直到假设区域内各土地利用类型平均分布。本研究重点关注耕地、林地、草地、水域、建设用地、未利用地 6 种土地利用类型的结构特征，即假设 6 种地类均匀分布，比例均为 16.67% 时的区域土地利用结构特征。最后，计算上述各种假设分布情况与实际分布之差的平方和，分别累计得到组合系数 W。选择 W 值最小的假设分布情况，即为最能代表实际分布特征的组合类型。组合系数 W 的计算公式如下：

$$W = \sum (T_{ij} - t_{ij})^2$$

式中 W 为土地利用类型组合系数；T_{ij} 为假设分布土地利用类型的百分比；t_{ij} 为实际分布土地利用类型的百分比。

根据 2015 年各地级市的土地利用现状数据，计算得到了各城市的土地利用组合系数与土地利用组合类型（表 3-1）。结果表明，京津冀区域内各城市资源禀赋差异较大,且发展阶段具有较显著的差异。组合类型中含有建设用地的城市,主要包括北京、天津、石家庄、唐山、保定、邯郸,这与其社会经济发展水平有着密切关系。其中,北京与天津是京津冀区域的核心城市,而唐山、保定、石家庄与邯郸均为次级区域的中心城市。除建设用地以外,上述 6 座城市包含的其余土地利用组合类型体现了资源禀赋的差异,平原地带适于从事耕作生产,分布有较多耕地,而太行山地区的林、草地分布则更突出。其余 7 座城市的土地利用组合类型中均不包含建设用地,城镇化、工业化进程相对滞后于前 6 座城市。这 7 座城市可进一步分为两类,同样也是体现了自然地理条件的分异。北部区域的承德、张家口与秦皇岛,林、草地分布更广,而廊坊、沧州、衡水、邢台等平原地区则是区域内农业资源的主要分布地区,4 座城市的土地利用组合类型均为单一的耕地组合类型(图 3-3)。

表 3-1　京津冀各城市 2015 年土地利用组合系数与组合类型

城市	土地利用组合系数						土地利用组合类型
	一种土地组合系数	两种土地组合系数	三种土地组合系数	四种土地组合系数	五种土地组合系数	六种土地组合系数	
北京	0.407	0.121	0.045	0.073	0.112	0.145	林地、耕地、建设用地
天津	0.306	0.081	0.088	0.140	0.175	0.199	耕地、建设用地
石家庄	0.331	0.152	0.103	0.087	0.125	0.158	耕地、草地、建设用地、林地
承德	0.381	0.089	0.046	0.111	0.155	0.186	林地、草地、耕地
张家口	0.395	0.112	0.042	0.090	0.128	0.156	耕地、草地、林地
唐山	0.275	0.114	0.126	0.143	0.154	0.187	耕地、建设用地
秦皇岛	0.554	0.083	0.046	0.050	0.083	0.114	耕地、林地、草地
廊坊	0.104	0.150	0.293	0.372	0.420	0.453	耕地
保定	0.407	0.130	0.071	0.058	0.097	0.127	耕地、草地、林地、建设用地
沧州	0.067	0.212	0.329	0.406	0.455	0.487	耕地
衡水	0.059	0.215	0.370	0.453	0.503	0.536	耕地
邢台	0.149	0.157	0.206	0.241	0.282	0.314	耕地
邯郸	0.166	0.154	0.170	0.237	0.280	0.313	耕地、建设用地

第三章 京津冀土地利用现状特征

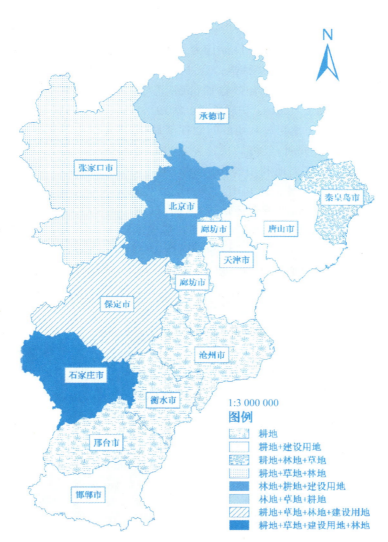

图 3-3 京津冀各城市 2015 年土地利用结构组合类型分布

第二节 京津冀区域土地利用综合效益

一、指标体系构建

土地利用效益是衡量土地利用水平的重要指标之一,一般指用地规模数量、空间布局、使用模式等对区域社会、经济、文化、环境等方面发展的影响及作用结果,通常基于投入与产出的比较来衡量(罗罡辉等,2003)。此外,土地本身是一个复合系统,土地利用是一种多目标行为。土地利用效益评价若只简单地考虑经济层面的投入与产出是不够科学、完善的,现有相关研究中,大多基于社会、经济、生态环境三大维度开展综合效益评价(张嘉宁等,2009;史进等,2013;朱珠等,2012;王国刚等,2013;田俊峰等,2019)。随着京津冀城镇化、工业化进程的快速推进,城市土地粗放利用的问题逐渐显化,土地的无序蔓延导致土地利用经济效益的下降。同时,经济的快速发展也对生态环境造成了一定程度的破坏与污染,造成了城市土地利用经济、社会、生态效益的失衡,加剧了人地矛盾(田俊峰等,2019)。立足土地利用经济、社会、生态效益三个层面,对土地利用综合效益进行科学评估,是更全面认识京津冀区域土地利用模式特征的重要视角,也有利于提出更具针对性的政策建议。基于推动土地资源节约集约利用与环境友好的发展目标,同时考虑指标的全面性、系统性、代表性和可获得性,构建起以土地产出综合效益评价为目标层,以土地利用经济效益化、土地利用社会效益化、土地利用生态效益化为准则层,再由12个评价指标进行具体描述的指标体系(表3-2),以更加全面地评价土地利用综合效益水平。

表3-2 京津冀区域土地利用综合效益评价指标体系

准则层	指标层	单位	指标计算方法	图片编号
经济效益化	土地生产力	万元/km²	国民生产总值/土地面积	a
	地均社会商品零售总额	万元/km²	社会商品零售总额/土地面积	b
	地均财政收入	万元/km²	一般财政收入预算/土地面积	c
	地均固定资产投资	万元/km²	全社会固定资产投资额/土地面积	d
	人口密度	人/km²	总人口/土地面积	e
社会效益化	第三产业占比	%	三产产值/总产值	f
	人均粮食产量	kg/人	粮食总产量/总人口	g
	农村居民人均可支配收入	元/人	农村居民初次分配与再分配后的收入/农村居民数	h
	城乡居民收入比	—	城镇居民人均可支配收入/农村居民人均可支配收入	i
	城镇化率	%	城镇人口/总人口数	j
生态效益化	森林覆盖率	%	林地面积/土地总面积	k
	其他生态用地占有率	%	其他生态用地面积/土地总面积	l

(一)土地利用经济效益化

土地的经济效益是体现土地开发利用程度的重要根据,可以反映地区土地的经济承载力和人口承载力(史进等,2013)。土地经济效益高的地区往往资源开发利用充分,且未来开发意愿与能力较强。可以从产出和投入两方面选择指标,产出方面主要以经济效益为考量,土地生产力、地均社会商品零售额和地均财政收入综合反映了单位土地上总体经济效益产出能力;投入方面可以分为资本投入和劳动力投入。本研究采用地均固定资产投资作为资本投入指标,其反映了土地利用过程中基础设施等方面的投入情况及资本在土地利用方面的集约度;考虑到京津冀区域人口的集聚程度对各地发展的影响不一,故采用人口密度作为劳动力投入指标,其反映的是单位面积上的人口承载情况,该指标可在一定程度上表征当地为经济发展提供的人力条件,预示着劳动力投入潜力。

(二)土地利用社会效益化

土地利用是否满足社会需求及其产生的社会影响,被定义为土地利用的社会效益,是土地利用综合效益的重要组成部分。一般来说,健康的城乡关系、充足的粮食供给、合理的产业配比有助于促进社会供给和需求的总体平衡,保障社会的长期稳定与可持续发展。京津冀地域跨度大,区域内各城市所处的城镇化阶段不同,产业发展基础存在显著差异,本研究主要从城乡统筹发展情况、社会需求满足能力、产业配比等多个维度来评价该区域土地利用产生的社会效益。其中,选取城乡居民收入比、农村居民人均可支配收入、城镇化率三项指标来刻画区域内城乡各自的发展水平和彼此之间的差距;选择人均粮食产量指标,在一定程度上衡量土地在保障与满足人民基本需求方面的能力;选择第三产业占比(简称三产占比),作为衡量产业结构的关键指标,主要是考虑第三产业是产业转型升级和提升土地资源产出利用效率的重要标志。

(三)土地利用生态效益化

生态环境质量保持健康稳定的状态,切实关系着人类生存与发展的根本需求与长远利益,因而备受学者和决策者们的重视。提升土地利用的生态效益,不仅直接影响区域生态安全格局,也能更好地支撑区域经济转型升级发展,提高人民生活质量和水平,保障社会可持续发展。土地利用的生态效益化,主要反映土地开发和利用过程中非期望产出数量及由此带来的自然生态环境变化(田俊峰等,2019),通过合理的生态用地结构来实现维护地区生态安全的目的。因此,本研究主要选取森林覆盖率和其他生态用地占有率两项指标来刻画土地利用的生态性,进而体现土地利用生态效益化程度。

二、指标因子现状分析

(一)土地利用经济效益指标

土地生产力指标空间分布结果显示京津冀土地生产力最高的区域主要为北京市辖区和天津市辖区,土地生产力以天津市市区与北京市市区为中心,向周围逐渐降低，河北省大部分区域土地生产力差异较小，属于低值区。在河北省的各个地级市区域内，市区中心通常为地级市范围内的土地生产力极大值区。京津冀区域中，总计有12个土地生产力高值区县，7个较高值区县，12个适中值区县，42个较低值区县，127个低值区县。

地均社会商品零售额最高的区域为北京市辖区和天津市辖区，邯郸市辖区和石家庄市辖区成为局部区域的极大值区域，除去以上区域，其他区域的地均社会商品零售额水平相近。京津冀区域中总计有6个地均社会商品零售额高值区县，8个较高值区县，6个适中值区县，16个较低值区县，164个低值区县。

地均财政收入方面，最高的区域在北京市辖区、天津市辖区。唐山市中心辖区、石家庄市中心辖区、邯郸市中心辖区是地级市范围的较高值区域，京津冀区域内的其他区域的地均财政收入水平大致相近，属于低值范围。京津冀区域中总计有12个地均财政收入高值区县，2个较高值区县，15个适中值区县，18个较低值区县，153个低值区县。

地均固定资产投资最高的区域为北京市辖区、天津市辖区、邯郸市区、石家庄市区、保定市区。唐山市的地均固定资产投资也明显高于京津冀其余的地级市。京津冀区域中总计有8个地均固定资产投资高值区县，20个较高值区县，14个适中值区县，39个较低值区县，119个低值区县。

人口密度对应最高的区域为北京市辖区、天津市辖区。石家庄市、邯郸市、唐山市、保定市、邢台市中心辖区的人口密度也是各地级市范围内的较大值区，京津冀其他地区的人口密度水平相近。京津冀区域中总计有1个人口密度高值区县，6个较高值区县，14个适中值区县，17个较低值区县，162个低值区县。

各个土地利用经济效益指标在京津冀区域的空间分布存在相似性，土地利用经济效益指标的最高值区域通常为北京市辖区、天津市辖区，而其他地级市的中心市区则通常是各个地级市范围内的较高值区域。土地利用经济效益指标反映了经济发展水平及土地利用生产效率，由于北京市、天津市本身具有良好的区位条件，各地级市的市中心是各地级市的经济、政治中心，因此这些地区的经济发展水平明显领先于其他地区，从而土地经济效益指标在空间上的分布也与经济发展水平空间分布吻合。

（二）土地利用社会效益指标

京津冀的各区县三产占比最高的区域为北京市城六区、天津市城六区、石家庄市城区及部分下辖县，京津冀北部地区及其他内陆地区的三产占比相对较低，京津冀沿海地区及北京市、天津市的周边地区三产占比则相对适中。京津冀区域中总计有14个三产占比高值区县，30个较高值区县，44个适中值区县，67个较低值区县,44个低值区县。

人均粮食产量最高的区域为衡水市下辖区县及邢台市下辖区县。唐山市下辖区县、邯郸市下辖区县也有较高的人均粮食产量,天津市、北京市及其周边县市的人均粮食产量很低。京津冀区域总计有23个人均粮食产量高值区县,42个较高值区县,46个适中值区县,36个较低值区县,53个低值区县。

三产占比和人均粮食产量在一定程度上反映各区县的产业结构,三产占比指标的区域分布反映了京津冀区域的区县职能结构,北京市、天津市的三产占比较高,服务业在这两个区域较为发达,而区域内西北部区县的产业结构需要进一步转型升级。人均粮食产量指标一定程度上反映了当地的耕地总量及其利用效率,衡水、邢台、唐山、邯郸是主要的粮食产地,有着较为发达的农业。

农村居民人均可支配收入的最高值区域在唐山市辖区、邢台市辖区、天津市辖区、保定市辖区。北京市外围辖区、天津市外围辖区的农村居民人均可支配收入也比较高,京津冀西北部内陆地区的农村居民人均可支配收入相对较低。京津冀区域总计有12个农村居民人均可支配收入高值区县,34个较高值区县,86个适中值区县,60个较低值区县,剩余8个区县内的居民均为城市居民。

石家庄市下辖区县、邯郸市辖区在京津冀区域城乡居民收入比表现为最高,京津冀的西北部地区的城乡居民收入差距也比较大,城乡居民收入差距较小的区域则主要为天津市外围辖区、北京市外围辖区。京津冀区域总计有7个城乡居民收入比高值区县,36个较高值区县,73个适中值区县,68个较低值区县,剩余16个区县中或是均为城市居民,或是均为农村居民,无城乡居民收入比数据。

城镇化率最高的区域是北京市、天津市、石家庄市辖区,邯郸市、邢台市、张家口市这三个地级市的部分市辖区也有较高的城镇化率,京津冀其他区县的城镇化率则呈现着自沿海向内陆降低的趋势。京津冀区域总计有27个城镇化率高值区县,29个较高值区县,15个适中值区县,56个较低值区县,73个低值区县。

农村居民人均可支配收入、城乡居民收入比、城镇化率反映了区县的城乡发展情况。农村居民人均可支配收入反映农村经济发展情况,经济发展状况较好的城市地区在一定程度上能够带动周边农村地区的发展,环绕北京市城区、天津市城区的农村地区的居民人均可支配收入有着较高的水平。城乡居民收入比反映了城乡发展差距,京津冀区域中部分区县的农村地区受到城市发展的正面溢出效应,导致了城乡发展差距的进一步扩大。城镇化率反映城市化发展水平,围绕发达城市周边的区县城镇化速度会相对较快,京津冀区域全域的城镇化水平仍有一定的提升空间。

(三) 土地利用生态效益指标

京津冀区域的森林地区主要集中于西北部分的区县,包括承德市辖区县、北京市部分辖区、张家口市辖区县,而京津冀区域其他地区的森林覆盖率处于相对较低的水平。京津冀区域总计有 12 个森林覆盖率高值区县,18 个较高值区县,14 个适中值区县,25 个较低值区县,131 个低值区县。

京津冀区域其他生态用地占有率最高的区县主要集中分布于河北省西部行政区划边界附近,包括张家口市、承德市、石家庄市、保定市、邢台市、邯郸市。京津冀区域总计有 17 个其他生态用地占有率高值区县,26 个较高值区县,33 个适中值区县,49 个较低值区县,75 个低值区县。

土地利用生态效益指标基本反映出京津冀区县的生态环境情况,可以看到生态效益指标值较高的区域主要集中于张家口市、承德市,这两个地级市本身就具有良好的生态资源,因此这两个区域的土地利用生态效益指标也相对较高,同时京津冀其他区域的土地利用生态效益指标值相对较低,与自身的生态基底水平较弱有很大的关系。

京津冀区域各区县土地利用效益指标见图 3-4。

三、研究方法

(一) 主成分分析

主成分分析方法常应用于数据降维,该方法的核心在于采用比较少的几个综合性指标表征替代原本的较多的变量指标,同时能够使变换的较少的综合性指标载荷尽量多的原本的变量指标所承载的信息,并且每个综合性指标之间又是保持相互独立的,该方法对于处理原始变量指标存在信息交叉重叠和数据冗余等问题时较为有效。在研究中,假设用以描述研究对象的 n 个变量分别是 $X_1, X_2, \cdots, X_n$,其构成的随机列向量为 $\boldsymbol{X} = (X_1, X_2, \cdots, X_n)^\mathrm{T}$。假设随机向量 $\boldsymbol{X}$ 的均值为 μ,协方差矩阵为 Σ,μ_m 为随机向量 $\boldsymbol{X}$(设由 l 个变量组成)第 m 个变量的期望值,即 $\mu_m = \mathrm{E}(X_m)$,协方差矩阵则被定义为

$$\Sigma = \mathrm{E}\{(X - \mathrm{E}[X])(X - \mathrm{E}[X])\}$$

$$= \begin{bmatrix} \mathrm{E}(X_1-\mu_1)(X_1-\mu_1) & \mathrm{E}(X_1-\mu_1)(X_2-\mu_2) & \cdots & \mathrm{E}(X_1-\mu_1)(X_l-\mu_l) \\ \mathrm{E}(X_2-\mu_2)(X_1-\mu_1) & \mathrm{E}(X_2-\mu_2)(X_2-\mu_2) & \cdots & \mathrm{E}(X_2-\mu_2)(X_l-\mu_l) \\ \cdots & \cdots & \cdots & \\ \mathrm{E}(X_l-\mu_l)(X_1-\mu_1) & \mathrm{E}(X_l-\mu_l)(X_2-\mu_2) & \cdots & \mathrm{E}(X_l-\mu_l)(X_l-\mu_l) \end{bmatrix}$$

进行主成分变换后得到原始随机变量的线性组合:

第三章 京津冀土地利用现状特征 55

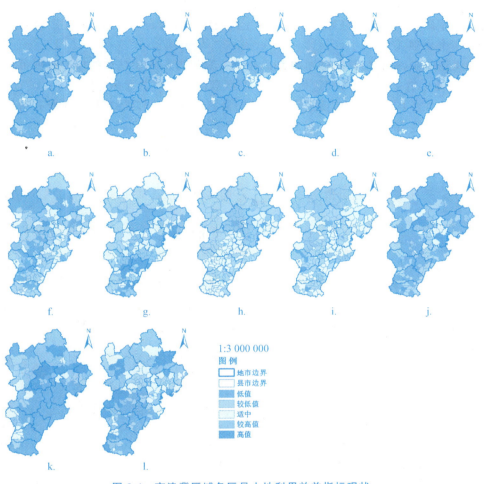

图 3-4 京津冀区域各区县土地利用效益指标现状

$$\begin{cases} Z_1 = \mu_{11}X_1 + \mu_{12}X_2 + \cdots + \mu_{1n}X_n \\ Z_2 = \mu_{21}X_1 + \mu_{22}X_2 + \cdots + \mu_{2n}X_n \\ \cdots \\ Z_k = \mu_{k1}X_1 + \mu_{k2}X_2 + \cdots + \mu_{kn}X_n \end{cases}$$

$Z_1, Z_2, \cdots, Z_k$ 即正交变换后的主成分，是不相关的线性组合，其中 Z_1 作为第一主成分是 n 个原始变量的线性组合中方差最大、所含信息最多的综合指标，Z_2 作为第二主成分则是与第一主成分不相关的原始变量的线性组合中方差最大的综合性指标，……，以此类推，第 k 主成分 Z_k 是与前 $(k-1)$ 个主成分都不相关的线性组合中方差最大、包含信息最多的变换指标。

本研究采用主成分分析方法进行土地利用效益综合评价的流程主要包括如下 7 个步骤。

第一步：假设估计的样本数为 a，指标变量数为 b，则由估计的样本数据可得矩阵 $X=(X_{pq})_{a\times b}$，其中 X_{pq} 代表第 p 个区县第 q 项效益指标的值。

第二步：为了消除各项指标由于不同量纲和数量级造成的影响，对所有指标数据统一进行 Z 标准化处理：

$$Z_p = \frac{x_p - \bar{x}}{s}$$

其中，x_p 代表指标变量值，$\bar{x}=\frac{1}{a}\sum_{p=1}^{a}x_p$ 即为所有区县某项效益指标的平均值，$s=\sqrt{\frac{1}{a-1}\sum_{p=1}^{a}(x_p-\bar{x})^2}$ 即为所有区县某项指标的标准差，Z_p 即为对应的标准化后数值。

第三步：基于标准化数据矩阵构建协方差矩阵 $\boldsymbol{R}$。矩阵中 $R_{pq}(p,q=1,2,\cdots,b)$ 为原始变量 X_p 与 X_q 的相关系数。该统计指标可以测算标准化数据之间相关关系的紧密程度，当其对应的值越大时，表明关联程度越大，越有必要对原始数据进行主成分变换处理。

$$R_{pq} = \frac{\sum_{p=1}^{a}(X_{pq}-X_p)(X_{pq}-X_q)}{\sqrt{\sum_{p=1}^{a}(X_{pq}-X_p)^2(X_{pq}-X_q)^2}}$$

第四步：进行 KMO(Kaiser-Meyer-Olkin)检验及 Bartlett 球形检验。其中 KMO 检验是对抽样进行适宜性检验。通常情况下，当 KMO 值＜0.5 时，结果表明主成分分析极不适用于本套样本数据；当 KMO 值＞0.6 时，结果表明对数据进行主成分分析的效果"较差"；当 KMO 值＞0.7 时，结果表明对数据开展主成分分析的效果表现为"较为适宜"；当 KMO 值＞0.8 时，说明对数据"适宜"进行主成分分析处理。Bartlett 球形检验则用于检验相关系数矩阵和单位矩阵之间的差异是否显著。当原始变量之间彼此几乎独立，相关系数矩阵与单位矩阵则会表现为相近，在此基础上应用主成分变换是毫无意义的。如果卡方检验的结果显示两个矩阵之间的差异较为显著，则此时进行主成分变换是科学合理的。

第五步：检验通过后，通过协方差矩阵 $\boldsymbol{R}$ 计算特征根、主成分方差贡献率及主成分方差累积贡献率，并确定主成分个数。通常选取特征根大于 1、特征根变化出现突变点之前的特征根 $\lambda_1,\lambda_2,\cdots,\lambda_k$ 所对应的第 $1,2,\cdots,k(k\leqslant b)$ 个主成分。

第六步:计算主成分载荷矩阵和主成分得分系数矩阵。主成分载荷矩阵中每一项载荷值都会显示各个指标变量 X_p 与对应主成分 Z_p 的相关系数 $R(Z_p, X_p)$,揭示了各原始变量对于主成分的解释程度。主成分得分系数矩阵则等于主成分载荷矩阵转置矩阵的逆矩阵或逆矩阵的转置矩阵,也即主成分得分系数矩阵的数值是主成分载荷矩阵除以相应的特征根得到的结果。

第七步:公因子确定后,通过得分系数矩阵得到每一个原始变量数据在不同公因子上的具体数值,即为因子得分,再运用多指标综合评价法计算出土地综合效益得分。

$$G = \sum_{i=1}^{j} W_i \times F_i$$

式中,G 为土地综合效益得分,j 为公因子个数,F_i 为公因子分值,W_i 为相应公因子的权重值。

(二)空间热点分析

研究中常使用局部 Getis-Ord G_i^* 指数(Anselin 等,1995)作为热点分析的依据:

$$G_i^* = \frac{\sum_{j=1}^{n} w_{ij} x_j - \bar{x} \sum_{j=1}^{n} w_{ij}}{S \sqrt{\frac{\left[n \sum_{j=1}^{n} w_{ij}^2 - \left(\sum_{j=1}^{n} w_{ij}\right)^2\right]}{n-1}}}$$

其中,x_j 为地理单元 j 的属性值即区县土地效益,w_{ij} 为地理单元 i 和 j 之间的空间权重,$\bar{x} = \frac{\sum_{j=1}^{n} x_j}{n}$,$S = \sqrt{\frac{\sum_{j=1}^{n} x_j^2}{n} - (\bar{x})^2}$。

而后对其进行 Z 标准化:

$$Z(G_i^*) = \frac{G - E(G_i^*)}{\sqrt{\mathrm{Var}(G_i^*)}}$$

利用 ArcGIS 进行 Hotspot analysis 操作得到 G_i^* 统计量结果。当对应的 Z 得分显著为正时,Z 得分越高,i 地理单元周围高值也就是"热点"越紧密聚集。当在统计学意义上 Z 得分显著为负时,Z 得分越低,i 地理单元周围低值也就是"冷点"越紧密聚集。

四、权重与因子得分计算

首先进行 KMO(Kaiser-Meyer-Olkin)检验和 Bartlett 球形检验(如表 3-3),

结果显示,KMO 检验系数>0.7,适合进行主成分分析,p 值<0.05,说明相关系数矩阵与单位矩阵之间存在显著的差异,可以开展主成分分析。根据因子提取的原则(即特征值大于1),提取了 3 个公因子,累计方差贡献达 79.048%(表 3-4)。

表 3-3 KMO 检验与 Bartlett 球形检验

检验系数		值
KMO 检验		0.781
Bartlett 球形检验	近似卡方	2741.221
	自由度	66
	显著性	0.000

表 3-4 公因子提取及方差分解

因子序号	初始因子			提取的公因子		
	特征值	方差百分比/(%)	累加百分比/(%)	特征值	方差百分比/(%)	累加百分比/(%)
1	6.103	50.860	50.860	6.103	50.860	50.860
2	2.007	16.727	67.587	2.007	16.727	67.587
3	1.375	11.461	79.048	1.375	11.461	79.048
4	0.582	4.847	83.895			
5	0.573	4.776	88.671			
6	0.485	4.042	92.713			
7	0.413	3.443	96.156			
8	0.221	1.838	97.994			
9	0.177	1.472	99.466			
10	0.051	0.422	99.888			
11	0.01	0.081	99.969			
12	0.004	0.031	100			

公因子权重的计算需要通过各公因子的特征值根来完成。由表 3-4 可知,3 个公因子的特征值分别为 6.103、2.007、1.375,可根据特征值占特征值总和的比例确定权重为 64.3%、21.2% 和 14.5%。根据最大方差法旋转,获得旋转后的因子载荷矩阵,由表 3-5 可知,第 1 个公因子主要代表土地生产力、人口密度、地均社会商品零售总额、地均财政收入、地均固定资产投资,可以认为是经济因子。第 2 个公因子主要代表城镇化率、第三产业占比、城乡居民收入比、农村居民人均可支配收入、人均粮食产量,可以认为是社会因子。第 3 个公因子主要代表森林覆盖率和其他生态用地覆盖率,可以视作生态因子。

表 3-5 旋转后的公因子载荷矩阵

指标层	公因子		
	1	2	3
土地生产力	0.960	0.218	−0.034
人口密度	0.942	0.210	−0.111
地均社会商品零售总额	0.971	0.171	−0.040
地均财政收入	0.956	0.199	−0.004
地均固定资产投资	0.770	0.442	−0.095
城镇化率	0.309	0.837	0.137
第三产业占比	0.476	0.571	0.101
城乡居民收入比	0.409	0.557	−0.350
农村居民人均可支配收入	0.102	0.813	−0.156
人均粮食产量	−0.178	−0.640	−0.617
森林覆盖率	−0.100	0.055	0.797
其他生态用地覆盖率	−0.052	−0.145	0.824

五、分维度土地利用效益分异特征

结合上述各项指标数据,通过三大准则层下的公因子得分、综合评价水平及采用分位数排名法对应的相应等级来评价和深入探讨京津冀土地利用经济、社会、生态效益的总体状态,从规模数量、空间分布、热点分析等多视角出发,给出分维度土地利用效益特征。

(一)土地利用经济效益差异

在经济得分方面,北京、天津和各市城区及其紧邻县市共 84 个区县行政单元经济效益较高,兼具片状和点状分布特征;经济效益中等的区县分布在唐山、廊坊、沧州西部,保定、石家庄、邢台、邯郸东部,共 55 个区县行政单元,经济发展相对迅速;而承德、张家口除市区外的区县,秦皇岛北部,保定、石家庄、邢台、邯郸西部、沧州东部和衡水大部分地区经济效益较低,经济发展速度相对滞后。空间上总体呈现出明显的以北京和天津为核心向周边递减的特征以及京津冀南部经济效益得分高于北部、东部高于西部的现象。其土地利用经济效益还表现出一定的空间聚集特征,热点和次热区域集中分布于京津唐发展轴沿线区域以及省会石家庄市内四区(包括长安区、裕华区、桥西区、新华区),冷点和次冷区域均呈连片带状集中分布于坝上地区、燕山山脉地区、太行山北段区域以及冀南衡水市、沧州市、邢台市多个县级行政单元。

(二)土地利用社会效益差异

在社会得分方面,与经济得分排名分类和空间整体分布较为接近。北京市除城六区外的部分、天津、其他各市城区及周边地区社会效益较高,共计80个区县单元。由于选取的社会效益指标体系更契合京津冀全域县域单元的目标及城乡发展水平的测度,因此城六区的社会效益在评价结果中呈现出中值,因为它已经达到了高度城镇化。整体而言,土地利用社会效益的空间分布及冷热点分异特征与经济效益基本一致,社会效益和经济效益冷热点的空间分异特征均明显地呈现出以北京、天津为核心,按照"圈层式",高值、中值、低值逐步递减的特征。

（三）土地利用生态效益差异

在生态得分方面,承德、张家口、秦皇岛北部、北京西北部、天津沿海地区、唐山沿海地区、保定、石家庄、邢台、邯郸西部共58个区县得分为高值,广泛分布于西北森林山区;唐山、北京东南部、天津中南部、廊坊、保定、石家庄、衡水、邢台、沧州、邯郸部分区县评估为生态效益适中,总体分布于冀东区域;得分较低的区县主要分布在京津冀中部及南部县市,廊坊、保定、沧州、石家庄、衡水、邢台、邯郸均有分布。京津冀区域生态效益呈现由西北至东南递减的规律。生态效益不仅表现出显著的空间分异性,还呈现出明显的空间聚集性,且热点分析格局与其自身的分值分布格局基本相似。地形地貌因素对京津冀生态效益的影响重大,京津冀东部、南部多平原、丘陵,适宜土地开发、建设,西北部多山地、林地,且生态保护日益加强,故而呈现出生态效益东南冷点聚集、西北热点聚集的大区域连片分布的格局。

京津冀区域各区县不同维度土地利用效益空间分异和空间热点分析见图3-5和图3-6。

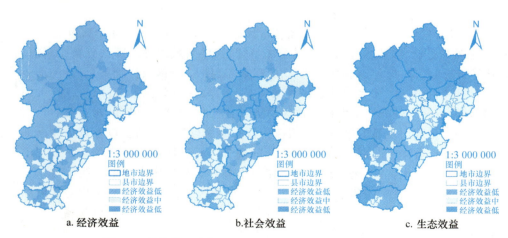

a. 经济效益　　　　　　b. 社会效益　　　　　　c. 生态效益

图3-5　京津冀区域各区县不同维度土地利用效益空间分异

第三章　京津冀土地利用现状特征　61

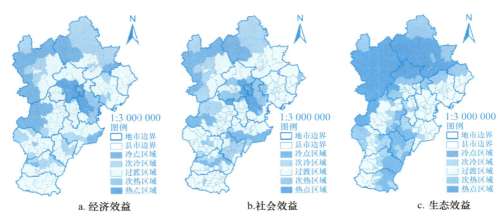

a. 经济效益　　　　　　b. 社会效益　　　　　　c. 生态效益

图 3-6　京津冀区域各区县不同维度土地利用效益空间热点分析

六、区域土地利用综合效益分异特征

将因子分析的综合得分采用自然断裂点法进行分类,可以将土地利用综合效益水平划分为高、中、低 3 个等级(图 3-7a)。处于土地综合效益高的地区有北京市城六区(包括东城区、西城区、朝阳区、海淀区、丰台区和石景山区)、天津市内六区(包括和平区、南开区、河西区、河东区、河北区和红桥区)共 12 个区,共计 0.15×10⁴ km² 土地,占区域总面积的 0.71%,在经济效益居高的同时社会效益和生态效益表现优良;处于综合效益较低状态的包括定兴县、海兴县等在内的 114 个区县,主要分布于张家口西北部以及京津冀南部广泛区域,共计 10.87×10⁴ km² 土地,占区域总面积的 50.17%。张家口西北部作为京津冀区域的生态屏障,由于生态涵养区的定位,经济和社会效益发展相对滞后。京津冀南部广泛区域经济效益和社会效益适中或较低,加上其生态空间规模和占比少造成了生态效益的低值,总体而言综合效益总分偏低,土地利用综合效益的提升空间较大;处于综合效益中值的有包括顺义区、宁河区等在内的共计 74 个区县,主要分布在北京、天津市内六区外的区域、除去张家口西北部的京津冀西北部连片区域以及获得经济效益和社会效益高值的京津冀南部点状区县,共计 10.64×10⁴ km² 土地,占区域总面积的 49.12%,这些区域土地利用的综合效益水平也有一定的增长空间。总体来看,京津冀区域土地利用综合效益呈现出围绕京津市区向外逐渐递减的规律,北部区县土地利用综合效益基本高于东南部区县。另外,土地综合效益低的区县面积超过半数,且在绝大多数地市均有不同程度分布,需要根据具体情况采取针对性改进措施。

为了进一步挖掘京津冀区县单元在经济、社会、生态效益方面的发展水平和综合效益的分布规律,将单方面效益按照低和非低(包括高值和中值)进行分类并依次组合得到京津冀区县按三方面效益进行分类的情况。结果显示(图3-7b),三方面效益都表现优良的区县主要分布于北京、天津及各市市区,能够起到示范带动周边地区的作用,经济、社会和生态效益都偏低的区县主要分布在京津冀东南部的邢台、衡水和沧州,经济发展和城乡发展水平较为落后的同时,生态支撑力度有待加强;西北部区县生态效益领先而经济、社会效益普遍较为落后,南部多数区县总体而言经济和社会效益不低但生态效益落后;从经济、社会、生态效益三方面发展的协同度视角来看,经济效益和社会效益发展协同的区县多达175个区县,占比高达87.5%。

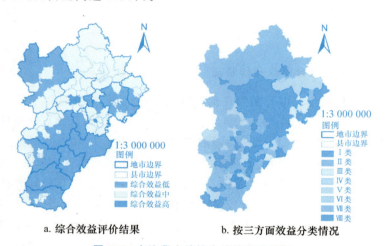

a. 综合效益评价结果　　b. 按三方面效益分类情况

图3-7　京津冀土地综合效益评价结果

表3-6　区县效益类别与各方面效益等级对应关系

区县类别	经济效益	社会效益	生态效益
Ⅰ类	非低	非低	非低
Ⅱ类	非低	非低	低
Ⅲ类	非低	低	非低
Ⅳ类	非低	低	低
Ⅴ类	低	非低	非低
Ⅵ类	低	非低	低
Ⅶ类	低	低	非低
Ⅷ类	低	低	低

第三节　土地优化利用的国际经验

一、绿带建设与保护经验

绿带建设最早起源于英国伦敦,本质上是依托对重要的开放空间、农业用地、生态空间等的有效保护,来实现限制城市无序增长的目标。同时,"绿带"自身具有的生态功能又有利于稳定生态系统,丰富生态产品供给,调节微气候等,可谓一举多得。伦敦、东京、首尔均曾先后提出并设立生态绿带,但却呈现出差异较大的实施效果。具体来说,伦敦绿带得到了很好的保护与延续发展,为城市提供的功能也不断地丰富与完善;东京绿带则未能较好地发挥控制建设用地扩张的作用,规划的绿带已大部分融为城市建成区,仅剩部分城市公园绿地与少量农业生产空间;首尔绿带建设虽起步较晚,但在城市增长的驱动下,也面临被建设用地占用的挑战(文萍等,2015)。对比三座城市的绿带建设经验,可以发现,编制具有前瞻性与延续性的规划至关重要。除了划定适宜的规模面积,更重要的是赋予绿带复合的功能与综合的价值,例如生态保障、农业生产、休闲游憩,等等。而空间格局方面,并不存在普适的理想方案,需要与当地的实际情况与发展阶段相匹配。伦敦绿带是较典型的环形绿带,在1942年的大伦敦区域规划中便形成了4个环形地带的结构,由外向内分别为外围环(Outer Country Ring)、绿带环(Green Belt Ring)、近郊环(Suburban Ring)和内城环(Inner Urban Ring)(陈冰红等,2019)。当时,规划认为大伦敦地区人口发展趋于稳定,未来的重点在于空间格局的优化,旨在将中心城区的人口疏解至外围环以外的新城中,在低人口压力背景下支持绿带维持农田与森林景观。因此,重点在于绿带外缘与新增长中心的距离。除环绕伦敦周边4000多平方千米的绿带外,东南英格兰城市群规模以上的城市周边,都规划有较大比例的生态保护绿带,且实施情况普遍较为成功,值得借鉴(图3-8)。

绿带建设能够发挥实效并得以延续,更重要的还是相关管控体系的构建。伦敦绿带的相关经验中,一方面是保障公共权力的统筹作用,1947年英国政府通过《城乡规划法》将土地开发权收归国有;1988年颁布了《绿带规划政策指引》,对绿带的功能、土地利用、边界划分、开发控制等内容进行了明确要求。另一方面,是优化利益分配机制,建立起规划得益的补偿机制,开发者因获得了开发权而享有土地增值收益,相应地则需要缴纳税收,或履行一些附加的开发条件,例如建设廉租房或公共设施等(文萍等,2015;陈冰红等,2019)。

城市尺度的绿带建设经验,不仅有利于各城市形成紧凑开发格局,促进土地集约利用。对于区域尺度的生态协同管控也具有一定启示意义,建立生态空间的长效保护机制,至少需要优化两种关系:一是生态与发展的关系,促进其承载更综合的功能,释放生态空间更多元的价值,才有利于人地系统的和谐稳定;二是多元主体利益关系的平衡,建立科学的补偿机制,增加得益者的开发成本,促进其理性决策,也是保障公共利益的必要手段。

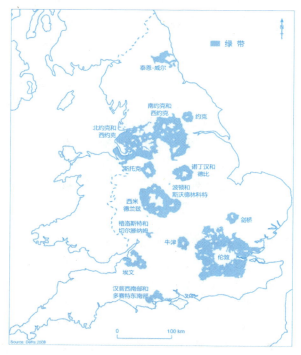

图 3-8　英国都市圈绿带建设情况(2008 年)
图片来源:英国政府网站,https://www.gov.uk,2020-12-15。

二、土地集约利用经验

京津冀区域土地利用方面,同样存在不够集约节约利用的问题。相比之下,北京市的人口密度仅略大于日本首都圈(1 都 7 县,如表 3-7),但作为核心的东京都人口密度是北京人口密度的 4.69 倍。而依托双中心发展的内圈层地区和更远的外圈层地区,人口密度显著小于"京津"地区,更无法与国外大都市圈的外围区域进行比较。因此,其难以对核心城市的发展提供强有力的支撑,也未与之形成合理的分工体系,甚至资源要素受到一定程度的虹吸作用。

第三章 京津冀土地利用现状特征

表 3-7 2016 年日本东京首都圈情况

区域		人口规模/万人	人口密度/(人·km^{-2})	地均产值/(万美元·km^{-2})
	东京都	1362.3	6209	40 375.6
近邻三县	埼玉县	729.0	1919	4992.1
	神奈川县	914.5	3785	11 919.3
	千叶县	622.6	1207	3328.0
外围四县	山梨县	83.4	187	618.2
	群马县	197.4	310	1156.6
	栃木县	197.3	308	1194.6
	茨城县	291.7	478	1809.1
东京都市圈（东京都＋近邻三县）		3628.4	2675	11 315.6
首都圈（东京都＋近邻三县＋外围四县）		4398.2	1192	4940.9

数据来源：日本总务省—统计研修所网站，https://www.e-stat.go.jp，2020-12-15。

伴随着工业化发展阶段的演进，国际大都市的主要职能将逐渐转向经济、金融、信息、文化的交流。产业结构的调整，亦将促进用地结构的优化。同时，随着劳动密集型产业向资本密集型、知识密集型产业的演变，逐渐产生资本对土地的替代作用，将有力提高土地利用的集约程度。以伦敦、巴黎、东京为中心的发达首都圈经验表明，进入后工业化时期，服务业尤其是生产者服务业成为国际大都市的主导部门，且多数企业位于人口密集的都市区。因此，中心城市的商务服务业用地比例将显著提升，工业用地不断萎缩和外迁，只有部分都市型工业被保留下来，且用地愈发集约高效。与此同时，大量建设用地被用于住宅、文化、教育、医疗等部门或者改为公园、绿地、水域等开放空间，对居民的生活质量带来显著的提高。

表 3-8 各国首都圈第三产业发展比较

首都圈	第三产业占比/(%)		年均增长率/(%)
伦敦首都圈（1990—2016 年）	79.6（1990 年）	91.5（2016 年）	0.46
巴黎首都圈（1990—2016 年）	54.4（1990 年）	75.0（2016 年）	0.79
东京首都圈（1970—2016 年）	67.9（1970 年）	87.4（2016 年）	0.42
京津冀区域（1994—2018 年）	37.3（1994 年）	63.5（2018 年）	1.09
北京市（2018 年）	38.8（1994 年）	81.0（2018 年）	1.76

数据来源：英国国家统计局、法国国家统计局、韩国国家统计局、日本总务省统计局、中国国家统计局等；在刘瑞等（2015）研究中搜集的数据基础上有所更新。

综上，土地利用转型与产业结构升级是相辅相成的，工业化发展的演进规律，必然伴随着土地利用结构的调整和土地利用方式的升级。京津冀区域产业结构的转型升级需求，是促进土地优化利用的重要动力。合理制订相关政策支持产业转移等升级策略，科学调整区域城镇体系职能结构，将是保障区域土地优化利用有序开展的有效途径。

三、应对耕地流失问题的经验

京津冀区域内，城镇建设用地和耕地在空间分布上具有很强的关系，大多数新增城镇建设用地是由耕地直接转化而来的(Tan 等，2005)。区域内耕地后备资源面临流失的问题，仍具有较大的耕地保护压力。上述问题，发达国家有过同样的经历，即城镇化进程中伴随着对农业生产能力的损害。一项针对欧盟内部 21 个国家调查得到的相关数据显示：1990—2000 年，城市发展对耕地占用量为 752 973 公顷，2000—2006 年的占用量为 436 095 公顷，分别占同时期内欧盟土地占用总面积的 70.8% 和 53.5%。相关研究还指出，这类现象在大都市圈内平均损失了约 0.81% 的潜在农业生产能力(Gardi 等，2014)。对此，虽然因历史、文化、自然条件、资源禀赋和法制建设等差异化背景，世界各国实施了各具特色的耕地社会化保护措施，但仍有许多有益经验值得借鉴。

以耕地保护的激励政策替代对农产品的直接价格补贴，已是国际发展趋势(陈美球等，2010)。这种方式本质在于激励农户耕种，可以在保护耕地资源的同时，保障耕地生产的经济效益。减免税费、提供金融支持、直接提供资金补贴等经济手段，皆为常见的做法。美国依托土地银行的设立，提供长时期、低利息的贷款，为农民改良土地、革新种植技术提供资金扶持。此外，还通过设立农业环境补贴项目，促进农业资源环境的保护。对保护项目进行分类，主要包括退休耕、在耕地保护、农田和放牧土地保护、保护技术援助等四个大类，针对特殊范围制定专业性、灵活性的补贴政策(孙浩，2018)。补贴方式一般包含资金补贴和技术援助两个部分：资金补贴可能通过地役权购买、租金补偿、环境保护成本分担、奖励性资金补贴等多元方式来实现；技术援助可涵盖聘请专家的费用、信息搜集成本、科研计划投入和技术教育的支出等(孙浩，2018)。在有力的资金保障下，随着耕地生产经济效益的提升，农户不断增强保护耕地的自主积极性，由此形成良性循环。

健全的法律保障与完善的监督机制，是切实保护耕地的另一重要基础。美国不仅设有《土壤保护法》《土壤和水资源保护法》，还制定了耕地储备计划、土壤保持计划、用地和养地结合计划等，明确土地使用权人及所有权人在相关事务方面的法律义务，界定联邦政府的行政权限。对于规范耕地保护行为具有深远的意义(单嘉铭等,2018)。日本因国土面积小,耕地资源稀缺,是耕地用途管制最为严格的国家,其土地管理方面的相关法律多达130多部。从法律体系涵盖的范围,适用的区域来看,日本的耕地保护策略具有精细化特点。不仅分别针对农业振兴、农业经营基础强化、土地改良等领域进行立法,还对城市区域与农村区域重复的部分制定详细的土地利用调整规则(单嘉铭等,2018)。

总体上,耕地保护应当走向精细化、多层次管控的方向。针对不同耕地类别的生产需求、不同质量耕地的优化潜力、不同地区农业的发展定位,制订差异化的管理准则,提供精准的政策扶持。善用经济手段,加快健全法律法规,约束激励并举,完善耕地保护的长效机制。

第四节 本 章 小 结

对京津冀区域土地利用的现状特征进行深入分析对于进一步掌握京津冀区域的土地利用整体情况具有重要的意义,同时可为之后的时空演变特征剖析及优化建议整合等研究内容夯实基础。从土地利用总体特征、土地利用综合效益等维度出发对京津冀土地利用现状特征进行细致解析,并基于国际成功经验,为当前京津冀区域土地利用提供改进方向。

京津冀区域土地利用的数量和空间结构现状整体表现出三大特征:① 整体结构特征表现为耕地规模较大,林草资源丰富。耕地占全域土地面积比例为首位,高达46.99%。同时,林地和草地作为重要的生态资源,在区域分布也较为广泛,占比分别为21.18%和15.81%。② 空间分布特征呈现出林草地集中分布、城镇发展显著集聚的特征。林草地呈"J"形集中分布于西北部森林山区,而城镇用地则明显聚集分布于北京、天津中心区域。③ 城市间结构分异的分析结果主要说明了京津冀存在自然基底差异突出、经济发展所处阶段不同的特征。

随后对京津冀区域的土地利用综合效益进行现状评价。基于多指标综合的因子分析法能够较好地反映出京津冀区域土地资源产出综合效益的现状。京津冀区域土地资源目前只有少数区县处于高效益利用的状态,超过半数土地仍处于低效益状态,其中区域南部区县如邢台威县、衡水阜城县、沧州盐山县等土地利用综合效益处于偏低程度,总体而言,京津冀区域土地利用综合效益有较大提升空间。此外通过对经济、社会、生态效益的二值(低值与非低值)组合进行分析,进一步探索各区县在经济、社会、生态效益方面的多维发展水平,可以发现,京津冀区域经济效益和社会效益发展水平呈现出较一致状态的区县比例高达87.5%。

从生态保护地区发展经验、区域土地集约利用经验、城镇化过程中解决耕地流失问题经验三大视角出发，对国际经验进行对比总结得到：① 生态用地保护的关键在于对生态空间的价值形成更多综合理性的认识，并通过多元手段促使生态空间发挥综合功能；同时，基于这种价值共识，建立科学的利益主体平衡机制，保障公共利益的同时，也保证区域公平。② 区域土地集约利用的有效手段之一是对产业结构的转型升级，应当制定科学的产业转移、升级政策及战略，优化城镇体系职能结构，推动区域土地优化利用稳步开展。③ 推动耕地保护走向精细化、多层次管控，善用经济手段，强化立法建设，形成耕地保护的长效机制。国际成功经验的借鉴、落实也将有助于提升京津冀区域土地利用的经济、社会、生态以及综合效益。

第四章

京津冀土地利用时空演变格局及驱动力研究

为满足区域尺度土地利用分析中对象多元、尺度多层、问题分异等复杂需求，本章从"用地结构—地类相互转化—空间格局"三个维度，选取"全域—城市—网格"三种尺度层次，立足区域全局性、时间阶段性、城市差异性、空间分异性等多个分析视角，构建满足区域土地利用时空演变特征分析需求的研究框架，对京津冀区域35年跨度的土地利用格局演化规律进行了系统分析。关注区域作为整体时，总体土地利用结构的演化趋势，揭示区域资源环境基础发生的改变。聚焦不同地类的相互转移作用，刻画区域土地利用方式的演变过程。识别关键的空间格局演化方向，探索区域协同发展对土地利用的影响。基于对区域土地利用时空演变过程全面、深入的认识，本章进一步选取可能影响土地利用变化的因子构建指标体系，建立驱动力分析模型，识别出区域土地优化利用的主导因素，促进对演变机制的理解。

第一节 土地利用结构变化

一、整体结构变化

1980—2015年，区域内的土地利用变化主要表现为耕地与草地的减少及建设用地的快速增长。聚焦到各个阶段的变化，可以发现，区域内耕地呈现持续减少的状态。而草地变化有所波动，但总体上流失的规模远大于补充的规模。林地的发展同样具有阶段性波动的特征，但因造林力度更大，整体规模有所增长。

相较于其他土地利用类型，建设用地的增长优势十分突出。35年间，区域内建设用地始终处于增长状态,年均增长率约为1.84%。2015年的区域建设用地总规模,已达到1980年区域建设用地总规模的近2倍。结合不同阶段的变化程度来看,20世纪90年代以来,增长规模基本以5年为周期呈现波动状态(表4-1)。具体来说,1990—1995年经历了大规模增长,1995—2000年增长速度则显著放缓,前一阶段的增长规模是后一阶段增长规模的15.3倍。以此类推,2000—2005年恢复快速增长,增长规模为上一阶段增长规模的6倍左右;2005—2010年增速再次放缓,与上一阶段相比,增长规模降低了一半以上;2010—2015年间规模再次得到大幅度增长,该阶段的增长规模是上一阶段增长规模的近11倍。

表4-1 京津冀区域不同阶段各类用地规模变化程度

时间	1980—1990	1990—1995	1995—2000	2000—2005	2005—2010	2010—2015	1980—2015
耕地/(%)	-0.38	-2.43	-0.12	-0.94	-0.43	-6.20	-10.18
林地/(%)	-0.94	0.40	-0.19	0.01	-0.01	2.11	1.36
草地/(%)	1.00	-1.23	0.08	-0.49	-0.26	-2.73	-3.62
水域/(%)	-1.71	4.26	-0.36	-2.72	-0.45	2.98	1.83
建设用地/(%)	4.35	19.27	1.26	8.02	3.28	34.67	89.35
未利用地/(%)	-0.62	-4.56	-0.43	-2.74	-1.87	-17.11	-25.29

结合用地结构的变化来看,1980—2015年区域内建设用地占比不断提升,伴随着耕地占比的持续下降。35年间,区域内林地、草地、水域、未利用土地占区域土地总面积比例的变化幅度均不足1%,对整体结构影响不大。但同样时期内,耕地面积占区域土地总面积的比例下降了5.33个百分点,而建设用地面积占区域土地总面积的比例上升了5.84个百分点(图4-1)。二者变化方向相反,变化程度相当。可以反映出,区域内的土地利用变化集中于这两类土地,二者存在一定此消彼长的发展特征。

进一步分析区域内耕地减少与建设用地增长主要发生的区域,可以发现,1980—2015年期间,区域内耕地减少规模最多的前三位城市分别为北京、天津与石家庄(表4-2),而建设用地规模增长最多的前三位城市分别为北京、保定与天津(表4-3)。这一格局基本与区域内的社会经济发展结构相符,城镇化与工业化进程较快的地区,面临更大的耕地流失挑战。结合各阶段变化来看,则可以发现总体趋势有所改变,主要时间节点为2010年。具体来说,北京与天津在2010年以前是建设用地增长和耕地流失的活跃区域,但2010—2015年期间,北京与天津两座城市不论是耕地流失面积,还是建设用地增长规模,均不在前三位,快

第四章　京津冀土地利用时空演变格局及驱动力研究

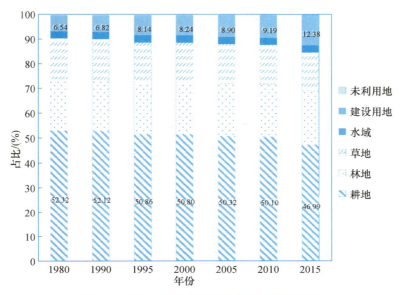

图 4-1　1980—2015 年区域土地利用结构变化

速扩张地区逐渐转移到了河北省的保定、石家庄与邢台（图 4-2）。这一变化，可能与北京和天津的转型发展有关。两座城市进入提升质量的发展阶段，不断重视土地节约集约利用，显著放缓用地扩张速度，更多通过存量挖潜满足空间需求。

表 4-2　1980—2015 年不同阶段耕地减少规模前三位的城市

耕地减少量	1980—2015	1980—1990	1990—1995	1995—2000	2000—2005	2005—2010	2010—2015
第一位	北京	天津	北京	北京	北京	北京	石家庄
第二位	天津	北京	沧州	天津	天津	唐山	保定
第三位	石家庄	邯郸	保定	保定	唐山	石家庄	邢台

表 4-3　1980—2015 年不同阶段建设用地增长规模前三位的城市

建设用地增加量	1980—2015	1980—1990	1990—1995	1995—2000	2000—2005	2005—2010	2010—2015
第一位	北京	唐山	北京	北京	北京	北京	保定
第二位	保定	北京	沧州	保定	天津	保定	石家庄
第三位	天津	天津	保定	天津	唐山	唐山	邢台

72 京津冀区域土地优化利用管控技术方法研究

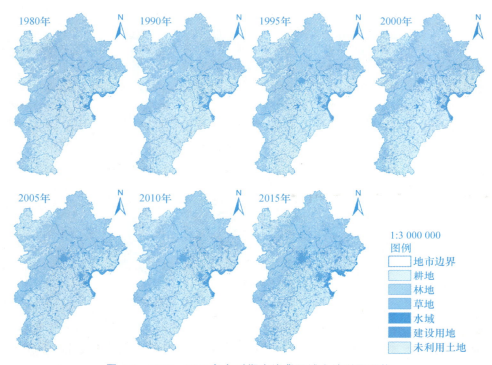

图 4-2　1980—2015 年各时期京津冀区域土地利用现状

二、建设用地结构变化

(一) 城镇用地与农村居民点用地比较

受我国土地制度的影响,1980 年以来,虽然京津冀区域内各城市城镇化进程不断加速,但各城市城镇用地与农村居民点用地之间并未呈现此消彼长的特点,两类建设用地均呈增长趋势(图 4-3)。但区域内,除了北京与天津以外,河北省各市农村居民点用地规模均显著大于城镇用地。从掌握的数据上看,1995 年时北京市的城镇用地规模便已大于农村居民点用地,二者规模的差距在 1995—2005 年的 10 年间不断拉大,但 2005 年以后保持着较稳定的差距。这与北京市城镇化发展进程的规律基本吻合。一方面,20 世纪 90 年代初至 2005 年,随着土地使用制度改革,全国都掀起了房地产开发热潮,市场力量极大地推动了这一阶段北京市的村庄改造(于彤舟,2015)。另一方面,从 1994 年开始,北京市政府主动实施绿化隔离地区规划,展开绿化改造试点工程,亦加快了村庄的拆迁改造工作。从 2004 年开始,国家政策不断重视三农问题。北京市亦于 2005 年开

第四章　京津冀土地利用时空演变格局及驱动力研究 | 73

始推动试点村规划建设,致力于改善农村基础设施条件,提升生活服务水平,圈地热潮得到了一定的遏止。天津市在 2010 年时农村居民点用地规模仍有微弱的优势,2015 年时可观察到结构逆转,但天津 2015 年的城镇用地规模相较农村居民点用地规模基本无优势,规模相当。值得注意的是,即使是城镇化已处于高水平的北京与天津,并开始呈现城镇用地规模大于农村居民点用地规模的特征,两地的农村居民点用地仍处于增长趋势。换言之,两座城市在城镇用地高速增长的同时,农村居民点用地亦在扩张,除了土地资源不节约集约利用的问题,也说明人类活动对区域资源环境的广泛、深刻影响。

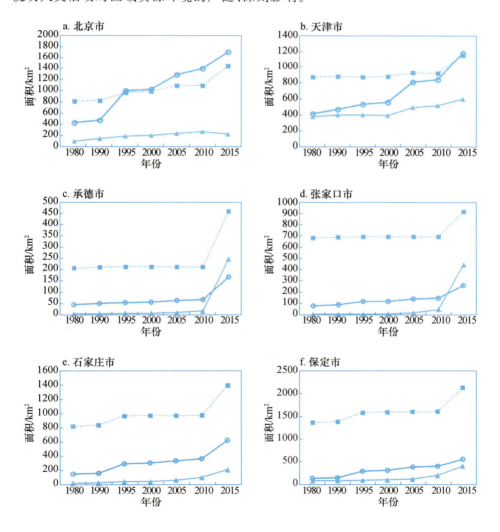

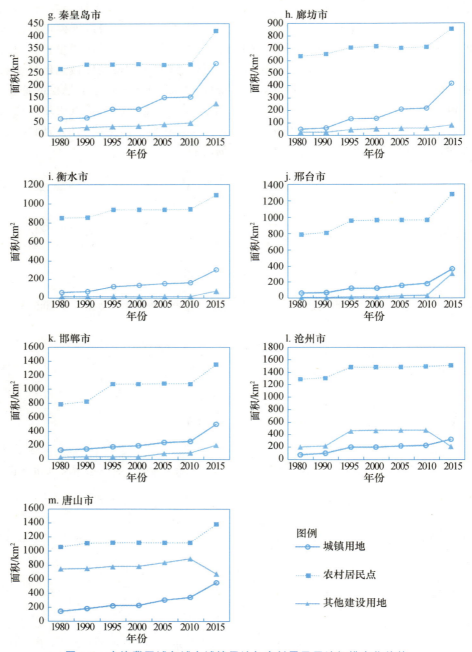

图 4-3 京津冀区域各城市城镇用地与农村居民用地规模变化趋势

第四章 京津冀土地利用时空演变格局及驱动力研究

(二) 城镇用地与其他建设用地比较

基于城镇用地与其他建设用地的内涵定义，首先做出以下两种模式的假设：① 当城市工业发展与交通建设主要集中在建成区内，则相应的用地面积将包含在城镇用地规模内，而其他建设用地的面积较小；数据上，表现为城镇用地规模大于其他建设用地规模。② 当城市工业发展分散布局，依托建立大型工业区，或邻近矿产资源等进行生产布局时，必然也会促使城区联系外围工业区的交通用地增长，因而，这类城市的其他建设用地规模相较前一类型城市便会更大，且就其自身内部结构而言，甚至可能出现其他建设用地规模大于城镇用地规模的特点。总体来说，京津冀区域内大部分城市的发展都是主要围绕着城区，伴随着一部分外围的工业区增长。但有几个城市的特殊现象值得关注。

（1）北京市，城镇用地规模远远大于其他建设用地，2015年时前者规模几乎是后者规模的7倍，一定程度上反映了北京原先"摊大饼"式的发展路径。近年来随着非首都功能的疏解，其他建设用地规模甚至还出现了微小的减小趋势。

（2）天津市，2015年的城镇用地规模也几乎是其他建设用地的2倍，但同年天津其他建设用地的规模是北京其他建设用地规模的2.5倍。天津在围绕城区发展的同时，远离城区的工业园区发展也颇具规模，可能与滨海新区的建设、港口经济的发展有一定关系。

（3）唐山市，作为京津冀区域内积淀较深的工业城市，改革开放以来就保持着其他建设用地远大于城镇用地的特点。其这种"大园区、小城区"的特点，说明唐山市城市发展工业化色彩浓重，但不够重视社会发展建设。另外，也可能说明该城市的经济发展主要服务于其他地区，对自身城市建设的带动力较弱。

（4）张家口市、承德市、沧州市，发生了趋势的逆转。其中，张家口市和承德市是由"城镇用地＞其他建设用地"转变为"城镇用地＜其他建设用地"，沧州市则是由"城镇用地＜其他建设用地"转变为"城镇用地＞其他建设用地"。沧州市在2008年版城市总体规划之前，多年来在城市发展方向上摇摆不定，一定程度上影响了其主城区聚力发展。2008年版城市总体规划将这一问题作为了修编重点，力图在现状市中心的基础上，培育并强化其中心职能，城市功能布局得到调整与完善，城镇用地规模可能因此进入了提速发展阶段，支撑了上述转变的发生。张家口市与承德市，主要受自然地理条件的限制，城镇拓展空间较为有限，随着开发建设逐渐饱和，一方面需要适当将工业向外疏解，通过建立产业园区的方式拓展发展空间。另一方面，为了支撑产城互动、城镇体系联动，还需要全面推进基础设施建设，由此可能带来了其他建设用地规模的广泛增长。

1980 年和 2015 年京津冀各城市的城镇用地与其他建设用地规模比较如图 4-4 和图 4-5。

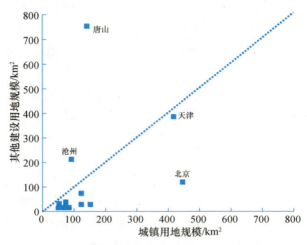

图 4-4　1980 年京津冀各城市的城镇用地与其他建设用地规模比较

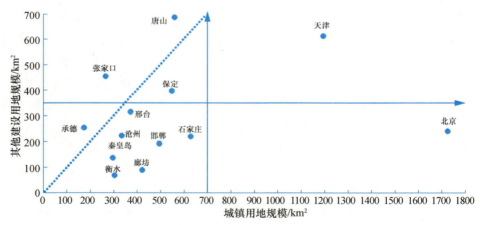

图 4-5　2015 年京津冀各城市的城镇用地与其他建设用地规模比较

三、生态用地结构变化

1980—2015 年,京津冀区域内生态用地面积总体上呈现波动下降的趋势。与 1980 年相比,2015 年区域内损失的生态用地面积约为 555.77 km²。从时间上看,2010年以前,生态用地处于减少趋势,尤其在2000—2010年减少趋势显著增强。到了2010—2015年,生态用地变化趋势才扭转为增长。具体来说,下降的主要为草地,林地与水域面积在不同时期有升有降,波动中总面积变化不大,甚至略有提升(图4-6)。

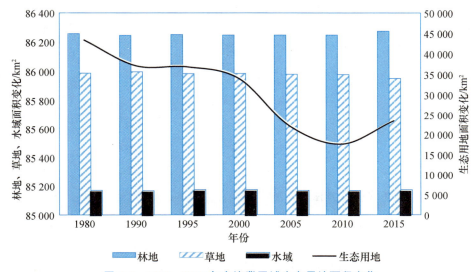

图4-6　1980—2015年京津冀区域生态用地面积变化

进一步结合三级地类来看,1980—2015年水域虽整体面积变化不大,但内部发生了湖泊、水库坑塘面积的显著增多和滩涂、滩地面积的明显损失。与1980年相比,2015年增加的湖泊面积约占1980年湖泊面积的124%,增加的水库坑塘面积约占1980年水库坑塘面积的54%。相应地,2015年比1980年损失的滩涂面积占1980年滩涂面积的90%,而2015年比1980年损失的滩地面积占1980年滩地面积的55%。草地的流失则较均匀地发生于各个类型中,2015年比1980年减少的高覆盖度草地面积、中覆盖度草地面积、低覆盖度草地面积比为0.75∶1.36∶1,但因低覆盖度草地面积基数较小,流失程度反而最大。林地的变化则主要表现为灌木林和疏林地的减少及有林地和其他林地的增加。从各类林地的实际内涵来看,有林地和其他林地的增加,可在一定程度上表现出京津冀区域对林地保护的重视,人工造林的力度较大(图4-7)。

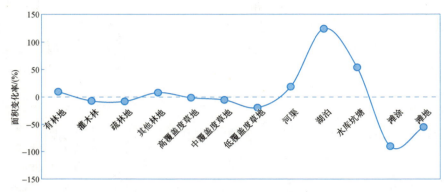

图 4-7　1980—2015 年京津冀区域不同类型生态用地变化情况

第二节　地类间的相互转移变化

一、土地利用转移矩阵方法

为了更好地分析不同土地利用类型之间的相互转化,揭示区域土地利用模式,进一步借助土地利用矩阵,分析研究期末各类土地规模增长的主要来源。土地利用转移矩阵的本质是运用马尔柯夫链的转移概率和稳定状态方程来研究土地利用类型变化的动态特征及发展趋势。其表达式为

$$\boldsymbol{P}=\begin{bmatrix} P_{11} & P_{12} & \cdots & P_{1i} & \cdots & P_{1j} & \cdots & P_{1n} \\ P_{21} & P_{22} & \cdots & P_{2i} & \cdots & P_{2j} & \cdots & P_{2n} \\ \cdots & \cdots & \cdots & \cdots & \cdots & \cdots & \cdots & \cdots \\ P_{i1} & P_{i2} & \cdots & P_{ii} & \cdots & P_{ij} & \cdots & P_{in} \\ \cdots & \cdots & \cdots & \cdots & \cdots & \cdots & \cdots & \cdots \\ P_{j1} & P_{j2} & \cdots & P_{ji} & \cdots & P_{jj} & \cdots & P_{jn} \\ \cdots & \cdots & \cdots & \cdots & \cdots & \cdots & \cdots & \cdots \\ P_{n1} & P_{n2} & \cdots & P_{ni} & \cdots & P_{nj} & \cdots & P_{nn} \end{bmatrix}$$

其中,$i=1,2,\cdots,n$;$j=1,2,\cdots,n$;n 为土地利用类型数;P_{ij} 指的是某一时期内,土地利用类型 i 转换为类型 j 的面积占土地总面积的百分比;P_{ii} 指的是土地利用类型 i 保持不变的面积占土地总面积的百分比。

利用 ArcGIS 软件中的栅格计算器分析工具,对每两期的土地利用现状图进行叠加分析,得到一个 6×6 的土地利用转移矩阵,代表每两种地类之间的相互转化面积。为了更直观地体现研究期间发生的土地占用问题,进一步计算相

第四章　京津冀土地利用时空演变格局及驱动力研究

应时期内土地利用类型 i 规模增长的来源结构。

二、总体特征

根据分析结果可知,区域内的地类变化主要表现为耕地占用生态用地和建设用地占用耕地。1980—2015 年以来,各地类转变为耕地的面积累计为 5527.23 km²。其中,林地、草地、水域等生态用地,是被耕地占用的最主要的地类。耕地来源中,生态用地的贡献率超过 50%,且以占用草地、水域为主。这与占用成本及自然地理区位条件有关。然而,区域内最突出的变化还是建设用地对耕地的占用,1980—2015 年,建设用地来源中有 85% 都是耕地。耕地转化为建设用地的规模达到 15621.04 km²,是生态用地转化为耕地面积的近 3 倍,是生态用地转化为建设用地面积的 6 倍。

除了占用问题,区域内也存在一定补充还原方向的地类转变。首先,1980—2015 年的 35 年间,共有 1983.32 km² 的建设用地还原为耕地。虽然远小于耕地被占用的规模,但在耕地来源中占比近 36%。相似地,退耕还林、还草的现象也存在。1980—2015 年,有 1298.11 km² 的耕地还林,有 992.93 km² 的耕地还草。耕地的补充,分别占林地、草地转入面积的 39.28% 和 31.70%。

此外,区域内也发生了一定的生态用地内部转化,且主要表现为林地与草地之间的相互转化。1980—2015 年,区域内林地面积的补充中有 53% 来自草地,而草地面积的补充中有 46.17% 来自林地。但从规模上看,草地转为林地的面积,多于林地转为草地的面积。总体上,京津冀区域的生态用地中,草地的流失更为突出,同时面临着被耕地占用和补充林地的挑战(图 4-8,表 4-4)。

三、阶段性特征

将时间尺度细分为 1980—1990 年、1990—1995 年、1995—2000 年、2000—2005 年、2005—2010 年、2010—2015 年六个阶段,进一步研究京津冀区域土地利用变化呈现的阶段性特征。一方面,有利于识别趋势化转折的时间节点;另一方面,可以更充分地结合区域当时的土地利用政策、经济战略、区域协作理念等时代背景,更好地去理解个别现象发生的原因,对区域土地利用变化形成更系统的认识。

六个阶段内表现出的最核心的地类变化特征,与总体规律是一致的(图 4-9)。即,均表现为耕地占用生态用地,建设用地占用耕地。但两类变化的发展趋势略有不同,耕地始终是建设用地最主要的来源,六个阶段内建设用地来源中耕地的占比分别为 88.38%、89.50%、86.90%、79.97%、77.60%、82.55%。而耕地来源中生态用地的占比下降程度比较显著,从第一阶段(1980—1990 年)占

80 京津冀区域土地优化利用管控技术方法研究

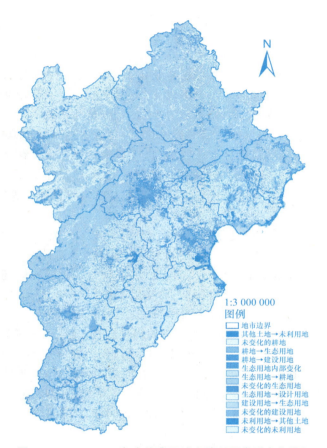

图 4-8 1980—2015 年京津冀区域土地利用类型变化特征

表 4-4 1980—2015 年京津冀区域土地利用转移矩阵　　　　（单位：%）

来源		2015 年					
		耕地	林地	草地	水域	建设用地	未利用地
1980 年	耕地		39.28	31.70	49.35	85.04	8.65
	林地	11.11		46.17	1.94	3.63	1.02
	草地	21.08	53.19		11.14	6.54	19.71
	水域	19.64	4.28	8.48		3.89	64.39
	建设用地	35.88	1.56	3.51	29.58		6.23
	未利用地	12.29	1.69	10.14	7.99	0.89	

比高达 95.41%，到第六阶段（2010—2015 年）占比下降为 39.80%。生态用地内部相互转化的活跃程度，在 1995 年之前相对活跃，但 1980—1990 年阶段主要是林地变为了草地，但 1990—1995 年阶段则转变为草地变为林地更突出。此后，从 1995 年至 2010 年的 15 年间，区域内生态用地相互转换的活跃程度不高。直到 2010 年以后，又开始出现较活跃的转化，且以草地变为林地更显著，见表 4-5～表 4-10。

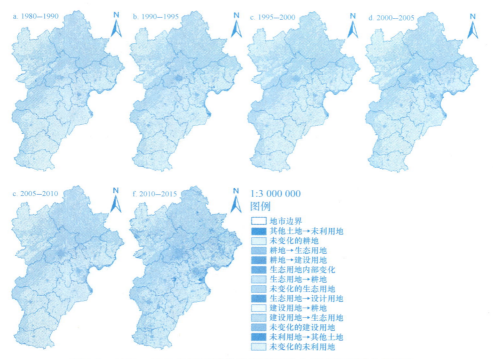

图 4-9　1980—2015 年不同阶段京津冀区域土地利用类型变化特征

从林地不同阶段的"转入/转出"面积比来看，2000 年以后稳定在 1 左右，2010—2015 年达到了 1.44，说明林地的转入面积大于或者略小于转出面积，林地在 2000 年以后得到了较好的保护。2000 年，国务院下发了《关于进一步做好退耕还林还草试点工作的若干意见》，并于 2002 年颁布《退耕还林条例》，开始大范围启动退耕还林还草工程。京津冀区域亦于 2000 年开始，集中推动退耕还林。北京市 1999 年通过了《北京市森林资源保护管理条例》，2012 年通过了《北京市林地保护利用规划（2010—2020 年）》。河北省 2008 年还颁布了《河北省巩固退耕还林成果专项规划》，投入专项资金，2013 年河北省林业厅印发《河北省森林覆盖率净增量目标考核办法》。相关政策较好地保障了区域内林地规模的增长,提升了区域生态环境质量。

表 4-5 1980—1990 年京津冀区域土地利用转移矩阵 (单位:%)

来源		1990年					
		耕地	林地	草地	水域	建设用地	未利用地
1980年	耕地		87.70	1.00	88.92	88.38	2.99
	林地	4.96		97.35	0.37	1.19	0.42
	草地	15.31	6.46		5.81	0.32	80.47
	水域	75.14	5.83	1.65		10.11	16.12
	建设用地	2.94	0.01	0.00	0.00		0.00
	未利用地	1.65	0.00	0.00	4.90	0.00	
转入/转出		0.48	0.06	5.22	0.69	54.77	0.28

表 4-6 1990—1995 年京津冀区域土地利用转移矩阵 (单位:%)

来源		1995年					
		耕地	林地	草地	水域	建设用地	未利用地
1990年	耕地		59.40	23.96	78.66	89.50	63.51
	林地	18.03		55.70	0.71	1.06	0.01
	草地	34.82	36.29		11.93	4.29	5.47
	水域	18.24	3.78	13.05		2.95	23.23
	建设用地	11.06	0.48	1.26	3.88		7.78
	未利用地	17.85	0.05	6.03	4.82	2.19	
转入/转出		0.20	1.74	0.25	1.68	28.78	0.42

表 4-7 1995—2000 年京津冀区域土地利用转移矩阵 (单位:%)

来源		2000年					
		耕地	林地	草地	水域	建设用地	未利用地
1995年	耕地		21.30	12.03	50.01	86.90	8.78
	林地	32.02		71.47	6.28	1.34	0.20
	草地	10.29	18.61		9.33	1.33	0.87
	水域	54.71	36.78	13.95		6.02	90.15
	建设用地	1.77	0.00	0.00	16.43		0.00
	未利用地	1.21	23.31	2.55	17.94	4.40	
转入/转出		0.50	0.06	2.10	0.83	13.42	0.60

第四章 京津冀土地利用时空演变格局及驱动力研究

表4-8 2000—2005年京津冀区域土地利用转移矩阵　　（单位：%）

来源		2005年					
		耕地	林地	草地	水域	建设用地	未利用地
2000年	耕地		61.23	16.21	57.43	79.97	36.70
	林地	4.31		1.46	3.31	3.95	0.00
	草地	24.28	16.74		18.25	4.45	0.98
	水域	56.38	17.57	54.33		10.27	59.79
	建设用地	5.38	1.30	12.67	11.45		2.52
	未利用地	9.66	3.15	15.31	9.57	1.36	
转入/转出		0.24	1.03	0.10	0.48	35.38	0.22

表4-9 2005—2010年京津冀区域土地利用转移矩阵　　（单位：%）

来源		2010年					
		耕地	林地	草地	水域	建设用地	未利用地
2005年	耕地		28.55	39.05	70.24	77.60	0.00
	林地	2.61		44.67	2.28	6.00	0.00
	草地	2.04	50.50		11.06	10.56	0.00
	水域	59.61	20.08	11.46		4.75	0.00
	建设用地	1.92	0.04	3.82	3.41		0.00
	未利用地	33.82	0.83	1.01	13.01	1.08	
转入/转出		0.13	0.89	0.02	0.62	201.56	0.00

表4-10 2010—2015年京津冀区域土地利用转移矩阵　　（单位：%）

来源		2015年					
		耕地	林地	草地	水域	建设用地	未利用地
2010年	耕地		38.03	34.47	38.28	82.55	14.53
	林地	10.39		36.09	2.31	4.41	1.02
	草地	14.47	52.90		7.78	7.54	16.88
	水域	14.94	3.93	9.44		4.57	59.97
	建设用地	50.32	3.47	8.30	47.29		7.59
	未利用地	9.88	1.68	11.70	4.33	0.93	
转入/转出		0.46	1.44	0.74	1.11	2.51	0.71

四、转移方式转变

土地利用具有空间固定性与可转化性，仅采用地类净变化量难以全面反映各种地类的真实变化情况（乔伟峰等，2013）。因为可能存在以下情况，即某一地类在某一位置上发生了转出,但同时在其他位置上发生了转入。这种情况下,虽然该地类的净变化量很小,甚至为 0,但实际发生的变化仍十分活跃。如果仅用净变化量衡量土地利用变化的程度,可能得到低估的结果。因此,进一步通过净变化量占总变化量的比例识别土地利用类型转移的主要方式,一种是具有明显的数量扩张特征;另一种是数量增长不显著,但发生了较活跃的位置转移。这其中涉及三个指标,即净变化量(Net Change,NC)、交换变化量(Swap Change,SC)、总变化量(Total Change,TC),三者的科学内涵及计算方法如下。

净变化量(NC)是指某一土地利用类型规模的绝对变化量,即某一土地利用类型研究期末面积与研究期初面积之差的绝对值。对于 a 地类而言,某段时期内的净变化量还等于期末 a 地类新增面积与期初 a 地类的减少面积之差的绝对值,具体计算公式为

$$NC_a = |S_a' - S_a| = \left|\sum_{i=1}^n S_{ia} - \sum_{j=1}^n S_{aj}\right| = |I_a - D_a|$$

其中,S_a' 为研究期末 a 地类的面积,S_a 为研究期初 a 地类的面积,I_a 指的是研究期内 a 地类的新增面积,D_a 指的是研究期内 a 地类的减少面积。

交换变化量(SC)指的是同时考虑某一地类在某一位置上发生了转出,而在同一时期在其他位置又发生了转入两种情况,可揭示出地类变化中隐含的信息,真实反映地类变化情况(段增强等,2005)。具体计算公式为

$$SC_a = 2 \times \min(I_a, D_a)$$

总变化量(TC)指的是某一地类的新增面积与减少面积之和,代表一定时期内某一地类利用类型总的变化量,亦等于净变化量与交换变化量之和。具体计算公式为

$$TC_a = NC_a + SC_a = I_a + D_a$$

将时间分为 1980—2000 年与 2000—2015 年两个时期,根据分析结果,前一个 20 年间,即 1980—2000 年,京津冀区域变化最大的为耕地,且主要是旱地的变化。这一阶段,旱地的变化量占土地总面积的 23‰。其次为城镇用地和农村居民点用地,二者变化量占土地总面积的比例分别为 7.66‰ 和 9.44‰。除此之外,其他地类的总变化量相对较小。在总变化量的构成中,旱地、城镇用地、农村居民点用地的主导变化都是净变化,净变化占总变化量的比例分别达到了 64.14%、100% 和 73.37%。说明这一阶段内,旱地、城镇用地、农村居民点用地以数量的变化为主,结合净增量指标来看,可以知道旱地以数量的减少为主,而城镇用地和农村居民点用地则以数量的增加为主。水田的净变化量占总变化量的比例仅为 13.79‰,说明它以交换变化为主导,表明其发生的变化主要为空间

位置的转移。另外一种具有这一特征的地类为草地,不论是高覆盖度、中覆盖度草地,还是低覆盖度草地,净变化量占总变化量的比例都较低,说明这一阶段内京津冀区域的草地变化以位置转移为主(表 4-11)。

到 2000—2015 年阶段,总体趋势发生了一定的变化。首先,新阶段内各地类的变化程度基本都发生了增强,因为在区域总面积不变的前提下,总变化量的占比基本均大于上一阶段。但变化最大的地类依然是旱地,这一阶段其变化量占土地总面积的比例达到了 102.66‰。次之为农村居民点用地,这一阶段农村居民点用地的变化量占土地总面积的 46.83‰。变化程度位于第三梯队的地类包括水田、高覆盖草地、城镇用地和其他建设用地,它们的变化量占土地总面积的比例分别为 24.89‰、24.10‰、20.19‰、24.05‰。同样地,结合总变化量的构成来看,旱地的变化不再以数量变化为主,这一阶段京津冀旱地的净变化占总变化量的比例降低为 14.91%。农村居民点用地的情况也类似,这一阶段该地类的净变化占总变化量的比例降低为 34.44%。说明这一阶段,这两类用地由上一阶段以数量变化为主,改变为以位置变化为主。而城镇用地依然以数量变化为主,该阶段净变化占总变化量的比例为 86.39%。此外,这一阶段水田的变化类型也发生了转变,上一阶段以位置转移为主,而该阶段以数量变化为主,净变化占总变化量的比例高达 90.79%(表 4-12)。

表 4-11　1980—2000 年京津冀区域各类用地的变化量　　　(单位:‰)

地类	期内减少量	期内新增量	净增量	NC	SC	TC	NC/TC(%)	主要变化特征
水田	1.803	1.366	−0.437	0.437	2.731	3.168	13.793	位置转移
旱地	18.877	4.124	−14.753	14.753	8.248	23.000	64.142	数量变化
有林地	1.167	0.221	−0.946	0.946	0.442	1.388	68.132	数量变化
灌木林	0.792	0.476	−0.317	0.317	0.951	1.268	24.972	位置转移
疏林地	2.061	0.526	−1.535	1.535	1.051	2.586	59.360	/
其他林地	0.362	1.638	1.276	1.276	0.725	2.001	63.771	数量变化
高覆盖度草地	1.945	1.785	−0.160	0.160	3.570	3.731	4.295	位置转移
中覆盖度草地	0.602	1.043	0.441	0.441	1.204	1.645	26.800	位置转移
低覆盖度草地	0.972	0.437	−0.535	0.535	0.873	1.408	37.979	位置转移
河渠	0.185	0.034	−0.150	0.150	0.069	0.219	68.611	数量变化
湖泊	0.007	0.424	0.417	0.417	0.014	0.431	96.774	数量变化
水库坑塘	2.092	3.468	1.377	1.377	4.183	5.560	24.759	位置转移
滩涂	0.395	0.242	−0.154	0.154	0.483	0.637	24.115	位置转移
滩地	2.282	1.281	−1.000	1.000	2.563	3.563	28.074	位置转移
城镇用地	0.000	7.656	7.656	7.656	0.000	7.656	100.000	数量变化

（续表）

地类	期内减少量	期内新增量	净增量	NC	SC	TC	NC/TC（%）	主要变化特征
农村居民点	1.257	8.185	6.928	6.928	2.514	9.442	73.370	数量变化
其他建设用地	0.345	3.213	2.869	2.869	0.690	3.558	80.622	数量变化
沙地	0.067	0.169	0.103	0.103	0.133	0.236	43.601	/
盐碱地	0.391	0.023	−0.368	0.368	0.045	0.414	89.007	数量变化
沼泽地	0.629	0.176	−0.452	0.452	0.353	0.805	56.166	/
裸土地	0.001	0.002	0.001	0.001	0.002	0.003	36.246	位置转移
裸岩石质地	0.000	0.000	0.000	0.000	0.000	0.000	100.000	数量变化

表 4-12 2000—2015 年京津冀区域各类用地的变化量　　（单位：‰）

	期内减少量	期内新增量	净增量	NC	SC	TC	NC/TC（%）	主要变化特征
水田	23.740	1.147	−22.593	22.593	2.293	24.887	90.785	数量变化
旱地	58.986	43.678	−15.308	15.308	87.356	102.664	14.911	位置转移
有林地	2.768	13.573	10.805	10.805	5.536	16.340	66.124	数量变化
灌木林	10.622	4.924	−5.698	5.698	9.848	15.546	36.654	位置转移
疏林地	0.778	0.938	0.160	0.160	1.556	1.716	9.324	位置转移
其他林地	2.922	2.034	−0.888	0.888	4.067	4.956	17.928	位置转移
高覆盖度草地	12.665	11.430	−1.236	1.236	22.859	24.095	5.130	位置转移
中覆盖度草地	6.679	3.635	−3.044	3.044	7.269	10.314	29.517	位置转移
低覆盖度草地	2.881	1.497	−1.383	1.383	2.995	4.378	31.594	位置转移
河渠	2.432	3.748	1.316	1.316	4.865	6.181	21.293	位置转移
湖泊	0.330	0.613	0.283	0.283	0.660	0.944	30.039	位置转移
水库坑塘	5.014	9.927	4.913	4.913	10.028	14.941	32.885	位置转移
滩涂	0.882	0.018	−0.863	0.863	0.036	0.900	95.949	数量变化
滩地	7.610	2.052	−5.558	5.558	4.103	9.661	57.530	/
城镇用地	1.374	18.819	17.445	17.445	2.749	20.193	86.387	数量变化
农村居民点	15.355	31.487	16.132	16.132	30.711	46.843	34.439	位置转移
其他建设用地	8.282	15.772	7.489	7.489	16.565	24.054	31.135	位置转移
沙地	3.101	0.015	−3.086	3.086	0.031	3.117	99.009	数量变化
盐碱地	0.467	1.215	0.748	0.748	0.933	1.682	44.489	/
沼泽地	2.230	2.592	0.361	0.361	4.460	4.822	7.495	位置转移
裸土地	0.144	0.167	0.024	0.024	0.288	0.311	7.576	位置转移
裸岩石质地	0.064	0.024	−0.040	0.040	0.048	0.089	45.366	/

五、生态用地转移特征

生态用地同时面临被耕地占用、被建设用地占用的问题，草地、湿地保护挑战大于林地保护。1980—2000 年生态用地主要被占用为耕地，而 2000—2015 年生态用地主要被占用为耕地和建设用地，这应该与区域的发展阶段有关。2000—2015 年，生态用地转化为耕地的面积仍略多于建设用地，但相差不大，分别为 2460.60 km² 和 2128.42 km²。进一步看建设用地占用生态用地的情况，2000—2015 年，被占用为建设用地的最主要用地类型是草地，被占用规模达到了 951.52 km²，分别是林地、水域被占用面积的 1.7 倍和 1.54 倍。而 1980—2000 年，建设用地除了占用草地外，也占用了与之一定规模的水域。从耕地的占用情况来看，两个时期水域、草地都是耕地最主要的占用类型（表 4-13）。同时结合二级分类来看，被占用的草地还主要是高覆盖草地，1980—2000 年被占用的高覆盖度草地占被占用草地总面积的 63.91%，2000—2015 年又上升了约 2 个百分点。水域主要被占用的则为滩地，1980—2000 年被占用的滩地占被占用水域总面积的 45.51%，2000—2015 年为 42.50%（表 4-14）。

表 4-13 京津冀区域内各类生态用地分阶段转移方向及面积

转出方向/km²	林地		草地		水域	
	1980—2000 年	2000—2015 年	1980—2000 年	2000—2015 年	1980—2000 年	2000—2015 年
耕地	143.16	585.43	294.46	902.66	361.56	972.51
林地	—	—	114.85	1661.08	12.12	132.91
草地	504.70	970.24	—	—	17.88	270.49
水域	2.35	55.91	59.09	222.26	—	—
建设用地	41.36	560.23	132.87	951.52	145.13	616.67
未利用地	0.02	8.55	8.71	144.73	7.13	526.42
转出总面积	691.60	2180.36	609.97	3882.26	543.81	2519.00

表 4-14 京津冀区域内被占用的草地和水域用地结构

转出地类		1980—2000 年	2000—2015 年
草地/(%)	高覆盖度草地	63.91	65.95
	中覆盖度草地	17.43	21.12
	低覆盖度草地	18.66	12.93

(续表)

转出地类		1980—2000 年	2000—2015 年
水域/(%)	河渠	2.13	15.64
	湖泊	0.21	2.56
	水库坑塘	39.71	35.54
	滩涂	12.44	3.76
	滩地	45.51	42.50

从空间分布上来看，1980—2015 年，耕地占用草地主要发生在张家口、承德、秦皇岛，且最主要集中于张家口；耕地占用林地则主要发生在北京，耕地占用水域主要发生在天津和保定。此外，承德与张家口作为京津冀区域内林地、草地集中分布的地区，也是林地、草地相互转化最活跃的地区，但方向有所不同，张家口主要是林地占用草地，而承德主要是草地占用林地。从水域的被占用情况来看，各城市水域被耕地占用的问题均最为突出，但横向比较之下，天津与保定的相关现象更为突出。此外，林地占用水域，主要发生在张家口、北京、秦皇岛；草地占用水域，主要发生在天津、北京、张家口、沧州，且最主要是天津（图 4-10）。另外，通过叠加区域内县级行政边界后发现，生态用地被占用的现象常发生在两县的交界处（图 4-11）。

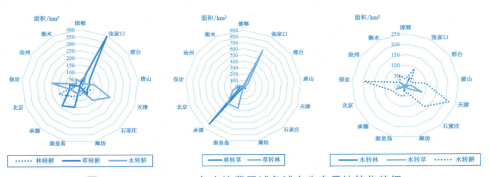

图 4-10　1980—2015 年京津冀区域各城市生态用地转化特征

六、城市间分异特征

借助土地利用变化重要性指数（罗娅等，2014），进一步分析不同城市、不同阶段发生的土地利用变化的主要类型。其具体计算公式为

$$C_i = A_i/A \times 100\%$$

$$A = \sum_{i=1}^{n} A_i$$

图 4-11 京津冀区域生态用地活跃变化空间的区位特征示意(1980—2015 年)

其中,i 为区域内发生的各种土地利用变化类型,$i=1,2,3,\cdots,n$,即为区域内存在 n 种不同的土地利用变化类型。C_i 为第 i 种土地利用变化类型的重要性指数,A_i 为第 i 种土地利用变化的面积,A 为区域内所有土地利用变化类型的面积之和。C_i 值在 0 至 100% 之间变化,C_i 值越大,说明对应的土地利用变化类型越重要。

在本研究中,基于六种主要土地利用类型两两之间的相互转化,某一区域内可能存在 30 种土地利用变化类型。参考罗娅等(2014)的相关研究,将各类变化的 C_i 值从大到小排序,同时从大到小依次进行累加,当 C_i 值累加至大于 70% 时,则将被累加的土地利用变化类型作为该区域的主导变化类型。将时间段划分为 1980—2000 年、2000—2015 年两个阶段,对京津冀区域内 13 座城市均进行土地利用变化重要性指数分析,得到如下结论。

(一)北京市

1980—2000 年,北京市最主要的土地利用变化方向是由耕地转为建设用地,仅这一类变化的 C_i 值达到了 64.77%。该阶段,北京市最主要的建设用地来源基本为耕地,其余变化则体现为耕地、林地、水域、草地之间的相互转化。其中,耕地转换为林地最突出,C_i 值为 11.73%。

到了 2000—2015 年,北京市最主要的土地利用变化方向依然是耕地转换为建设用地,但这类变化的主导地位有所下降,C_i 值减小为 42.06%,且这一阶段建设用地来源还有林地,C_i 值为 5.75%(图 4-12)。

(二)天津市

1980—2000 年,天津市土地利用发生的最主要变化为水域扩大,且主要是耕地向水域的转化,这类变化的 C_i 值达到了 56.66%。另外,还有一部分草地转化为水域,C_i 值为 2.84%。建设用地规模扩大是天津市这一阶段的另一主要变化,而建设用地扩大最主要的来源为耕地。该阶段,耕地转化为建设用地的 C_i

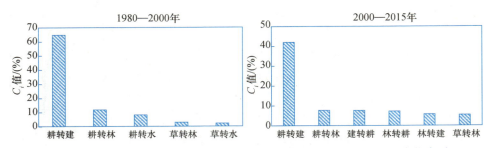

图 4-12　1980—2000 年与 2000—2015 年两阶段北京市主要土地利用变化类型

值为 21.12%,仅次于耕地向水域的转换。还有一部分水域转化为建设用地,C_i 值为 6.24%。

到了 2000—2015 年,天津市最主要的用地变化类型有所转变,表现为耕地转向建设用地,C_i 值达到了 34.80%。除此之外,各种变化比较平均。耕地转为水域、水域转为建设用地、水域转为耕地、建设用地转为耕地的 C_i 值均在 8%~9%。累积了上述 6 种变化,才占到总变化面积的 70%以上(图 4-13)。

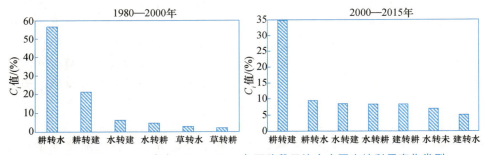

图 4-13　1980—2000 年与 2000—2015 年两阶段天津市主要土地利用变化类型

(三)河北省

1. 石家庄市

1980—2000 年,石家庄市最主要的土地利用变化为耕地转变为建设用地,C_i 值达到了 62.66%。但与此同时,耕地的增加是该区域这一阶段仅次之的变化方向。水域和草地转为耕地的 C_i 值累计达到了 22.67%。

到了 2000—2015 年,石家庄市最主要的土地利用变化仍是耕地向建设用地的转变,C_i 值保持在首位。耕地的增加则不再集中,反而是耕地转为林地的面积占到了总变化面积的 13.37%,居于第二位。第三种比较集中的变化为建设用地的退耕,占总变化面积的 8.06%。上述三种变化的累积变化面积即超过了 70%,达到 71.60%(图 4-14)。

第四章 京津冀土地利用时空演变格局及驱动力研究

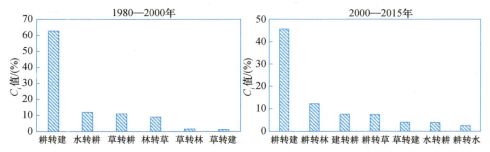

图4-14 1980—2000年与2000—2015年两阶段石家庄市主要土地利用变化类型

2. 承德市

1980—2000年,承德市最主要的土地利用变化为林地与草地的相互转变,且主要是林地转变为草地。该阶段内,林地转为草地的面积占总变化面积的45.14%。而草地转为林地的面积占总变化面积的17.7%。再次,才是耕地向建设用地的转变,占比为12.36%。上述三类变化构成了这一阶段承德市土地利用最主要的变化类型,C_i值累积总和为75.20%。

到了2000—2015年,林地向草地的转变依然是承德市土地利用最主要的变化,但主导程度有明显的下降,这类变化面积占总变化面积的百分比减少为26.87%。总体上,这一阶段各类变化变得较为平均,累积了6种变化的C_i值,才达到70%以上。耕地向建设用地、草地向林地、未利用地向草地、草地向耕地、草地向建设用地的变化面积占总变化面积的比例分别为:15.22%、12.49%、7.08%、6.39%、5.07%。也可以发现,草地不仅转入面积多,转出面积也多,是承德市变化比较活跃的用地类型(图4-15)。

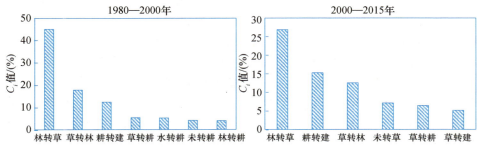

图4-15 1980—2000年与2000—2015年两阶段承德市主要土地利用变化类型

3. 张家口市

1980—2000年,张家口市和承德市的土地利用变化情况较为类似。林地向草地的转变是张家口市最主要的变化类型,变化面积占总变化面积的 52.23%。其次是草地向耕地的转变,变化面积占比为 13.89%。排在第三位的变化为耕地向建设用地的变化,变化面积占比 9.10%。上述三类变化是张家口市该阶段最主要的变化类型,累积 C_i 值超过 70%,达到 75.22%。

到了 2000—2015 年,张家口市的土地利用变化趋势发生了较大转变。最主要的土地利用变化类型转变为耕地向建设用地的转移,这类变化的面积占总变化面积的 19.95%。此外,转变了上一阶段林地向草地的转变趋势,草地向林地的转变面积更多,占总变化面积的 17.73%,重要性仅次于上一种变化类型。同样地,张家口这一阶段各类变化也变得较为平均,累积了 7 种变化的 C_i 值,才达到 70% 以上。草地转向耕地、耕地转向草地、耕地转向林地、草地转向建设用地、建设用地转向耕地的变化面积占总变化面积的比例分别为:8.69%、8.50%、7.77%、5.63%、5.14%(图 4-16)。

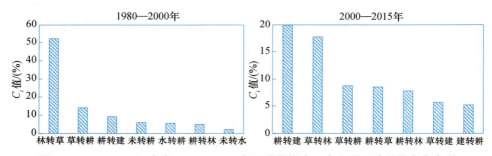

图 4-16 1980—2000 年与 2000—2015 年两阶段张家口市主要土地利用变化类型

4. 唐山市

1980—2000 年,唐山市最主要的土地利用变化类型为耕地转为建设用地,C_i 值为 38.73%。然而,耕地的补充也是其主要的变化方向之一,主要是未利用地和水域转为耕地,这两类变化面积分别占总变化面积的 19.22% 和 14.32%。上述三类变化的累积变化面积,便达到了总变化面积的 72.27%。

到了 2000—2015 年,唐山市建设用地占用耕地的总体情况与上一阶段基本类似,这类变化面积占总变化面积的 33.47%。除此之外,变化的主要类型包括建设用地转为水域、未利用地转为耕地、耕地转为水域、建设用地转为耕地,上述四类变化的 C_i 值分别为 15.32%、11.33%、8.20%、7.45%。上述五类变化的累积面积,占此阶段总变化面积的 75.77%(图 4-17)。

5. 秦皇岛市

1980—2000 年,秦皇岛市的主要土地利用变化类型为草地转为耕地、耕地转为建设用地、林地转为耕地,三类变化的 C_i 值分别为 29.07%、24.44%、

第四章　京津冀土地利用时空演变格局及驱动力研究

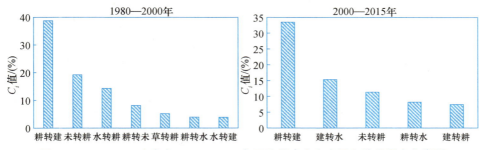

图 4-17　1980—2000 年与 2000—2015 年两阶段唐山市主要土地利用变化类型

20.70%,三类变化的累积变化面积便占到了总变化面积的 74.21%。总体而言,秦皇岛市这一阶段建设用地的扩张并不显著,反而有较多的用地转变为了耕地。

到了 2000—2015 年,耕地转变为建设用地成为最主要的变化方向,C_i 值达到 25.86%。除此之外,草地转变为林地也成为主要的变化方向之一,变化面积占到总变化面积的 24.31%。上一阶段很突出的草地转向耕地的特点,这一阶段有所减弱,变化面积占总变化面积的 8.22%,但主导程度仍居于第三位。同时,这一阶段的土地利用变化也不如上一阶段集中,累积了 5 类变化才达到总变化面积的 72.09%。除了上述三种,还包括耕地转为林地、未利用地转为耕地(图 4-18)。

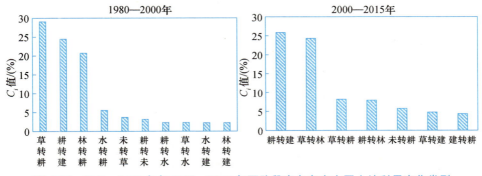

图 4-18　1980—2000 年与 2000—2015 年两阶段秦皇岛市主要土地利用变化类型

6. 廊坊市

1980—2000 年,廊坊市的土地利用变化十分集中,72.05% 的变化面积集中表现为建设用地对耕地的占用。除了这一最核心的变化方向,林地和耕地的相互转化也比较明显,林地转为耕地的 C_i 值为 14.14%,耕地转为林地 C_i 值为

7.70%。上述三类变化,就集中体现了廊坊市该阶段将近94%的土地利用变化。

到了2000—2015年,建设用地占用耕地依然是廊坊市最主要的变化,C_i值达到64.92%。但同时也有一定规模的建设用地退耕,面积占比为17.38%。两类用地的相互转化的面积,占到该阶段廊坊市土地利用总变化面积的82.30%(图4-19)。

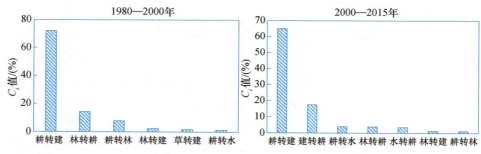

图4-19 1980—2000年与2000—2015年两阶段廊坊市主要土地利用变化类型

7. 保定市

保定市与廊坊市的土地利用变化特征类似,都集中体现为耕地转向建设用地。1980—2000年,这一变化的C_i值达到59.51%。此外,水域向耕地的转变面积也占到17.53%的比例,两类变化累积的变化面积超过70%,达到77.04%。

到了2000—2015年,建设用地占用耕地依然是保定市最主要的土地利用变化方向,C_i值维持在53.49%。这一阶段,保定市也伴随着一定规模的建设用地退耕趋势,这类变化面积占比10.52%(图4-20)。

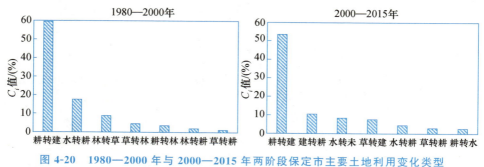

图4-20 1980—2000年与2000—2015年两阶段保定市主要土地利用变化类型

8. 沧州市

1980—2000年,沧州市土地利用变化最突出的特点可以概括为"建设用地扩张",且最主要的来源是耕地。该阶段,耕地转变为建设用地的面积占总变化面积的 73.44%。位居第二的建设用地来源为草地,草转为建设用地的面积占总变化面积的 11.34%。再次,是未利用地向建设用地的转变,这类变化的 C_i 值为 5.37%。

到了 2000—2015 年,沧州市的土地利用变化格局有了显著的改变。虽然最主要的变化,依然是耕地转为建设用地,但这类变化面积的占比减少为 38.91%。相应地,还有一部分建设用地转化为耕地和水域,面积占比分别达到 27.14% 和 18.75%。上述三类变化的面积累积达到总变化面积的 84.80%(图 4-21)。

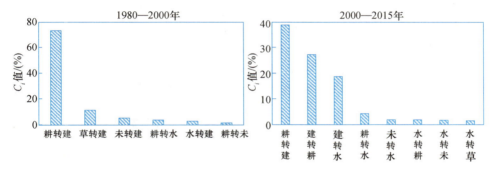

图 4-21　1980—2000 年与 2000—2015 年两阶段沧州市主要土地利用变化类型

9. 衡水市

1980—2000 年,衡水市的土地利用变化十分集中,体现为建设用地扩张,且以耕地为最主要来源。这类变化的面积,占到该阶段总变化面积的 98.19%。此外,也有一部分水域转变为建设用地,虽然变化面积的占比仅达到 1.68%。但上述两类变化,几乎构成了衡水市 1980—2000 年的所有土地利用变化。

到了 2000—2015 年,建设用地占用耕地依然集中,但这一趋势有所减弱,耕地转变为建设用地的面积占总变化面积的比例减少为 65.81%。与此同时,也伴随着一定规模的建设用地退耕,这部分面积占比为 24.18%。除此之外,衡水市这一阶段的土地利用变化还包括水域与耕地的相互转化。水域转为耕地面积占比 5.98%,耕地转为水域面积占比 2.42%(图 4-22)。

10. 邢台市

邢台市与衡水市的土地利用变化特征类似,1980—2000 年最主要的变化类型是耕地转为建设用地。这类变化的面积,便占到了总变化面积的 85.58%。除此之外,便是草地、水域对耕地的补充,但面积占比分别仅为 7.22% 和 1.20%。

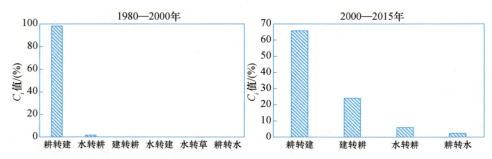

图 4-22　1980—2000 年与 2000—2015 年两阶段衡水市主要土地利用变化类型

到了 2000—2015 年,建设用地占用耕地的趋势有所减弱,这类变化面积占总变化面积的比例减少为 56.21%。同样地,也有一定规模的建设用地进行了退耕,面积占比为 8.57%。除此之外,邢台市该阶段的土地利用变化便是草地的流失,主要转化为林地、水域、建设用地和耕地。草地这四个方向的转出面积,占到了总变化面积的将近 20%(图 4-23)。

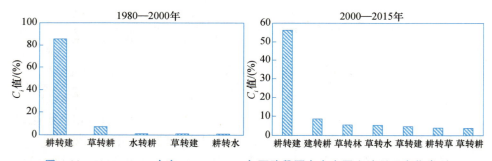

图 4-23　1980—2000 年与 2000—2015 年两阶段邢台市主要土地利用变化类型

11. 邯郸市

1980—2000 年,邯郸市的土地利用变化也集中在建设用地对耕地的占用上,这类变化的面积占到该阶段邯郸市土地利用总变化面积的 93.18%。此外,就是少量的水域转为耕地、草地转为水域、林地转为草地的变化。

到了 2000—2015 年,邯郸市依然维持着以建设用地占用耕地为主的土地利用变化特征,这一变化方向的面积占总变化面积的 70.45%。同样地,也伴随着一部分建设用地退耕,占比为 15.34%。此外,便是耕地和水域的相互转化,水域和草地转变为建设用地等(图 4-24)。

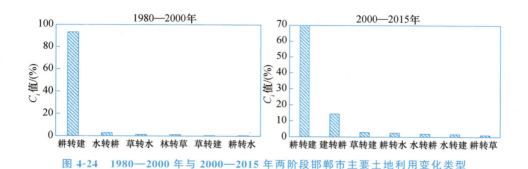

图 4-24　1980—2000 年与 2000—2015 年两阶段邯郸市主要土地利用变化类型

第三节　京津冀区域土地利用空间格局演变

一、变化热点区域

（一）综合土地利用动态度

综合土地利用动态度可用于定量表现研究区域内土地利用的整体变化速度，其表达式为

$$K_c = \frac{\sum_{i=1}^{n} |S_{bi} - S_{ai}|}{2\sum_{i=1}^{n} S_{ai}} \times \frac{1}{\Delta T} \times 100\%$$

式中，n 是土地利用类型总数，S_{ai}、S_{bi} 分别是指期初、期末第 i 种土地利用类型各自对应的面积，ΔT 为监测时段长度。

（二）K-medians 聚类分析

聚类分析的核心是通过不断分类，使得类内差异最小，类间差异最大。研究中常使用基于划分的 K-means 方法作为聚类分析的依据，但因为它是以数据簇中对象的均值作为参照点，所以如果数据簇中带有异常点，可能导致数据分布偏离严重。K-medians 是对 K-means 方法的一种改进，通过选用数据簇中位置最中心的对象作为簇的代表点，在一定程度上降低了聚类对于离群点和孤立点的敏感性，鲁棒性相对增强（彭高辉等，2007）。

将土地利用栅格图层转化为矢量数据，再对 1990 年与 2015 年数据进行矢量相减操作，将差值结果进行 10km×10km 格网化并与自身进行 intersect 相交操作，通过 Matlab 计算得到每个格网中对应的土地利用动态度，并对其进行 K-medians 聚类,采用欧式距离迭代了 150 次,以探测京津冀区域土地利用动态变化的热点。

(三)研究结果

从聚类空间结果(图 4-25)可以得到,土地利用动态度的高值热点集中分布于北京市、天津市、石家庄市区及天津、唐山、沧州、秦皇岛的东部沿海边缘地带。土地利用转型的次热点则并生分布于北京、天津、廊坊、保定、沧州交界,石家庄、邢台、邯郸交界,唐山、秦皇岛交界以及张家口西部片区。因为城市交接处往往即城市的边缘地区,是城市向乡村转化的过渡地带,特殊的地理区位使得其富于混杂与动态变化。存在明显的"城中村,村中城"现象,同时在城镇化发展过程中,村民自发占用耕地进行开发建设以及大量农村剩余劳动力向城镇转移导致耕地退化为荒地等情景普遍,所以次热区域多存在于城市交界地带。冷点则广泛分布于西北森林山区,其中零星分布着少量热点,说明部分山地、林地发生了

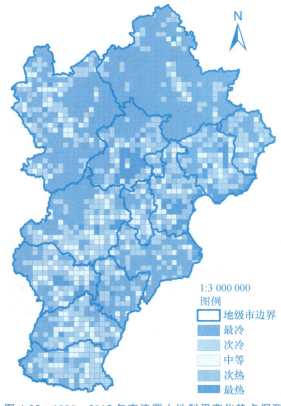

图 4-25 1990—2015 年京津冀土地利用变化热点探测

第四章 京津冀土地利用时空演变格局及驱动力研究

类型转化。总体而言,京津冀土地利用变化东部、南部热,西部、北部冷,这与东部及南部地区地形条件优越、土地转换自然基底限制条件少、人口分布密集等影响因素关联紧密。

二、变化质心移动

(一) 质心偏移法

通过质心偏移可以很好地反映京津冀区域城市土地利用空间分布的演化情况。分别以京津冀各市3类用地的面积作为权重,利用 ArcGIS 的 mean center 工具即可求出不同时刻不同地区不同用地的质心坐标。

(二) 研究结果

从图4-26中可以看出,对于建设用地而言,1995年以前,质心总体向着"双核"京津地区迁移,1995年以后,质心迁移总体方向一致性不明显,但出现质心局部趋近特征。说明京津冀建设过程中,各城市基于功能分工,已朝着实现优势互补、协同发展的方向发展;生态用地方面,则主要表现为空间差异。总体而言,京津冀西部及西北部城市的质心迁移方向较为稳定,这些地方对于生态用地的利用相对有序,没有出现大规模的随处占用现象,但东部、南部平原、丘陵地带城市的质心迁移方向变化幅度很大,出现了较分散却又规模不小的生态用地消失热点区域,与集中在平原、丘陵地区进行开发建设密切相关。对于农业用地而言,各城市质心迁移方向几乎刚好与建设用地或农业用地的迁移方向相反,这是京津冀的经济建设、农业发展、生态治理共同作用的结果。一方面,再次印证,随着经济的发展和城市化的推进,京津冀区域建设用地的拓展总体以占用耕地为主要来源;另一方面则是由于国家对"可持续发展"理念的大力倡导而推行的"退耕还林还草"等政策,这些使得部分耕地退转为生态用地。同时,这期间也存在农业用地占用生态用地的现象,但总体上生态退耕政策所带来的积极影响更大。

将用地类型相互转化的空间分布情况与空间格局演变相结合,绘制地类互转底图,并在其基础上叠加1990—2015年京津冀三类用地整体的质心迁移情况。从图4-27中可以看出,区域土地资源的自然基底差异较大,其演化趋势与功能区划和战略定位的发展相匹配。在原有建设用地周围,农业用地被侵占为建设用地的现象最为严重,在东部沿海地区,随着国家对于沿海滩涂等生态系统保护的日益重视,建设用地退转为生态用地的情况较为明显。三类用地质心迁移的变化较为微弱,表明京津冀土地利用类型的总体分布格局并未发生显著变化。由于北京、天津作为京津冀发展重心的地位始终未发生变化,建设用地的分布质心始终落在廊坊市内。整体上,建设用地重心向西转移的特征显著,表明京

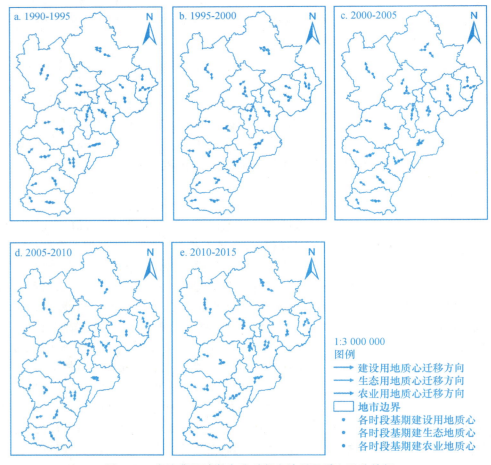

图 4-26　京津冀区域各市分时段土地利用质心迁移特征

津冀西部地区建设力度总体而言一直在加大;因为北京处于西北森林山区的中间地带,生态用地质心始终位于北京市内。由于京津冀初期东南部生态用地存在部分转出及西北部防护建设维持得相对较为稳定,其生态用地重心呈现出先总体向西、向北转移,后向东南部相对大幅转移的趋势,这与东南地区生态用地的保护力度增大,"退耕退建、还林还草"等生态保护措施的实施紧密相关;农业用地质心始终分布于保定市东部,因为农业用地广泛分布于京津冀东南部及西北片区,所以质心一直邻近京津冀区域的对称中心地带。由于南部地区农业用地转出相对较多,农业用地的重心总体呈现出向北迁移的格局。早年间,随着城镇化的推进,东部耕地被占用或者抛荒的情况较为严重,而近年来东部地区耕地

第四章　京津冀土地利用时空演变格局及驱动力研究

养护情况有所改善,故而在1990—2010年,农业用地质心总体向西迁移,而2010—2015年,农业用地质心反迁移向东。总体而言,建设用地质心总体迁移幅度最大,说明其空间扩张跨度最大且不均衡。2010—2015年,随着京津冀经济的飞速增长和城镇化的迅速推进,该阶段三类用地的质心变化最为显著,此外1990—1995年的变化迁移也较为明显,这是因为早年间京津冀"双核多带"的建设用地空间生长轨迹兴起,而近年来区域协同城市群联动空间扩张力度大幅提升,土地利用变化剧烈。

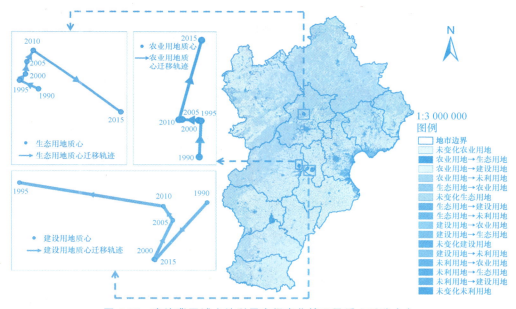

图4-27　京津冀区域土地利用空间变化情况及质心迁移方向

三、景观格局变化

(一)景观生态学指数

景观生态学指数是能够高度浓缩景观格局信息,反映其结构组成和空间配置特征的定量指标(肖笃宁等,1997),其主要从斑块、类型、景观水平这三个层次来进行衡量。景观水平上,本研究选取其中较为典型的最大斑块面积比指数(LPI)、边界密度(ED)、周长-面积分形维数(PAFRAC)、蔓延度指数(CONTAG)、凝聚度指数(COHESION)、景观分离度指数(DIVISION)、景观多样性指数(SHDI)、聚集度指数(AI)共8项指标进行京津冀区域土地利用景观形态变化特征的分析。类型水平上挑选了斑块数（NP）、斑块密度指数（PD）、最大斑块面积比指数（LPI）、边界密度（ED）、周长-面积分形维数（PAFRAC）、聚集度指数（AI）、凝聚度指数（COHESION）、景观分离度指数（DIVISION）共8项指标进行测算与研究。

（二）研究结果

景观水平上，蔓延度指数减小以及边缘密度、景观分离度指数上升，表明研究区域内总体景观格局的破碎化程度有所增加；周长-面积分形维数在2000年前明显上升而在其后总体下降，斑块形状由趋于复杂转而趋于规律，意味着早年间受人为干扰的程度较小，而2000年后人类活动干扰加大，使得斑块形状趋于规律；凝聚度和聚集度指数下降，说明斑块类型分散程度加大；此外，在人类活动影响及城市化进程的推进下，最大斑块面积比指数不断减小，景观多样性指数明显增加，说明研究区内土地利用优势类型主导力量有所减弱，同时各斑块类型在景观中逐渐呈均衡化趋势分布（表4-15）。

表4-15 1990—2015年景观水平上指标计算

时间	LPI /(%)	ED /(m/hm²)	PAFRAC	CONTAG /(%)	COHESION /(%)	DIVISION /(%)	SHDI	AI /(%)
1990	35.3649	17.496	1.1917	66.7975	99.9773	0.8285	0.9359	97.3664
1995	35.4621	17.4836	1.3936	60.5870	99.9785	0.8104	0.9594	97.3683
2000	35.4536	17.4429	1.5464	60.5369	99.9764	0.8347	0.9610	97.3745
2005	35.3126	17.6757	1.2677	60.1011	99.9763	0.8344	0.9713	97.3396
2010	34.9889	17.8892	1.2566	59.8944	99.9760	0.8337	0.9755	97.3076
2015	33.8026	19.6930	1.4361	57.9295	99.9696	0.8625	1.0173	97.0371

根据图4-28可知，类型水平上，斑块数量和斑块密度显示2000年后人为干扰总体增强，边界密度和景观分离度指数主要表现了各类用地除未利用地外基本呈现出破碎化趋势，且破碎化程度不断上升。农业用地及生态用地最大斑块面积比指数有所下降但始终处于高值区域，说明二者存在一定的连片区域，但逐渐被其他地类分割，而建设用地最大斑块面积比指数有所上升，说明存在成片增长的情况，这种现象可能就是由建设用地对于原有的生态及农业用地的占有所形成；斑块形状变化信息主要体现了建设用地的扩张形状不断复杂化的趋势，同时其他三类用地的周长-面积分形维数均在2000年前后呈现一致上升及整体下降的鲜明变化，表明2000年后其他三类用地受到人为的干预增强，形状不断规则化；斑块聚集度指数变化则呈现出建设用地斑块聚集程度提高，生态用地和农业用地聚集度及凝聚度指数稍有下降，对应分散程度上升等特点。

第四章 京津冀土地利用时空演变格局及驱动力研究

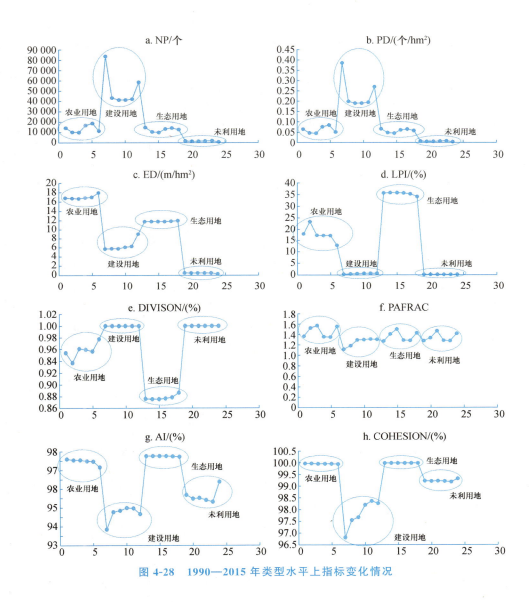

图 4-28 1990—2015 年类型水平上指标变化情况

第四节 京津冀区域土地利用变化驱动力分析

经济水平越高,地区的建设发展需求越旺盛,越能促进土地利用的变化;不同经济发展阶段,因主导的生产活动及对应产业规模的不同,对用地类型的需求存在差异(楼梦醒等,2018);人口的集聚也会带来更活跃的土地利用活动,公共资源条件是吸引人口的重要因素,可以一定程度表征未来进一步吸纳人口的潜力。

将土地利用划分为建设用地、生态用地、农业用地三大类别,以三类土地1990年、1995年、2000年、2005年、2010年及2015年的对应总量为因变量,以土地利用变化影响因子为自变量,分别对京津冀及13个地级市建立土地利用变化驱动力回归模型,从而实现从整体到局域、从一体化到差异化的驱动因素识别。

一、构建指标体系

通过搜集、归纳大量文献中的常用指标,定性分析、确定与土地利用变化相关的总指标体系。在采集好大量原始指标数据后,经过数据清洗、数据运算、Matlab数据补齐等操作,最终得到了京津冀及13个地级市1990—2015年的22项自变量指标,并将其分为四大层次:经济发展M、资源条件N(包括自然资源及社会资源,其中社会资源又包括科教文卫、交通条件等)、人口结构P、产业规模Q,依次分别给四大层次下的子指标进行编号,如$M_1,M_2,\cdots$,具体如表4-16所示。在此基础上进行指标的Z标准化。

表4-16 土地利用变化驱动力指标体系及运算法则

指标层次	指标	变量	运算法则
经济发展	人均国内生产总值	M_1	基础指标数据
	固定资产投资	M_2	基础指标数据
	住宅建设投资	M_3	基础指标数据
	社会商品零售总额	M_4	基础指标数据
	地方财政收入	M_5	基础指标数据
	城乡居民储蓄年末余额	M_6	基础指标数据
	职工平均工资	M_7	基础指标数据
资源条件	科教支出占比	N_1	(地方财政科技支出+地方财政教育支出)/地方财政支出
	高等学校学生数	N_2	基础指标数据
	医院床位数	N_3	基础指标数据
	客运总量	N_4	(公路+水运+航空)客运总量
	货运总量	N_5	(公路+水运+航空)货运总量
	人均供水总量	N_6	供水总量(市辖区)/年末总人口(市辖区)

（续表）

指标层次	指标	变量	运算法则
人口结构	年末总人口	P_1	基础指标数据
	自然增长率	P_2	基础指标数据
	人口密度	P_3	基础指标数据
	劳动力人口占比	P_4	劳动力人口/年末总人口
	就业率	P_5	就业人口/劳动力人口
	第一产业单位从业人员占比	P_6	第一产业单位从业人员/全部从业人员
	第二、三产业单位从业人员占比	P_7	第二、三产业单位从业人员/全部从业人员
产业规模	第一产业产值	Q_1	地方生产总值 * 第一产业产值占比
	第二产业产值	Q_2	地方生产总值 * 第二产业产值占比
	第三产业产值	Q_3	地方生产总值 * 第三产业产值占比

二、研究方法

（一）多重共线性诊断

在进行驱动力回归分析之前，需要对自变量指标进行多重共线性诊断。利用 R 语言对自变量指标进行多重共线性诊断，精确求得其全局条件数 Kappa $(X) = 6986701710 \gg 1000$，说明自变量间存在严重的多重共线性。通过绘制相关系数图对其相关性进一步直观可视化（图 4-29），可以明显看出部分自变量指标存在很高的相关性及群体效应，验证了诊断结果。同时，样本数也仅有 6 年，远低于自变量个数，采用普通 OLS 回归结果必然不准确。

（二）弹性网络回归

当样本数少于变量个数或者变量之间存在多重共线性时，普通的线性回归无法再满足研究需求，而岭回归及套索回归（二者都是正则化线性模型）则常用于处理此类问题。其他可行方法还包括主成分分析、偏最小二乘回归等（Pan 等，2017；Feng 等，2016）。岭回归系数估计可表达如下，其中 n 是样本数，m 是指标数，α 代表惩罚参数。

$$\hat{\beta} = \arg_\beta \min \left\{ \sum_{i=1}^{n} \left(y_i - \sum_{j=1}^{m} x_{ij}\beta_j - \beta_0 \right)^2 + \alpha \sum_{j=1}^{m} \beta_j^2 \right\}$$

其正则项为权值向量的 L_2 范数罚。岭回归通过牺牲最小二乘估计的无偏性，提高回归系数的可靠性和稳定性，但它并不进行指标的筛选，可能会造成拟合失真（欧维新等，2019）。套索回归系数估计可表达如下：

$$\hat{\beta} = \arg_\beta \min \left\{ \sum_{i=1}^{n} \left(y_i - \sum_{j=1}^{m} x_{ij}\beta_j - \beta_0 \right)^2 + \alpha \sum_{j=1}^{m} |\beta_j| \right\}$$

其正则项为权值向量的 L_1 范数罚。套索回归能够自动进行指标的选择，删除与因变量相关性低的冗余解释变量，倾向于输出稀疏系数。但模型过于简化

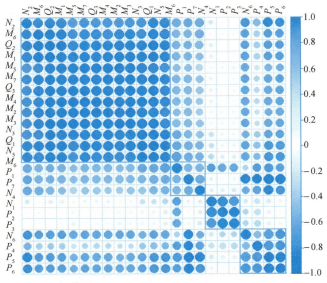

图 4-29 Correlagram 相关系数图

也可能遗漏许多有效信息,比如存在群组效应的自变量将受到极大的限制,模型缺乏稳定性(屈国栋等,2013)。

在岭回归和套索回归的基础上,弹性网络回归有效结合二者的优点,既可保持岭回归的稳定性,又可进行特征的筛选。其罚函数是 L_1 及 L_2 范数罚的凸线性组合(Simon 等,2011;Contreras 等,2018)。弹性网络回归系数估计可表达如下(Zou 等,2005):

$$\hat{\beta} = \arg_{\beta}\min\left\{\sum_{i=1}^{n}\left(y_i - \sum_{j=1}^{m}x_{ij}\beta_j - \beta_0\right)^2 + \alpha\sum_{j=1}^{m}\left(\rho\mid\beta_j\mid + (1-\rho)\sum_{j=1}^{m}\beta_j^2\right)\right\}$$

当混合比 $\rho=0$ 时,弹性网络回归变为岭回归;当 $\rho=1$ 时,弹性网络回归变为套索回归。在本研究中,将 ρ 设为 0.5,使其平衡及综合二者的优点。

因此,利用弹性网络回归方法对 1990—2015 年京津冀区域三类用地的面积与影响因素之间进行回归分析,构建京津冀区域土地利用变化的驱动力回归模型在此处将更为科学与适用。

三、研究结果

通过 R 语言,可以同时得到分别最小化 Cp 值、AICc 值、GCV 值、BIC 值的回归系数组合以及模型筛选指标和确定回归系数的过程图(图 4-30)。本研究选择经典的修正赤池信息准则 AICc 为标准进行模型的构建。表 4-17 为京津冀区域土地利用总体变化的驱动力模型。

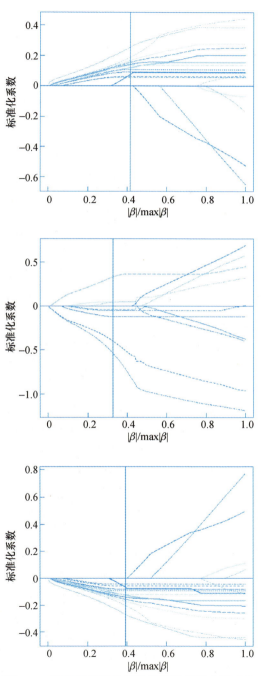

图 4-30 弹性网络回归系数轨迹及惩罚参数确定

表 4-17　京津冀区域土地利用总体变化驱动力模型

土地利用	驱动力回归模型	正向	负向
建设用地 (Y_1)	$Y_1 = 0.041096M_1 + 0.069274M_2 + 0.02799M_3$ $+ 0.124318M_4 + 0.197149M_5 + 0.090524M_7$ $- 0.236092N_1 + 0.000187N_2 + 0.171499N_3$ $- 0.292354N_4 + 0.060755N_5 - 0.077137N_6$ $+ 0.04016P_1 - 0.03136P_6 + 0.03136P_7$ $+ 0.048398Q_1 + 0.025744Q_2 + 0.112149Q_3$	$M_1, M_2, M_3, M_4,$ $M_5, M_7, N_2, N_3,$ $N_5, P_1, P_7, Q_1,$ Q_2, Q_3	N_1, N_4, N_6, P_6
生态用地 (Y_2)	$Y_2 = -0.054148M_6 - 0.251402N_2 - 0.372545N_4$ $- 0.021134N_5 + 0.021963N_6 + 0.162307P_5$ $+ 0.019753P_6 - 0.019062P_7 - 0.023759Q_1$ $- 0.021687Q_2$	N_6, P_5, P_6	$M_6, N_2, N_4,$ N_5, P_7, Q_1, Q_2
农业用地 (Y_3)	$Y_3 = -0.036118M_1 - 0.07361M_2 - 0.025616M_3$ $- 0.133578M_4 - 0.202968M_5 - 0.093043M_7$ $+ 0.222204N_1 - 0.197471N_3 + 0.345477N_4$ $- 0.053392N_5 + 0.028757N_6 - 0.048288P_1$ $+ 0.000196P_4 + 0.050349P_6 - 0.050644P_7$ $- 0.041614Q_1 - 0.019433Q_2 - 0.115224Q_3$	$N_1, N_4, N_6,$ P_4, P_6	$M_1, M_2, M_3,$ $M_4, M_5, M_7,$ $N_3, N_5, P_1,$ P_7, Q_1, Q_2, Q_3

总结发现,所有经济发展指标(城乡居民储蓄年末余额除外)都是建设用地变化的正向驱动因素,为京津冀城市化过程中的现代化建设提供了重要推动力量。此外,资源条件中的高等学校学生数、医院床位数、货运总量,人口结构中的年末总人口及第二、三产业单位从业人员占比,产业规模中的第一、二、三产业产值也表现出正向推动作用。教育、医疗资源条件越好,城市对外货运交通辐射能力即区位优势越强,驱动了区域城市化的进行,从而促进了建设用地的扩展。与此同时,城市人口增长是城市建成区空间大规模扩张的基本动力,第二、三产业单位从业人员占比增加意味着工业与信息化服务业更为发达,产业结构转型升级,第一、二、三产业产值的增加反映出京津冀产业的规模扩大或者增效升级,带动区域经济发展,从而进一步推动京津冀的建设。负向因素则是资源条件中的科教支出占比、客运总量以及人均供水总量,人口结构中的第一产业单位从业人员占比。反映科教发展水平的科教支出占比表现出积极的现实意义,这是因为科教水平的提高带来了城市的高效紧凑发展及人口向中心地区的集聚,而不是一味的"摊大饼"式蔓延。它对建设用地扩张的负向驱动作用表现了京津冀区域的转型趋势。客运总量对建设用地发展总体上呈负向驱动,说明区域内大部分城市的人口吸引力仍不足,人口流动大,如"候鸟"型通勤普遍。市辖区人均供水总量的减少驱动京津冀整体的建设用地扩张,是因为市区的资源服务限制倒逼其不得不向周边开发蔓延。第一产业人员占比呈现出负向影响是因为京津冀区

第四章 京津冀土地利用时空演变格局及驱动力研究

域总体进一步迈入了工业化、信息化、自动化产业时代。

生态用地变化的驱动因子中起正向作用的是资源条件中的人均供水量,人口结构中的就业率及第一产业单位从业人员占比,负向因子则是经济发展中的城乡居民储蓄年末余额,资源条件中的高等学校学生数、客运总量及货运总量,人口结构中的年末总人口及第二、三产业单位从业人员占比,产业规模中的第一及第二产业产值。说明人均供水量等限制型资源以及体现社会保障和稳定程度的就业率的增加使得京津冀区域有更多余力去关注生态用地的养护,更注重可持续发展。反哺生态,如经济林的发展,愈加注重生态安全,如"退耕还林还草"、人造生态林的推广等。第一产业单位从业人员占比的增加意味着第二、三产业人员占比的下降,工业化、信息化程度的降低使得发展和开拓后劲不足,将减少建设用地对于生态用地的侵占。教育体量及交通水平的提高没有为生态用地带来正向效应,主要是因为教育的发展需要扩建校区以及随之而来的是学区房的增建。对外道路交通运输能力的提高,外来游客量的迅速增加,使得原本人迹罕至的生态胜地如林地、水域可能受到污染及破坏,同时,运输产生的某些排放物可能会污染水源,交通运输经过各类自然保护区时,交通拥堵、各类突发交通事故等也可能会造成对自然生态系统的损害。此外,第一、第二产业产值等对于建设用地扩展的正向驱动过强,势必对生态用地造成一定的负面影响。

农业用地与建设用地的各项相应驱动指标几乎都呈负向互动关系,因为建设用地的拓展多来源于对周边耕地等农用地的占用。在正向指标中,科教支出占比体现出的创新、高科技发展及能够创造更佳的农业环境,如农业节水的科研开发等,为农业用地的养护提供更好的保障。在推动农业特色小镇的建设,强调农业特色元素,试图弘扬农耕文明、推广农业科普之时,客运总量所表现的交通条件优势能够成为吸引游客的最有力抓手。人均供水总量的增加意味着农业灌溉的条件将更优越,充足的劳动力及一产从业人员推动农业进一步发展,但其驱动系数较小,表明京津冀农业对于劳动密集型产业的依赖减弱。此外,第一产业单位从业人员占比和第一产业产值对这三类用地均形成了相反的作用力,意味着京津冀一产的提质升级成效明显,但仍旧需要进一步推广升级。

进一步对京津冀13个城市的三类用地的驱动因子分别进行分析,得到各城市建设用地、生态用地、农业用地的驱动力回归模型(表4-18~表4-20)。

表 4-18　各城市建设用地变化驱动力回归模型

城市	驱动力回归模型
北京	$Y_1 = 0.044504M_1 + 0.017958M_2 + 0.005622M_3 + 0.025844M_4 + 0.005465M_5 + 0.039273M_7 - 0.020925N_1 + 0.042006N_2 + 0.174815N_3 - 0.136791N_4 + 0.241102N_6 + 0.072924P_1 - 0.103921P_2 + 0.067459P_3 + 0.159746P_4 - 0.000234P_5 - 0.021003P_6 + 0.021784P_7 + 0.13562Q_1 + 0.038336Q_2 + 0.018036Q_3$
天津	$Y_1 = 0.043669M_1 + 0.039356M_2 + 0.14242M_3 + 0.050408M_4 + 0.091292M_5 - 0.034055M_6 + 0.051756M_7 + 0.151585N_2 + 0.126875N_3 - 0.142869N_4 + 0.262375N_5 + 0.038188P_1 + 0.10477P_2 + 0.014377P_3 - 0.010154P_5 + 0.084913Q_1 + 0.045736Q_2 + 0.061101Q_3$
石家庄	$Y_1 = 0.03462M_1 + 0.079238M_2 + 0.009252M_3 + 0.112516M_4 + 0.176981M_5 + 0.003581M_6 + 0.074612M_7 - 0.079238N_1 + 0.057153N_3 + 0.147434N_5 + 0.015967P_1 + 0.02119Q_1 + 0.026413Q_2 + 0.092519Q_3$
唐山	$Y_1 = 0.041863M_1 + 0.054322M_2 + 0.022011M_3 + 0.146104M_4 + 0.088459M_5 + 0.073342M_6 + 0.066199M_7 + 0.02932N_2 + 0.086549N_3 + 0.020267N_5 - 0.030234N_6 + 0.060468P_1 + 0.060385P_3 + 0.061133Q_1 + 0.035301Q_2 + 0.062129Q_3$
秦皇岛	$Y_1 = 0.07624M_2 + 0.131997M_3 + 0.196175M_4 + 0.040737M_5 + 0.085343M_6 + 0.061902M_7 + 0.129721N_2 + 0.08944N_3 - 0.010696N_6 + 0.016386Q_1 + 0.018207Q_3$
邯郸	$Y_1 = 0.057285M_2 + 0.117039M_4 + 0.028583M_5 + 0.150916M_6 + 0.022349M_7 - 0.024702N_1 + 0.223963N_3 + 0.074458N_5 + 0.093514P_1 + 0.028819Q_1 + 0.067989Q_3$
邢台	$Y_1 = 0.01867M_2 + 0.117266M_3 + 0.05611M_4 + 0.17711M_5 + 0.134926M_6 + 0.024119M_7 + 0.076394N_3 - 0.000101N_4 + 0.122917N_5 - 0.025734P_2 + 0.022807Q_1 + 0.078615Q_3$
保定	$Y_1 = 0.053738M_1 + 0.025771M_2 + 0.00964M_3 + 0.065001M_4 + 0.174767M_5 + 0.350966M_6 + 0.072637M_7 - 0.075023N_1 + 0.195575N_3 - 0.115875N_4 - 0.06586N_5 + 0.031212P_1 + 0.055551P_2 - 0.1594P_3 + 0.023385P_5 + 0.024053Q_1 + 0.028157Q_2 + 0.07235Q_3$
张家口	$Y_1 = 0.075839M_2 + 0.151784M_4 + 0.17264M_5 + 0.062041M_6 + 0.043818M_7 + 0.014641N_2 + 0.17127N_3 - 0.234364N_4 + 0.08258N_5 - 0.134088P_2 + 0.0395Q_1 + 0.003371Q_3$
承德	$Y_1 = 0.016881M_1 + 0.1314M_2 + 0.003422M_3 + 0.181701M_4 + 0.077904M_5 + 0.049047M_6 + 0.071289M_7 - 0.002053N_1 + 0.159117N_3 - 0.424539N_4 + 0.05224P_1 - 0.011634P_3 + 0.009353P_5 + 0.095356Q_1 + 0.064787Q_3$

(续表)

城市	驱动力回归模型
沧州	$Y_1 = -0.094328N_1 + 0.475944N_4 + 0.076003N_6 + 0.402031P_1 - 0.089531P_2 - 0.089777P_3$
廊坊	$Y_1 = 0.051289M_1 + 0.076335M_2 + 0.084723M_3 + 0.046017M_4 + 0.092033M_5 + 0.017975M_6 + 0.030079M_7 - 0.090715N_1 + 0.031996N_2 + 0.017136N_3 + 0.099223P_1 + 0.111087P_3 - 0.001678P_6 + 0.001678P_7 + 0.038467Q_1 + 0.018335Q_2 + 0.122711Q_3$
衡水	$Y_1 = 0.070948M_1 + 0.079778M_2 + 0.03378M_3 + 0.045896M_4 + 0.160891M_5 + 0.223523M_6 + 0.056984M_7 - 0.158632N_1 + 0.011397N_2 + 0.016531N_3 + 0.014991N_5 - 0.065301P_2 + 0.07906Q_1$

表 4-19　各城市生态用地变化驱动力回归模型

城市	驱动力回归模型
北京	$Y_2 = -0.088329M_5 - 0.00475M_7 + 0.026804N_4 + 0.241462N_5 + 0.246438N_6 - 0.505429P_2 - 0.420381P_4 - 0.025221Q_3$
天津	$Y_2 = -0.020322M_1 - 0.058104M_2 - 0.160002M_3 - 0.033203M_4 - 0.109053M_5 - 0.041074M_7 + 0.014455N_1 - 0.198786N_2 - 0.007299N_3 - 0.152417N_5 - 0.383404P_2 - 0.12179P_3 - 0.013453Q_1 - 0.049374Q_2 - 0.0634Q_3$
石家庄	$Y_2 = 0.092464M_2 + 0.000482M_3 + 0.107875M_4 + 0.259574M_5 + 0.050326M_7 - 0.34674N_4 + 0.150736N_5 + 0.11245P_3 + 0.069348Q_3$
唐山	$Y_2 = 0.08491M_2 + 0.056806M_3 + 0.226027M_4 + 0.117498M_5 + 0.079229M_6 + 0.03812M_7 + 0.085508N_3 - 0.349505N_4 + 0.03214Q_3$
秦皇岛	$Y_2 = -0.008207M_1 - 0.030091M_2 - 0.061425M_3 - 0.149707M_4 - 0.046006M_6 - 0.048742M_7 + 0.209391N_1 - 0.121606N_2 - 0.078335N_3 - 0.023874P_1 + 0.075102P_2 - 0.02835Q_1 - 0.02835Q_3$
邯郸	$Y_2 = -0.094209M_2 - 0.139558M_4 - 0.029111M_5 - 0.152578M_6 - 0.002194M_7 - 0.216067N_3 + 0.044764N_4 - 0.079873N_5 - 0.038912Q_3$
邢台	$Y_2 = -0.002838M_2 - 0.132149M_3 - 0.043433M_4 - 0.191376M_5 - 0.135234M_6 - 0.003702M_7 - 0.054044N_3 + 0.068111N_4 - 0.136098N_5 - 0.07354Q_3$
保定	$Y_2 = -0.057396M_1 - 0.069563M_2 - 0.065721M_3 - 0.077088M_4 - 0.199164M_5 - 0.329565M_6 - 0.097421M_7 - 0.090616N_3 + 0.065N_4 + 0.005123N_5 - 0.083252P_2 - 0.039865P_4 - 0.004643P_6 + 0.004723P_7 - 0.023775Q_2 - 0.056595Q_3$
张家口	$Y_2 = 0.152136N_1 - 0.335257N_4 + 0.132177N_6 + 0.074153P_4 + 0.268763P_5 + 0.086919P_6 - 0.087151P_7$

（续表）

城市	驱动力回归模型
承德	$Y_2=-0.006908M_1-0.127147M_2-0.00281M_3-0.201609M_4-0.067554M_5-0.038168M_6-0.069428M_7+0.052217N_1-0.188614N_3+0.399706N_4-0.043085P_5-0.079496Q_1-0.066032Q_3$
沧州	$Y_2=0.133065M_2+0.099235M_3+0.081756M_4+0.180287M_5+0.312083M_6+0.002396M_7+0.004088N_3-0.243154N_4+0.02354P_3$
廊坊	$Y_2=-0.282395N_1-0.106512N_4+0.120172P_5$
衡水	$Y_2=-0.087185M_2-0.047963M_3-0.03901M_4-0.23555M_5-0.287775M_6-0.040395M_7+0.102214N_4+0.116176N_6+0.114151P_2-0.056596Q_3$

表 4-20　各城市农业用地变化驱动力回归模型

城市	驱动力回归模型
北京	$Y_3=-0.03637M_1-0.00291M_2-0.010103M_4-0.026591M_7+0.019397N_1-0.053666N_2-0.190338N_3+0.143864N_4-0.28975N_6-0.07169P_1+0.1572P_2-0.065951P_3-0.124386P_4+0.024085P_6-0.025298P_7-0.153967Q_1-0.029743Q_2$
天津	$Y_3=-0.035548M_1-0.044926M_2-0.130581M_3-0.059306M_4-0.093872M_5+0.089406M_6-0.045284M_7-0.052608N_1-0.008485N_2-0.294209N_3+0.163003N_4-0.185243N_5-0.045641P_1+0.041711P_5-0.150409Q_1-0.036888Q_2-0.070292Q_3$
石家庄	$Y_3=-0.024709M_1-0.086903M_2-0.013783M_3-0.112453M_4-0.170781M_5-0.000336M_6-0.074632M_7+0.014288N_1-0.034795N_3-0.138507N_5-0.015801Q_2-0.090265Q_3$
唐山	$Y_3=-0.01587M_1-0.096828M_2-0.062878M_3-0.18753M_4-0.130477M_5-0.103056M_6-0.069508M_7-0.079351N_3+0.189941N_4+0.100143N_6-0.002913P_1-0.003415P_3-0.016975Q_1-0.010948Q_2-0.062476Q_3$
秦皇岛	$Y_3=-0.060396M_2-0.111961M_3-0.124323M_4-0.035849M_5-0.060572M_6-0.02384M_7-0.056864N_1-0.060219N_2-0.044679N_3+0.391865N_6$
邯郸	$Y_3=-0.061809M_2-0.149227M_4-0.028635M_5-0.198814M_6-0.023047M_7+0.050053N_1-0.246771N_3-0.073333N_5-0.101735P_1+0.085904P_2-0.030846Q_1-0.069142Q_3$
邢台	$Y_3=-0.019945M_2-0.11688M_3-0.056944M_4-0.177415M_5-0.136227M_6-0.02543M_7-0.077189N_3-0.121567N_5+0.027026P_2-0.024633Q_1-0.079283Q_3$

第四章 京津冀土地利用时空演变格局及驱动力研究

（续表）

城市	驱动力回归模型
保定	$Y_3 = -0.042402M_1 - 0.009769M_2 - 0.056358M_4 - 0.196339M_5 - 0.366163M_6 - 0.070742M_7 + 0.156084N_1 - 0.236702N_3 + 0.119371N_4 + 0.07933N_5 - 0.041651P_1 - 0.084697P_2 + 0.173689P_3 - 0.064409P_5 - 0.017068Q_1 - 0.015995Q_2 - 0.064516Q_3$
张家口	$Y_3 = -0.077048M_2 - 0.158087M_4 - 0.182572M_5 - 0.044312M_6 - 0.025683M_7 - 0.179512N_3 + 0.35543N_4 - 0.019295N_5 + 0.09621P_2 - 0.02382Q_1$
承德	$Y_3 = -0.026803M_1 - 0.135788M_2 - 0.007199M_3 - 0.17566M_4 - 0.088052M_5 - 0.059698M_6 - 0.081739M_7 - 0.120614N_3 + 0.343789N_4 - 0.006424P_1 - 0.109982Q_1 - 0.067562Q_3$
沧州	$Y_3 = -0.022053M_1 - 0.043936M_4 - 0.010685M_5 - 0.106847M_6 - 0.023165M_7 + 0.048551N_1 - 0.201813N_3 - 0.055048N_4 - 0.02496N_5 - 0.422859P_1 + 0.253271P_2 + 0.018207P_4 - 0.079238Q_1 - 0.034704Q_2 - 0.026327Q_3$
廊坊	$Y_3 = -0.0505M_1 - 0.084044M_2 - 0.099413M_3 - 0.048182M_4 - 0.112099M_5 - 0.019395M_6 - 0.030983M_7 + 0.099413N_1 - 0.025128N_2 - 0.01415N_3 - 0.085752P_1 - 0.099169P_3 - 0.030129Q_1 - 0.016345Q_2 - 0.14235Q_3$
衡水	$Y_3 = -0.075885M_1 - 0.078761M_2 - 0.031627M_3 - 0.044874M_4 - 0.153516M_5 - 0.219749M_6 - 0.056375M_7 + 0.186582N_1 - 0.012528N_2 - 0.01951N_3 - 0.018792N_5 + 0.05504P_2 - 0.002054Q_2 - 0.078863Q_3$

为了更深入地分析不同城市三类用地驱动因素的异同，绘制了不同城市三类用地正负驱动因子的对照表（表4-21），并据此按照三类用地的正向驱动类型分别对京津冀城市进行了分类。

由表4-22可知，建设用地的正向驱动类型主要分为三大类：第③类，资源条件及人口结构主导驱动型，包括沧州。客运总量、人均供水总量对它的建设有极大促进，拉动人口向其聚集，年末总人口的正向驱动也反映了沧州对于人口的迫切需求，城市需要"留住人""吸引人"以加快建设。第⑤类，经济发展、资源条件及产业规模主导驱动型，包括秦皇岛、张家口、邢台及衡水，这4个城市都是以经济发展为最主导驱动，结合城市功能定位加以辅助驱动的类型，同一类型的城市在功能特色、资源需求或者地理区位等方面都具有一定的相似性。第⑥类，四大层次综合驱动型，包括北京、天津等除前两类外的所有城市。这也是京津冀最主要的建设用地驱动类型。驱动因子由城市的特定建设需求会存在小部分差异，但总体基本相似，同时这一类城市大多也是京津冀区域经济排名靠前的城市。各城市建设用地的负向驱动因子主要落在资源条件及人口结构层次中。整体而言，经济发展的不同阶段对于土地建设用地变化的核心驱动因素存在差异：在经济发展相对滞后和加速的时期,经济和产业规模、人口集聚和社会服务是核心驱动因素,而在经济发展转型期,产业规模、资源条件和人口结构为核心驱动因素。转型期着力于经济和就业结构的调整优化,劳动密集型产业的渐次转移。而经济相对落后和冲刺的城市则对扩大经济和产业规模、集聚人口的需求更加急迫。总体来说,都基本受到资源条件的一定影响。规划者和决策者应当根据处于不同发展阶段的城市的不同建设需求,制定差异化的土地管控和区域发展战略。

表 4-21　三类用地驱动因子对照

城市	驱动建设用地		驱动生态用地		驱动农业用地	
	正向	负向	正向	负向	正向	负向
北京	$M_1,M_2,M_3,M_4,M_5,M_7,N_2,N_3,N_6,P_1,P_3,P_4,P_7,Q_1,Q_2,Q_3$	N_1,N_4,P_2,P_5,P_6	N_4,N_5,N_6	M_5,M_7,P_2,P_4,Q_3	N_1,N_4,P_2,P_6	$M_1,M_2,M_4,M_7,N_2,N_3,N_6,P_1,P_3,P_4,P_7,Q_1,Q_2$
天津	$M_1,M_2,M_3,M_4,M_5,M_7,N_2,N_3,N_5,P_1,P_2,P_3,Q_1,Q_2,Q_3$	M_6,N_4,P_5	N_1	$M_1,M_2,M_3,M_4,M_5,M_7,N_2,N_3,N_5,P_2,P_3,Q_1,Q_2,Q_3$	M_6,N_4,P_5	$M_1,M_2,M_3,M_4,M_5,M_7,N_1,N_2,N_3,N_5,P_1,Q_1,Q_2,Q_3$
石家庄	$M_1,M_2,M_3,M_4,M_5,M_6,M_7,N_3,N_5,P_1,Q_1,Q_2,Q_3$	N_1	$M_2,M_3,M_4,M_5,M_7,N_5,P_3,Q_3$	N_4	N_1	$M_1,M_2,M_3,M_4,M_5,M_6,M_7,N_3,N_5,Q_2,Q_3$
唐山	$M_1,M_2,M_3,M_4,M_5,M_6,M_7,N_2,N_3,N_5,P_1,P_3,Q_1,Q_2,Q_3$	N_6	$M_2,M_3,M_4,M_5,M_6,M_7,N_3,Q_3$	N_4	N_4,N_6	$M_1,M_2,M_3,M_4,M_5,M_6,M_7,N_3,P_1,P_3,Q_1,Q_2,Q_3$
秦皇岛	$M_2,M_3,M_4,M_5,M_6,M_7,N_2,N_3,Q_1,Q_3$	N_6	N_1,P_2	$M_1,M_2,M_3,M_4,M_6,M_7,N_2,N_3,P_1,Q_1,Q_3$	N_6	$M_2,M_3,M_4,M_5,M_6,M_7,N_1,N_2,N_3$
邯郸	$M_2,M_4,M_5,M_6,M_7,N_3,N_5,P_1,Q_1,Q_3$	N_1	N_4	$M_2,M_4,M_5,M_6,M_7,N_3,N_5,Q_3$	N_1,P_2	$M_2,M_4,M_5,M_6,M_7,N_3,N_5,P_1,Q_1,Q_3$
邢台	$M_2,M_3,M_4,M_5,M_6,M_7,N_3,N_5,Q_1,Q_3$	N_4,P_2	N_4	$M_2,M_3,M_4,M_5,M_6,M_7,N_3,N_5,Q_3$	P_2	$M_2,M_3,M_4,M_5,M_6,M_7,N_3,N_5,Q_1,Q_3$
保定	$M_1,M_2,M_3,M_4,M_5,M_6,M_7,N_3,P_1,P_2,P_5,Q_1,Q_2,Q_3$	N_1,N_4,N_5,P_3	N_4,N_5,P_7	$M_1,M_2,M_3,M_4,M_5,M_6,M_7,N_3,P_2,P_4,P_6,Q_2,Q_3$	N_1,N_4,N_5,P_3	$M_1,M_2,M_4,M_5,M_6,M_7,N_3,P_1,P_2,P_5,Q_1,Q_2,Q_3$

第四章 京津冀土地利用时空演变格局及驱动力研究

(续表)

城市	驱动建设用地		驱动生态用地		驱动农业用地	
	正向	负向	正向	负向	正向	负向
张家口	M_2,M_4,M_5,M_6,M_7,N_2,N_3,N_5,Q_1,Q_3	N_4,P_2	N_4,P_7	N_1,N_6,P_4,P_5,P_6	N_4,P_2	M_2,M_4,M_5,M_6,M_7,N_3,N_5,Q_1
承德	M_1,M_2,M_3,M_4,M_5,M_6,M_7,N_3,P_1,P_5,Q_1,Q_3	N_1,N_4,P_3	N_1,N_4	M_1,M_2,M_3,M_4,M_5,M_6,M_7,N_3,P_5,Q_1,Q_3	N_4	M_1,M_2,M_3,M_4,M_5,M_6,M_7,N_3,P_1,Q_1,Q_3
沧州	N_4,N_6,P_1	N_1,P_2,P_3	M_2,M_3,M_4,M_5,M_6,M_7,N_3,P_3	N_4	N_1,P_2,P_4	M_1,M_4,M_5,M_6,M_7,N_3,N_4,N_5,P_1,Q_1,Q_2,Q_3
廊坊	M_1,M_2,M_3,M_4,M_5,M_6,M_7,N_2,N_3,P_1,P_3,P_7,Q_1,Q_2,Q_3	N_1,P_6	P_5	N_1,N_4	N_1	M_1,M_2,M_3,M_4,M_5,M_6,M_7,N_2,N_3,P_1,P_3,Q_1,Q_2,Q_3
衡水	M_1,M_2,M_3,M_4,M_5,M_6,M_7,N_2,N_3,N_5,Q_3	N_1,P_2	N_4,N_6,P_2	M_2,M_3,M_4,M_5,M_6,M_7,Q_3	N_1,P_2	M_1,M_2,M_3,M_4,M_5,M_6,M_7,N_2,N_3,N_5,Q_2,Q_3

生态用地的主要正向驱动类型分为：第①类，资源条件主导驱动型，包括北京、天津、邯郸、邢台、承德，这几座城市对于生态用地的养护需要强大的资源基础支撑；第②类，人口结构主导驱动型，包括廊坊，地处京、津之间的廊坊被强大的磁力圈辐射，就业率的提高将有助于其在维持生活稳定的基础上产生人口集聚、发挥优势功能，如建设生态宜居城市从而实现反磁力，因而能够更注重生态用地的保护；第③类，资源条件及人口结构主导驱动型，包括秦皇岛、保定、张家口及衡水；第④类，经济发展、资源条件及人口结构主导驱动型，包括沧州；第⑤类，经济发展、资源条件及产业规模主导驱动型，包括唐山；第⑥类，四大层次综合驱动型，包括石家庄。其中，第③~⑥类驱动类型的城市都与其自身的生态环境现状及生态需求有关。同时还可以观察到，除石家庄、唐山、廊坊外，其余城市的生态用地的负向驱动因素基本都被囊括在其对应的建设用地正向驱动因素当中。

表 4-22 基于三类用地正向驱动因子的城市类型划分

正向驱动类型	建设用地 （3类）	生态用地 （6类）	农业用地 （4类）
① 资源条件主导驱动型		北京、天津、邯郸、邢台、承德	石家庄、唐山、秦皇岛、承德、廊坊
② 人口结构主导驱动型		廊坊	邢台

(续表)

正向驱动类型	建设用地 （3类）	生态用地 （6类）	农业用地 （4类）
③ 资源条件及人口结构主导驱动型	沧州	秦皇岛、保定、张家口、衡水	北京、邯郸、保定、张家口、沧州、衡水
④ 经济发展、资源条件及人口结构主导驱动型		沧州	天津
⑤ 经济发展、资源条件及产业规模主导驱动型	秦皇岛、张家口、邢台、衡水	唐山	
⑥ 四大层次综合驱动型	北京、天津、石家庄、唐山、保定、承德、邯郸、廊坊	石家庄	

农业用地的主要正向驱动类型分为：第①类，资源条件主导驱动型，包括石家庄、唐山、秦皇岛、承德及廊坊，不同的农业资源条件需求会对应不同的资源子指标；第②类，人口结构主导驱动型，包括邢台，邢台农业的发展有赖于其人口自然增长率的稳步提高，人口是其农业劳动力的先决前提；第③、④类中的城市农业用地发展对于多方面的需求更高一些，总体基本都对科教支出占比、人口自然增长率有一定的需求，这也意味着其对于农业科技提升、农务人员后备充足的刚需。同时，对于京津冀所有城市，正向推动其建设用地扩张的作用力基本都对应着农业用地的负向驱动因子，仅有沧州则为其生态用地的正向因子基本对应农业用地的负向因子。而石家庄及唐山同时存在建设用地及生态用地的正向因子大致均对应农业用地的负向因子的现象。结合上述所有分析，可以再次印证，在城市化高速发展的进程中，京津冀多数城市建设用地的扩张往往会大量占用生态用地及农业用地。而沧州则为生态建设与农地保护的统筹协调效应更为明显，石家庄及唐山则表现为建设用地与生态用地的发展对农业用地的掣肘并举。此外还需指出的是，第一产业产值多负向驱动而第一产业单位从业人员占比则多正向驱动于农业用地的原因是二者并不等效。前者更多体现的是城市某产业总值即产业规模，更侧向于功能经济层面，对于建设用地的促进反而更为显著。而后者更注重于是否具有充足的农业劳动力人口，是农业用地发展的基础。第一产业单位从业人员占比和第一产业产值形成了相反的作用力也意味着京津冀城市第一产业的升级。

综合以上分析，可以知道京津冀城市的土地利用变化发展主要存在4种类型，包括：① 经济发展进入提质增效新阶段，土地利用综合效益较高，伴随经济新常态和供给侧结构性改革，依托产业升级等手段向减量优化和存量挖潜转型，供地结构步入调整优化期。② 经济发展处于加速发展阶段,土地资源综合效益属于"低基础-快增长"型,仍具开发潜力,在土地规模增长的发展趋势下,严控建设用地总量,操控增量、盘活存量,落实节约集约利用制度。③ 经济发展目前相对滞后,但农业用地资源优渥,应当在保护优质耕地、严格维护永久基本农田的前提下进行适度和理性开发建设。结合发展定位,协同发挥区域农用地功用,推动区域现代农业如生态农业协同开展,引导人口、产业合理集聚,统筹城乡发展。④ 经济发展水平滞后,受生态资源约束较大。在区域生态格局中占据重要地位,应当坚持生态优先,建立生态补偿与利益共享机制,鼓励绿色技术发展。推进"三线划定"和"多规合一",合理开发利用未利用地。

第五节 本章小结

基于上述研究,可以发现京津冀区域内存在两个最核心的土地利用矛盾:一是建设用地占用耕地;二是耕地占用生态用地,且第一个矛盾的规模远大于第二个。建设用地占用耕地的问题持续突出,一定程度上与建设用地利用模式有关。在城镇化与工业化进程中,城镇用地扩张并未伴随着农村居民点用地的减少,农村居民点用地甚至仍在增长,粗放浪费的利用模式加剧了耕地与建设用地之间的矛盾。生态用地中,发展挑战最大的类型为草地,草地既是耕地占用最主要的生态用地类型,也是林地补充的最主要类型。总体上,京津冀区域对林地的保护意识较为强烈,相关措施也得到了较好的落实,35 年间林地的规模变化并不突出。生态用地虽然不是建设用地的主要来源,但仍有一定规模的生态用地转为了建设用地,且以高覆盖度草地、滩地为主,说明开发建设活动占用的生态用地质量较高。从时间维度来看,以 2000 年为时间节点,区域内的土地利用模式发生了一定程度的转型。虽然 1985 年以来,城镇用地处于持续扩张状态。但农村居民点用地、其他建设用地在 2000 年以后转变了变化模式,两类用地在 2000 年以前以规模变化为主,但 2000 年以后变为以位置转移为主,说明农村居民点用地、其他建设用地低效扩张的问题有所缓解。从各城市的变化来看,2000 年以前建设用地占用耕地的特点十分突出,此类变化的规模远远大于其他变化类型。2000 年以后,建设用地占用耕地的现象有所减少,各城市呈现出更多元的变化,且为一些逆向的转变,如建设用地转为耕地,耕地转为林地。说明土地保护政策,尤其是退耕还林、还草政策切实发挥了作用。

空间格局方面,区域土地利用变化呈现出"东部、南部热,西部、北部冷"的特点,此外部分城市边界处的转换也很活跃。随着京津冀一体化建设的逐步推进,资源要素一味向"双核"京津地区集聚的趋势有所缓和,京津冀各市建设用地质心在1995年以前总体朝着"双核"京津地区迁移,此后则呈现出局部趋近特征。生态用地质心迁移主要表现为空间差异,西北部相对稳定,而东部、南部变化剧烈。农业用地质心迁移几乎与建设用地、生态用地的质心移动方向相反。结果暗示,随着京津冀一体化的发展,"京津"虹吸效应有所减弱,资源向京津集聚的趋势有所缓和。此外,生态和农业用地布局受到建设用地发展的较大挟制。在区域一体的原则下,可以有效引导生产要素的优化配置,疏解过于集中的开发优势及随之而来的环境压力,推进京津冀协同发展。

此外,根据驱动力分析结果,经济发展的不同阶段对于土地利用变化的核心驱动因素存在差异:在经济发展相对滞后和加速的时期,经济和产业规模、人口结构和资源条件是核心驱动因素,而在经济发展转型期,产业规模、资源条件和人口结构为核心驱动因素。转型期着力于经济和就业结构的调整优化,劳动密集型产业转移。而经济相对落后和冲刺的城市则对扩大经济和产业规模、集聚人口的需求更加急迫。总体来说,都基本受到资源条件的一定影响。规划者和决策者应当根据处于不同发展阶段的城市的不同需求,制定差异化的土地管控和区域发展战略。

第五章

京津冀建设用地规模变化的时空特征[①]

建设用地是社会经济发展所需的重要资源,也是京津冀协同发展的关键要素。建设用地在区域内的分配布局,深刻影响了区域发展的整体效率。同时,作为受人类活动影响最彻底的土地利用类型,建设用地的非理性蔓延、不合理利用,又是导致耕地流失、生态用地破坏的直接原因。聚焦这一关键用地类型的发展演变规律,是把握区域内人地矛盾,理解地方间发展关系的重要工作。基于前文分析可知,受区域内显著的非均衡发展格局影响,各城市的建设用地呈现异速增长格局,处于不同的建设用地扩张阶段。为了更细致地刻画区域建设用地扩张格局与过程,本章基于"区域—城市"两个空间尺度,利用交通线路、交通枢纽、地理区位等空间参考,综合运用空间分析法、景观生态法、统计分析法和模式法等多种分析方法,对京津冀区域不同时期内、不同城市内部建设用地的扩张特征进行系统分析,并概括出典型模式。

第一节 数据来源与处理

一、建设用地概念界定

从广义上来讲,在陆地上的所有建设载体都可以归入建设用地的范畴,比如

---

① 本书第五章、第六章中的建设用地数据,主要通过自主解译遥感影像获取,与本书其他部分的土地利用数据来源不同。这是由于在课题组组织推进过程中,该部分研究内容推进得更早。但其采用的建设用地定义、选取的时间尺度,均与课题组后期由中国科学院资源环境科学数据中心获取的土地利用数据基本一致。因此,第五章、第六章中的建设用地规模,与第三章、第四章、第七章可能略有差异,但反映的整体格局与总体趋势是相互印证、相互补充的。为了保证研究的严谨性,也避免读者混淆数据来源,本章节首先针对本研究采用的遥感影像解译方法及解译过程进行详细介绍。

城镇、农村居民点和支撑它们的各种交通设施、水利设施等(丁寿颐,2014)。当前,在我国土地管理和土地研究过程中,主要有原国土资源部门、住房和城乡建设部门、中国科学院等科研机构对土地分类开展了工作,这也是本研究界定建设用地主要参考的分类方式。本研究参考中国科学院地理所遥感影像解译对于建设用地的界定,包括城镇用地、农村居民点用地和工矿交通用地,选择遥感影像解译的方式,重新获取该区域的建设用地数据。

中国科学院地理所地球系统科学数据共享平台在全国1∶100 000土地利用遥感分类数据基础上,采用全程信息化操作完成遥感影像解译,获取的建设用地主要包含城镇用地、农村居民点用地、工矿交通用地等3个二级分类。其中,城镇用地是指大城市(50万人口以上)、中等城市(人口 20~50万)、小城市(人口20万以下)及县城城镇和建制镇以上的建成区用地;农村居民点用地是指建制镇以下的居民点用地;工矿交通用地是指独立于各级居民点以外的各类厂矿、大型工业园区、油田、盐场、采石场等用地,以及大型区域性交通设施、民用机场、港口码头及特殊用地。

二、遥感影像数据来源

京津冀区域建设用地的解译主要采用 Landsat TM/ETM 系列卫星遥感影像,涉及的条带号(Path)从121到125,行编号(Row)从30到35,共有121032、121033、122031、122032、122033、122034、123030、123031、123032、123033、123034、123035、124031、124032、124033、124034、124035、125031、125032等19幅遥感影像(如图5-1)。所有遥感影像下载自中国科学院计算机网络信息中心的地理空间数据云平台。

在进行遥感影像的解译过程中,除了遥感影像数据外,还需要地形图等数据进行空间校正和辅助分析。从1∶1 000 000京津冀地形图中提取了省和地区/地级市一级的行政边界、道路网络和水系等要素,其中省和地区/地级市的行政区划主要用于作为比较的空间单元,以分析不同行政区建设用地演化的时空特征,而道路网络和水系则主要用于遥感影像的空间坐标校正。

考虑到京津冀发展的阶段、年代的代表性以及与我国国民经济发展规划阶段的匹配,选择1990年、2000年、2005年、2010年以及2015年5个年份收集的遥感影像。在收集遥感影像过程中,最大限度地收集了这5个年份的 Landsat 遥感影像,但由于研究区域较大且涉及年份较多,其中某些行带的遥感影像在这些基准年份存在缺失、云量过大或者效果不佳等问题。因此在实际操作层面,虽然现有文献并未提及,但区域层面长时间序列的 Landsat 遥感影像解译有很大概率会选择基准年份前后一年的影像作为补充。这种处理方式对大尺度研究的

第五章 京津冀建设用地规模变化的时空特征

图 5-1 京津冀区域 Landsat 遥感影像的行带编号

结果影响较小,是在数据不齐备情况较为常用的方法。本研究属于区域层面的大尺度研究,采用的非基准年份的 Landsat 遥感影像为 4 幅左右,对结果影响较小。5 个年份的遥感影像数据的概况如下:1990 年,主要是 Landsat5 TM 影像,以 1990 年影像为主,部分影像为 1989 年和 1991 年,少部分缺失影像则由 1992 年和 1993 年影像补齐。2000 年主要是 Landsat5 TM 影像,以 2000 年影像为主,少部分缺失影像则由 2001 年影像补齐。2005 年主要是 Landsat5 TM 影像,以 2005 年影像为主,少部分缺失影像由 2004 年和 2006 年影像补齐。2010 年主要是 Landsat5 TM 影像,以 2010 年影像为主,少部分缺失影像由 2009 年影像补齐。2015 年主要是 Landsat8 OLI 影像,以 2015 年影像为主,少部分缺失影像由 2014 年和 2016 年影像补齐。

在上述 5 期遥感影像数据中,Landsat5 TM 采用了所有的波段,而在 2015 年的 Landsat8 OLI 陆地成像仪影像中,为了与 Landsat5 TM 解译保持一致,主要采用 OLI 的波段 1 至波段 7。

三、遥感影像数据处理

对遥感影像的处理采用 ArcGIS 10 的 Image Classification 功能模块。通过相应处理流程，对 1990 年、2000 年、2005 年、2010 年以及 2015 年的遥感影像进行处理，得到这 5 个年份的京津冀建设用地现状图（李也等，2019）。为了使该数据能够用于后续的分析，需要对分类结果进行确切有效的精度评价。遥感影像解译的精度评定是指利用分类方法获取的分类结果与地表实际地物类型（建设用地）分布之间的吻合度，即分类结果与实际情况之间的相似或差异程度。只有满足一定精度的分类结果数据才是有意义的，才能够作为后续分析的基础数据。本研究利用遥感分类精度评定中常用的分类总精度来评价本研究获取的各个时相的建设用地分布结果，每个时相 500 个检测点，结合其他高空分辨率的遥感影像和野外实测调查资料来检验分类结果。从检验结果来看，5 个时相的解译精度在 85%～90%，可以将这 5 个时相的京津冀建设用地空间分布信息作为后续分析的基础数据源，分析结果具有较高可信度。

第二节 京津冀建设用地阶段性演变特征

一、主要分析方法

（一）数量特征分析方法

设 a 和 b 分别为前后两个年份，S_a 和 S_b 分别为两个年份建设用地的总量，T 为 b 年份和 a 年份间的年份间隔。

建设用地扩张量 S 表示两个年份间建设用地绝对增长量，即

$$S = S_b - S_a$$

建设用地扩张速度 V_u 表示了两个年份间平均每年建设用地绝对增长量，能够在增量上对一个城市的建设用地扩张速度进行描述，即

$$V_u = \frac{S_b - S_a}{T}$$

建设用地扩张动态度 R_u 则表示了两个年份间平均每年的建设面积增长率，其中面积增长率是各地级市建设用地增长量和原有建设用地面积的比值，能够在考虑城市已有建设用地面积的情况下描述各地级市的建设用地相对增长速度，即

$$R_u = \frac{S_b - S_a}{S_a \times T} \times 100\%$$

建设用地扩张速度 V_u 是一个区域建设用地的年平均增长量,代表着该区域在一段时间内的新增建设用地的速度。建设用地扩张动态度 R_u 是一个区域建设用地的年平均增长率,与建设用地扩张速度相比,区别在于建设用地动态度是计算该区域在一段时间内的新增建设用地与原有建设用地的年平均比值。建设用地扩张动态度的意义在于能够反映一个区域的建设用地相对扩张速度,使得发展不均衡的不同区域之间可以进行建设用地扩张的合理对比研究。

(二)空间特征分析方法

空间特征分析主要采用空间分析法、景观生态法和模式法。其中,空间分析法是运用 GIS 的空间分析功能对京津冀的建设用地进行分析,包括象限分析以及针对主要交通设施和中心城区的缓冲区分析、距离分析等方法,以及与地形高程等其他空间要素的叠加分析等。具体方法如下:

象限分析是将研究区均分成夹角为 45°的 8 个象限,分别对应地理上的八个方位,把八个方位与各时段建设用地图斑叠加,计算不同方位中建设用地变化的数量特征。假设以正东为 0°,正北为 90°,则将 $-22.5°\sim22.5°$ 的范围设定为正东方位,以此类推,8 个象限分别对应 8 个方位(图 5-2)。

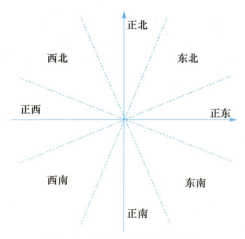

图 5-2 用地扩张方向划分图

缓冲区分析是采用现有的轴线或节点为中心,划定不同圈层,分析各个圈层建设用地在不同时期的数量变化特征。距离分析法以城市中心或者交通节点(点状或者线状)为中心,分析建设用地的变化在不同时期与指定中心的距离变化特征,用以计算建设用地变化与城市中心、铁路站点、机场、港口、国道、省道以及高速公路等重要交通要素之间的关系。

景观生态法是运用景观生态指标从宏观和微观层面刻画建设用地的空间形态及变化特征,分别用均匀度指数、紧凑度指数和景观形状指数来表示。具体公式如下:

$$y_i = (x_i/S_i) \bigg/ \sum_{i=1}^{n}(x_i/S_i)$$

$$I = \sum_{i=1}^{n} \sqrt{y_i} / \sqrt{n}$$

其中,y_i 为每个行政单元指标占区域总指标的比例,x_i 为区域中某个行政单位的指标,S_i 为行政单元的辖区面积。I 为区域空间均匀度指数,I 值越接近 1,区域空间越均匀,I 值越小,区域空间越集聚。

$$\text{CI} = \sum_{j=1}^{n} S_j \bigg/ \sum_{j=1}^{n} P_j$$

其中,CI 为斑块形态紧凑度,表示建设用地斑块分布的紧凑程度;S_j 表示斑块面积;P_j 表示斑块周长。CI 值越大,建设用地空间格局就越紧凑,反之则越分散。

$$\text{LSI} = \frac{E}{\min E}$$

其中,LSI 为景观形状指数,反映景观组分斑块的复杂程度;E 表示所有景观斑块的边界周长总和;$\min E$ 表示依据单元表面计算的景观边界总长的最小值。LSI 值越大,矢量斑块形状就越复杂;LSI 值越小,斑块就越规则。

模式法是指对事物内在机制及其外部关系高度凝练、直观的抽象和概况,通过模式归纳与总结,可以使问题阐释得更为清晰,并便于理论成果的演绎运用。

二、1990—2000 年阶段特征

(一)总体特征

这一时期,京津冀建设用地总面积增加了 4631.38 km²,由 1990 年的 12890.24 km² 增加到 2000 年的 17521.64 km²,建设用地变化速度为 463.14 km²/a,建设用地变化动态度为 3.59%。从具体城市来看,这一时期北京市的建设用地变化量和变化速度最高,分别达到 962.21 km² 和 96.22 km²/a,属于第一梯队。天津市、石家庄市、唐山市、保定市和邯郸市的建设用地变化量也相对较高,建设用地变化速度均达到 40 km²/a 以上,属于第二梯队。沧州市、廊坊市和邢台市的建设用地变化总量属于第三梯队,建设用地变化速度分别为 30.97 km²/a、23.37 km²/a、26.33 km²/a。承德市、衡水市、秦皇岛市和张家口市的建设用地变化量较低,建设用地变化速度分别为 9.00 km²/a、7.58 km²/a、15.20 km²/a 和 11.71 km²/a。从建设用地变化动态度来看,承德市和张家口

市由于自身建设用地规模基数较小,有着较高的建设用地变化动态度,分别达到了 7.47% 和 8.11%。石家庄市在这一时期建设用地扩张剧烈,虽然自身建设用地规模基数较高,但也有着较高的建设用地变化动态度,达到了 4.90%。唐山市、保定市、邯郸市、廊坊市、秦皇岛市和邢台市有着相近的建设用地变化动态度,也趋近于京津冀整体的建设用地变化动态度(3.59%)。北京市虽然有着最高的建设用地变化量和变化速度,但其自身建设用地规模基数较大,建设用地变化动态度反而最低,仅为 1.57%(表 5-1)。

表 5-1 1990—2000 年京津冀建设用地变化的数量特征

城 市	2000 年建设用地总量/km²	建设用地变化量/km²	建设用地变化速度/km²·a⁻¹	建设用地变化动态度/(%)
北京市	2691.60	962.21	96.22	1.57
天津市	2147.00	542.48	54.25	3.38
石家庄市	1499.77	493.46	49.35	4.90
唐山市	1624.62	428.12	42.81	3.58
保定市	2297.34	536.04	53.60	3.04
沧州市	1618.23	309.74	30.97	2.37
承德市	210.43	89.99	9.00	7.47
邯郸市	1533.81	427.65	42.77	3.87
衡水市	1012.54	75.77	7.58	0.81
廊坊市	966.64	233.65	23.37	3.19
秦皇岛市	547.31	151.95	15.20	3.84
邢台市	1110.95	263.30	26.33	3.11
张家口市	261.40	117.05	11.71	8.11
京津冀	17521.64	4631.41	463.14	3.59

从区域格局来看,京津冀建设用地变化已呈现出"双核多带"的空间扩张轨迹。北京市和天津市是京津冀建设用地变化的"双核",并具有典型的"城市型"特征。京津塘高速和京石高速等区域交通走廊沿线则是建设用地扩张的重点地区,并呈现出典型的"县域型"特征。由此形成了以北京市和天津市为核心,以"北京—保定—石家庄""北京—天津""唐山—天津—沧州"等为轴带的建设用地扩张格局,但这一时期各城市多为独自发展,建设用地在空间上保持了隔离(图5-3)。

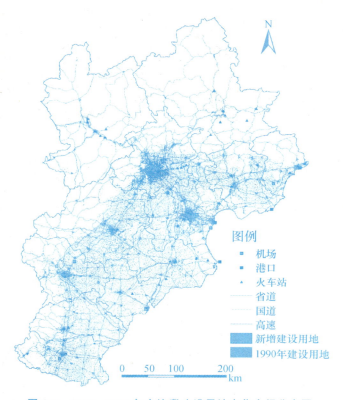

图 5-3　1990—2000 年京津冀建设用地变化空间分布图

（二）城市分异特征

从具体城市来看，以北京市六环以内、六环外 25 km 缓冲环内和缓冲环外的空间作为分析的圈层，这一时期北京的建设用地变化表现出显著的圈层式空间扩张。北京市三环以内建设用地在 1990 年已经基本饱和，四环内、五环内、六环内和六环外 25 km 缓冲环在 1990—2000 年的建设用地扩张量分别为 12.35 km²/a、94.88 km²/a、379.94 km²/a 和 37.16 km²/a，表明这一时期北京市的建设用地扩张主要发生在五环和六环的缓冲带内。从扩张方向来看，1990—2000 年北京市建设用地在四环内除了正北和正东两个方向外，其他方位均有扩张，其中较为突出的是西南、西北、东北和东南四个方位，速度分别为 0.3 km²/a、0.13 km²/a、0.18 km²/a、0.26 km²/a。在五环缓冲带内，建设用地向各个方向均有扩张，其中正南扩张较明显，速度为 2.06 km²/a。在六环缓冲带内，除了正西和正南两个方向，建设用地向其他方向均有扩张，西南和东北方向为主要扩张方向。在六环外 25 km 缓冲区，建设用地主要扩张方向是东北、东南和正西三个方

第五章 京津冀建设用地规模变化的时空特征

向。这一时期,北京正在大力调整城市规划规模,开拓新的城市发展空间,以改变人口和产业过于集中在市区的情况。建设用地的变化特征也反映出北京市城市建设重点逐步从市区向远郊区转移,并主要集中在京包、京榆、京津塘、京石、京承和京开等对外交通干线的两侧(图5-4)。

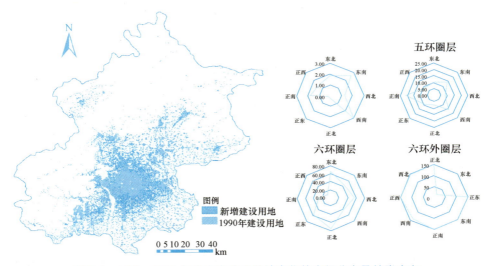

图 5-4 1990—2000 年北京市建设用地变化的空间分布及扩张方向

以天津市外环路为参照,分别做 5 km、13 km、23 km、36 km 和 53 km 缓冲圈层,并与外环一起作为分析的 6 个圈层。可以发现,这一时期天津市建设用地变化兼具圈层式扩张和跳跃式扩张。1990—2000 年,天津市外环圈层和 5 km 圈层的建设用地扩张量分别为 43.057 km² 和 82.237 km²,13 km 圈层、23 km 圈层、36 km 圈层和 53 km 圈层内的建设用地扩张量基本趋同,都在 90~100 km²。可以发现,天津市建设用地扩张并没有完全依赖原有市区,一部分建设用地呈现跳跃式扩张,以中心城区外围的节点为核心进行发展。从扩张方向来看,1990—2000 年天津市建设用地在外环圈层内主要向正东、正南和西北三个方向扩张,在 5 km 圈层主要向西北、西南和东南方向扩张,在 13 km 圈层主要向西南扩张,在 23 km 圈层主要向西南、西北和东南方向扩张,在 36 km 圈层主要向正东方向扩张,在 53 km 圈层也主要是向正东方向扩张(图5-5)。这一时期,天津同样在疏解中心城区,提出结合滨海地区和郊区卫星城镇的建设来疏解市区人口和产业。

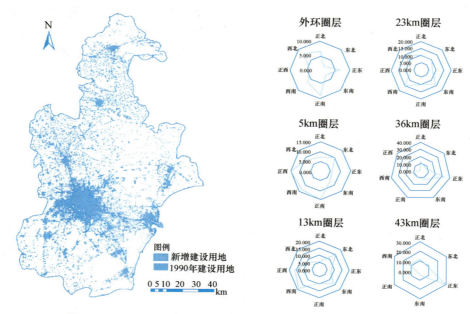

图 5-5　1990—2000 年天津市建设用地变化的空间分布及扩张方向

这一时期,河北省的建设用地变化已呈现出"带状"特征,形成了东西向的"唐山—秦皇岛"和南北向的"保定—石家庄—邢台—邯郸"等建设用地扩张密集带。然而,各条轴带上不同城市的建设用地变化空间特征存在差异,并表现出与北京和天津不同的模式(图 5-6)。其中,石家庄市、唐山市、保定市和邯郸市的建设用地规模及变化量都较大,是这一时期河北省的重点发展地区,但也只有石家庄市和保定市呈现出了并不十分明显的沿中心城区的外延式扩张。河北省大部分地区的建设变化以区县为基本单位进行独自扩张并且分布较为分散,这一定程度上反映出了县域经济发展的特征。这是因为改革开放以及 1992 年市场经济体制确立以来,在政治经济政策的影响下河北省的县域地区大力发展采矿、钢铁、能源等传统产业。此外,这种建设用地变化受大城市及交通条件的影响显著,临近大城市(如北京、天津)和重要交通基础设施的县域建设用地有着相对快速的增长,而承德市、衡水市、秦皇岛市和张家口市的建设用地扩张则相对缓慢。这一时期,河北省提出"两环开放"战略,即充分发挥环京津、环渤海的区位优势,以软环境和路港建设为突破口,带动区域投资热点形成。到 2000 年,环京津平原地区和石家庄市成为全国建制镇密度最大的地区之一。

第五章 京津冀建设用地规模变化的时空特征

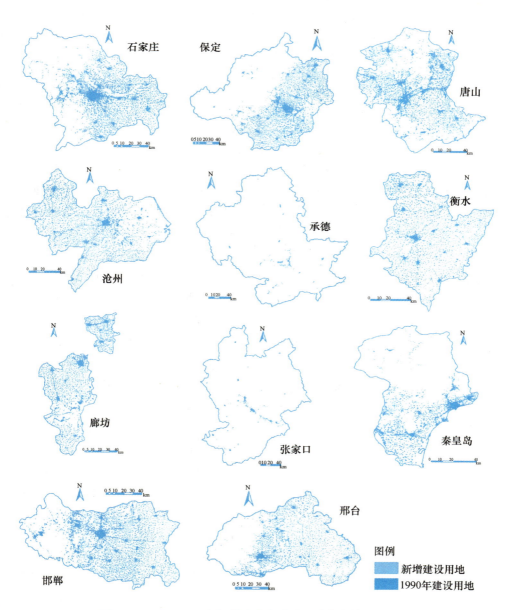

图 5-6　1990—2000 年河北省各市建设用地变化的空间分布

三、2000—2005 年阶段特征

（一）总体特征

2000 年以后，京津冀建设用地变化速度明显加快。2000—2005 年京津冀建设用地总面积增加了 4567.01 km²，由 2000 年的 17 521.64 km² 增加到 2005 年的 22 088.64 km²，建设用地变化速度为 913.40 km²/a，建设用地变化动态度为 5.21%。与 1990—2000 年相比，这一时期的建设用地变化速度几乎成倍增长。

从区域空间来看，京津冀建设用地变化仍然呈现出显著的"双核多带"空间扩张轨迹，"北京—廊坊—沧州—衡水"这条轴线已初现端倪。北京市和天津市作为"双核"，建设用地扩张活跃圈层继续向外发散，并开始与周边区县形成连绵之势。建设用地扩张活跃地区仍沿着京津塘高速、京珠高速（现京港澳高速）等重要交通轴线分布，但新增建设用地布局较为分散，大部分地区仍呈现出"县域型"的建设用地增长态势。在"北京—保定—石家庄—邢台""北京—廊坊—沧州—衡水""天津—唐山—秦皇岛"等具体轴线中，随着与北京和天津的距离增加，建设用地变化量和变化速度呈现减缓趋势。地形条件对建设用地变化的影响依然显著，2000—2005 年京津冀建设用地扩张发生在地形坡度为 5°以下的面积为 3560 km²。

这一时期天津市的建设用地变化量和变化速度最高，分别达到了 778.80 km² 和 155.76 km²/a。其次为保定市，建设用地变化量和变化速度分别为 617.52 km² 和 123.50 km²/a。北京市建设用地变化量则降到了第三的位置，建设用地变化量和变化速度分别为 586.39 km² 和 117.28 km²/a。可见，这一时期的天津市、保定市和石家庄市的建设用地变化量得到了大幅度提升，已与北京市一同属于第一梯队，并且四个城市建设用地变化量的差距逐渐缩小。唐山市和邯郸市的建设用地变化速度相对提升较慢，但仍属于京津冀区域的第二梯队，建设用地变化速度分别为 76.35 km²/a 和 71.81 km²/a。张家口市建设用地变化也得到了显著提升，达到了 46.34 km²/a，与沧州市、廊坊市和邢台市同属于第三梯队。承德市、衡水市和秦皇岛市的建设用地变化量仍相对较低，建设用地变化速度分别为 28.40 km²/a、24.86 km²/a 和 28.25 km²/a。在建设用地变化动态度方面，承德市和张家口市由于较小的建设用地规模基数，仍然有着最高的建设用地变化动态度，分别达到了 13.50% 和 17.73%。天津市在这一时期的建设用地扩张速度显著增加，其建设用地变化动态度也得到了大幅度提高，达到 7.25%。石家庄市、唐山市、保定市、邯郸市、廊坊市、秦皇岛市有着相近的建设用地变化动态

度,也趋近于京津冀整体的建设用地变化动态度。北京市受制于自身建设用地规模基数较大,建设用地变化动态度仍然最低,仅为1.84%(表5-2,图5-7)。

表5-2　2000—2005年京津冀建设用地变化的数量特征

城　市	2005年建设用地总量/km²	建设用地变化量/km²	建设用地变化速度/(km²·a⁻¹)	建设用地变化动态度/(%)
北京市	3277.99	586.39	117.28	1.84
天津市	2925.80	778.80	155.76	7.25
石家庄市	1986.07	486.30	97.26	6.49
唐山市	2006.35	381.73	76.35	4.70
保定市	2914.86	617.52	123.50	5.38
沧州市	1901.05	282.82	56.56	3.50
承德市	352.41	141.99	28.40	13.50
邯郸市	1892.85	359.05	71.81	4.68
衡水市	1136.87	124.32	24.86	2.46
廊坊市	1183.28	216.65	43.33	4.48
秦皇岛市	688.57	141.25	28.25	5.16
邢台市	1329.46	218.51	43.70	3.93
张家口市	493.08	231.68	46.34	17.73
京津冀	22088.64	4567.01	913.40	5.21

(二)城市分异特征

从具体城市来看,北京市四环以内的建设用地在2000年已经基本饱和,五环内的建设用地在2000—2005年的扩张量仅为10.56 km²,六环内和六环外25 km圈层该时期建设用地扩张量分别为158.69 km²和292.7 km²,表明这一时期北京市建设用地向外围区县"脉冲"的趋势显著。从扩张方向来看,2000—2005年北京市建设用地在六环和六环外25 km圈层的扩张方向主要为东北、西南、正南和西北四个方向,而东南方向则相对较弱(图5-8)。这一时期,北京市一方面重点加强城市交通等基础设施建设,另一方面进行城市结构调整,加快了卫星城和郊区中心镇建设。

这一时期,天津市建设用地变化表现出圈层式扩张和轴向扩张的特征。2000—2005年,天津市外环圈层和5 km圈层的建设用地扩张量分别为16.184 km²和84.87 km²,13 km圈层、23 km圈层、36 km圈层和53 km圈

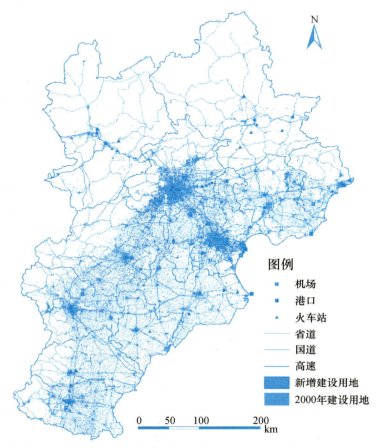

图 5-7　2000—2005 年京津冀建设用地变化空间分布图

层内的建设用地扩张量分别为 138.011 km²、154.81 km²、177.185 km²、154.004 km²。天津市建设用地在圈层式扩张的同时,还表现出向西北、正东和东南方向的轴向扩张,表明这一时期天津有向北京和向海的发展趋向(图 5-9)。这也与天津市"十五"时期的城市发展策略相呼应,这一时期天津按照"一个中心、两个侧翼"进行产业布局,继续加大京津塘高速高新技术产业带的开发力度,并着手加快滨海新区的建设。

这一时期,河北省的建设用地变化仍然沿着东西向的"唐山—秦皇岛"和南北向的"保定—石家庄—邢台—邯郸"和"廊坊—沧州—衡水"等轴线进行扩张,但仍呈现分散化趋势,没有形成向城市中心和主要轴带的集聚。其中,保定市、石家庄市和唐山市建设用地扩张量较大,但由城市中心区向外扩张的态势并不

第五章 京津冀建设用地规模变化的时空特征

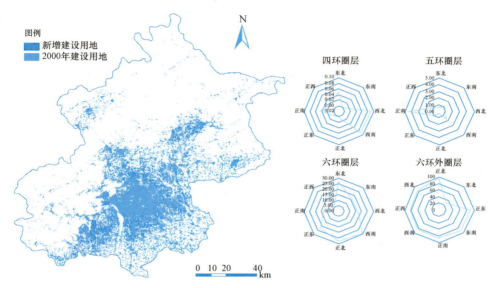

图 5-8 2000—2005 年北京市建设用地变化的空间分布及扩张方向

明显,反而临近北京的区县建设用地扩张更为显著。此外,河北省各市建设用地变化存在显著差异,临近北京、天津和主要交通轴线的城市建设用地扩张迅速,而其他地区建设用地扩张则相对缓慢(图 5-10)。虽然这一时期河北省提出加快工业结构优化升级,合理调整生产力布局,发展沿海产业带,加快京唐港区和黄骅港区建设,加大京九、京包、朔黄、邯济等铁路和石黄、京张等高速公路沿线经济开发力度的发展策略,但从建设用地变化特征来看,这一发展策略的实施效果并不理想。

四、2005—2010 年阶段特征

(一) 总体特征

2005—2010 年,京津冀建设用地变化的规模和速度有所下降。2005—2010 年京津冀建设用地总面积增加了 3367.85 km^2,由 2005 年的 22 088.64 km^2 增加到 2010 年的 25 456.49 km^2,建设用地变化速度为 673.57 km^2/a,建设用地变化动态度为 3.05%。

从具体城市来看,这一时期各个城市的建设用地变化量和变化速度大多有所下降。其中,北京市的建设用地变化量和变化速度持续大幅度下降,分别为 262.04 km^2 和 52.41 km^2/a。天津市的建设用地变化量和变化速度也出现下

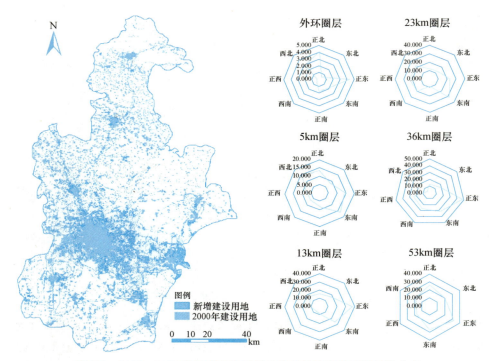

图 5-9　2000—2005 年天津市建设用地变化的空间分布及扩张方向

降,分别降到 336.48 km² 和 67.30 km²/a。唐山市和邯郸市在这一阶段保持着区域内较高的建设用地变化量,分别增加了 374.09 km² 和 380.91 km²。石家庄市、保定市、沧州市和邢台市有着相近的建设用地变化数量特征,建设用地变化量在 300 km² 上下。邯郸市、沧州市、邢台市、廊坊市和承德市是这一时期建设用地变化量和变化速度有所提升的城市,而衡水市和秦皇岛市仍保持着较低的建设用地变化量。在建设用地变化动态度方面,承德市和张家口市由于较小的建设用地规模基数,一直保持着最高的建设用地变化动态度,分别为 8.25% 和 8.11%。北京市和天津市在这一时期的建设用地扩张速度有所减缓,其建设用地变化动态度也得到了大幅度降低,分别为 0.82% 和 2.30%。唐山市、邯郸市、廊坊市和秦皇岛市的建设用地变化动态度较为趋近,也都高于京津冀整体的建设用地变化动态度(表 5-3)。

第五章 京津冀建设用地规模变化的时空特征

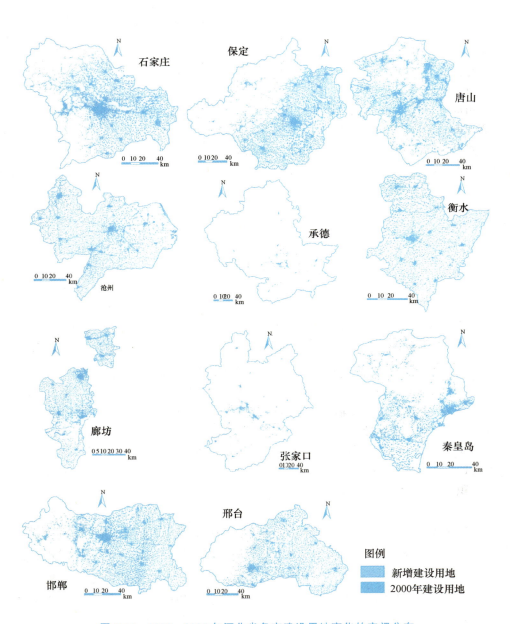

图 5-10 2000—2005 年河北省各市建设用地变化的空间分布

表 5-3 2005—2010 年京津冀建设用地变化的数量特征

城 市	2010 年建设用地总量/km²	建设用地变化量/km²	建设用地变化速度/(km²·a⁻¹)	建设用地变化动态度/(%)
北京市	3540.03	262.04	52.41	0.82
天津市	3262.28	336.48	67.30	2.30
石家庄市	2302.09	316.02	63.20	3.18
唐山市	2380.44	374.09	74.82	3.73
保定市	3213.69	298.83	59.77	2.05
沧州市	2192.59	291.54	58.31	3.07
承德市	497.85	145.44	29.09	8.25
邯郸市	2273.77	380.91	76.18	4.02
衡水市	1255.36	118.50	23.70	2.08
廊坊市	1420.06	236.78	47.36	4.00
秦皇岛市	778.88	90.31	18.06	2.62
邢台市	1646.55	317.09	63.42	4.77
张家口市	692.90	199.82	39.96	8.11
京津冀	25456.49	3367.85	673.57	3.05

从区域空间来看，京津冀建设用地变化逐步演变为"双核多心多带"的空间扩张轨迹。北京市和天津市"双核"仍在不断壮大，建设用地扩张活跃圈层持续向外发散，但也遇到了一些瓶颈，北京市建设用地在空间上已与邻近城市区县连成一片，京津发展轴也已基本成型。"北京—保定—石家庄—邢台""北京—天津""北京—唐山"等发展轴线不断加强，但上一阶段初现端倪的"北京—廊坊—沧州—衡水"轴线并没有形成。在主要发展轴线上，保定、石家庄、唐山和邯郸随着建设用地的快速扩张形成了京津外围的中心，并呈现出由"县域型"扩张转变为"城市型"扩张的趋势(图 5-11)。这一时期，坡度为 5°以下的地区建设用地增加面积为 2820 km²，占建设用地总增加量的 83.73%。

(二) 城市分异特征

从具体城市来看，北京市五环内的建设用地在 2005—2010 年的扩张量为 8.65 km²，六环内和六环外 25 km 圈层该时期的建设用地扩张量分别为 85.04 km² 和 292.7 km²，这一时期北京市建设用地向外围区县扩展的趋势有所减缓。从扩张方向来看，2005—2010 年北京市建设用地在六环和六环外 25 km 圈层的扩张方向主要为东北、西南、正南、西北和正东五个方向，而正西方向则相对较弱(图 5-12)。这一时期，北京开始启动顺义、通州和亦庄三个重点新城建设，这也反映出了城市空间发展政策对建设用地扩张的关键作用。

第五章　京津冀建设用地规模变化的时空特征

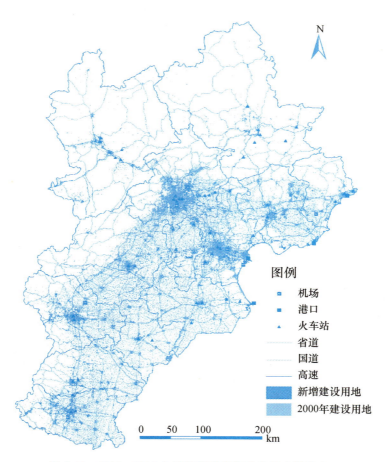

图 5-11　2005—2010 年京津冀建设用地变化空间分布

　　2005—2010 年,天津市建设用地圈层式扩张的速度虽有所减缓,但向西北、正东和东南方向的轴向扩张特征依然显著,向北京和滨海新区方向的发展趋势很强劲。这一时期,天津市提出加快推进滨海新区开发区开放,落实"立足天津、依托京冀、服务环渤海、辐射'三北'、面向东北亚,努力建设成为高水平的现代制造和研发转化基地、北方国际航运中心和国际物流中心、宜居的生态城区"的功能定位。这也就促进了滨海新区建设用地的快速增加以及向北京方向的建设用地扩张(图 5-13)。

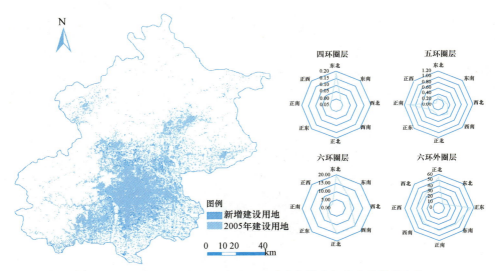

图 5-12　2005—2010 年北京市建设用地变化的空间分布及扩张方向

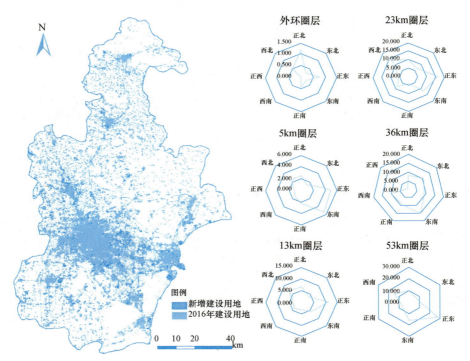

图 5-13　2005—2010 年天津市建设用地变化的空间分布及扩张方向

第五章　京津冀建设用地规模变化的时空特征

这一时期,河北省的建设用地变化主要沿着东西向的"唐山—秦皇岛"和南北向的"保定—石家庄—邢台—邯郸"等轴线进行扩张,上一阶段显现的"廊坊—沧州—衡水"轴线并没有形成。在这两条轴线上,保定市、石家庄市、唐山市和邯郸市的中心性逐渐增强,"县域型"的建设用地扩张模式在减弱,"城市型"建设用地扩张模式在增强。而不在这两条轴线上的城市,建设用地扩张相对缓慢(图5-14)。这一时期,河北省把城市化摆在活跃全局的战略位置,深入落实"一线两厢"区域发展布局,提出把"一线"地区建设成为全省经济发展隆起带,以发挥石家庄、保定、廊坊、唐山、秦皇岛五市产业集聚程度高、技术创新能力强、中心城市地位突出等比较优势,打造经济发展的战略高地,建设用地的变化特征在一定程度上也反映了河北省的发展策略。

五、2010—2015 年阶段特征

(一)总体特征

2010—2015 年,京津冀建设用地变化的规模和速度大幅度提升。2010—2015 年京津冀建设用地总面积增加了 8137.52 km^2,由 2010 年的 25 456.49 km^2 增加到 2015 年的 33 594.00 km^2,建设用地变化速度为 1627.50 km^2/a,建设用地变化动态为 6.39%(表5-4)。

从具体城市来看,这一时期各个城市的建设用地变化量和变化速度都有大幅度提升。其中,天津市的建设用地变化量和变化速度增幅最大,分别为 1484.27 km^2 和 296.85 km^2/a。北京市的建设用地变化量和变化速度也有所提升,分别为 660.74 km^2 和 132.15 km^2/a。这一时期,唐山市是河北省建设用地变化量最大的城市,增加了 1003.26 km^2。石家庄市、邯郸市、保定市和邢台市仍然保持着相对较高的建设用地变化量和变化速度,但保定的建设用地变化量已落后于唐山市和石家庄市。承德市、衡水市、廊坊市和秦皇岛市在这一时期的建设用地变化量和变化速度较为相近,并较上一阶段有了大幅度提升。在建设用地变化动态度方面,承德市、天津市、唐山市、秦皇岛市和张家口市有着相对较高的建设用地变化动态度,保定市建设用地变化动态度有所降低。

从区域空间来看,京津冀建设用地变化"双核多心多带"的空间扩张轨迹已经成熟。作为区域核心的北京市和天津市仍在进行大规模的建设用地扩张,天津市在这一阶段的建设用地扩张最剧烈,北京市建设用地在空间上已与周边的天津、廊坊和保定连成一片,沿京津发展轴的建设用地扩张剧烈。相比于上一发展阶段,在"北京—保定—石家庄—邢台""北京—天津""北京—唐山""北京—天津—沧州"等发展轴线两侧的建设用地扩张相对减缓,但围绕石家庄市、邢台市和唐山市的中心城区等轴线节点的建设用地扩张急剧增加,京津外围地区中心

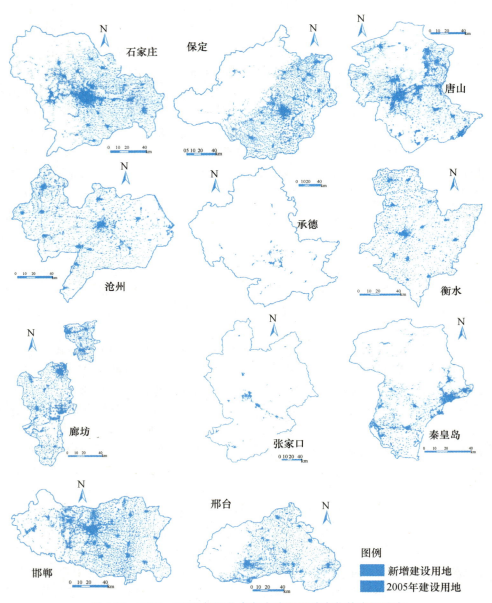

图 5-14 2000—2005 年河北省各市建设用地变化的空间分布

节点的集聚力在增强。而保定市在这一阶段的建设用地变化并没有表现出围绕中心城区的扩张,反而表现出趋向北京的建设用地扩张趋势。这一时期,坡度为

5°以下的地区新增建设用地面积约为 6950 km², 占建设用地总增加量的 85.41%（表5-4，图 5-15）。

表 5-4 2010—2015 年京津冀建设用地变化的数量特征

城 市	2015 年建设用地总量/km²	建设用地变化量/km²	建设用地变化速度/(km²·a⁻¹)	建设用地变化动态度/(%)
北京市	4200.76	660.74	132.15	2.03
天津市	4746.55	1484.27	296.85	9.10
石家庄市	3016.47	714.38	142.88	6.21
唐山市	3383.71	1003.26	200.65	8.43
保定市	3808.86	595.16	119.03	3.70
沧州市	2907.93	715.35	143.07	6.53
承德市	832.47	334.62	66.92	13.44
邯郸市	3028.06	754.29	150.86	6.63
衡水市	1556.84	301.47	60.29	4.80
廊坊市	1808.12	388.06	77.61	5.47
秦皇岛市	1091.46	312.58	62.52	8.03
邢台市	2208.63	562.07	112.41	6.83
张家口市	1004.16	311.26	62.25	8.98
京津冀	33 594.00	8137.52	1627.50	6.39

（二）城市分异特征

从具体城市来看，北京市这一时期的建设用地扩张集中在六环以外地区。六环圈层的建设用地在 2010—2015 年的扩张量为 132.16 km²，六环外 25 km 圈层在该时期的建设用地扩张量为 341.6 km²，这一时期北京市建设用地向外围区县扩展的趋势显著增加。从扩张方向来看，2010—2015 年北京市建设用地在六环和六环外 25 km 圈层的扩张方向主要为东北、西南、正南、西北和正东五个方向，而正西和正北方向的建设用地扩张相对较弱。这一时期，北京市虽然提出振兴城市发展的薄弱区，加快城市南部地区振兴崛起，推进城市西部地区转型升级，加快推进城乡接合部建设，但建设用地扩张方向并没有较上一阶段出现新的变化（图 5-16）。

2010—2015 年是天津市建设用地扩张最为剧烈的阶段，圈层式扩张有所减弱，但轴线扩张和沿海岸线扩张的态势有较大增强。具体表现为，向西北沿京津发展轴的扩张、向西沿海岸线的扩张以及向北和向南的散点式扩张（图 5-17）。这一时期，天津市提出的全力推进滨海新区开发，建成京津城际延伸线等发展策略，引导了建设用地的扩张方向。

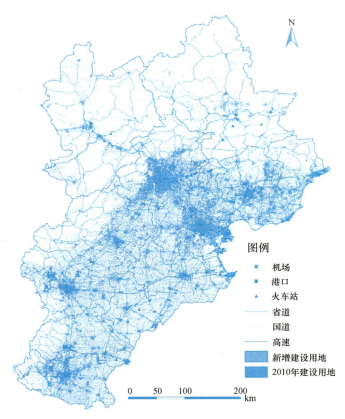

图 5-15　2010—2015 年京津冀建设用地变化空间分布

  这一时期,河北省的建设用地变化除了沿着东西向的"唐山—秦皇岛"和南北向的"保定—石家庄—邢台—邯郸"等轴线进行扩张外,沿海岸线进行扩张的态势也较为明显,并且建设用地变化规模较上一阶段有了大幅度提升。在这两条轴线上,围绕石家庄市、唐山市和邯郸市等中心城区的建设用地扩张态势显著,而沿轴线两侧的"县域型"的建设用地扩张在减弱。不在主要轴线上的城市,其建设用地扩张相对缓慢,但也形成了以县城所在地为中心的集聚态势(图5-18)。这一时期,河北省着重发展三个战略地区来带动全局发展,一是推进环首都"14县4区6基地"建设,二是推进沿海"1县8区1路"建设,三是推进冀中南"1中心2轴3基地18县"建设。河北省在该阶段的建设用地变化特征在一定程度上反映了河北省的发展策略,也映射了河北省各城市发展的转型。

第五章 京津冀建设用地规模变化的时空特征 143

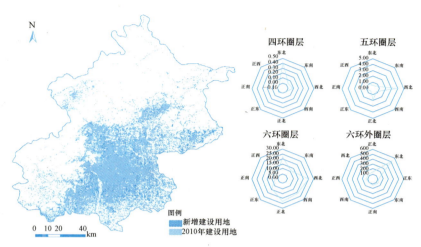

图 5-16　2010—2015 年北京市建设用地变化的空间分布及扩张方向

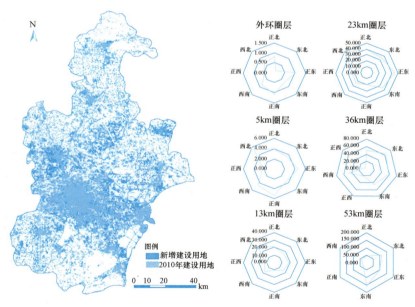

图 5-17　2010—2015 年天津市建设用地变化的空间分布及扩张方向

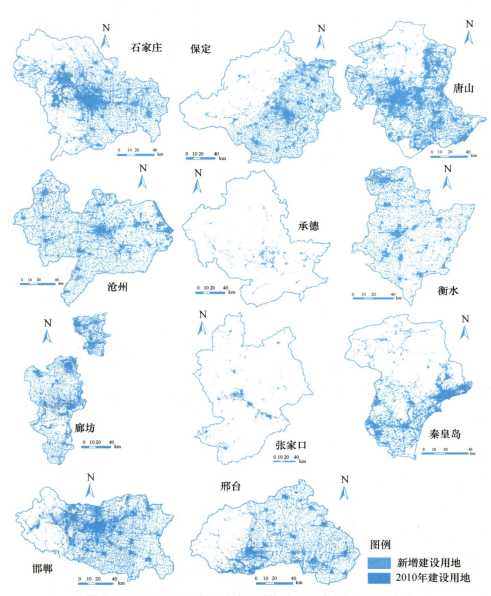

图 5-18 2010—2015 年河北省各城市建设用地变化的空间分布

第五章 京津冀建设用地规模变化的时空特征

第三节 京津冀建设用地变化的空间分异

一、"核心-外围-边缘"的差异

从京津冀建设用地变化的阶段特征来看,建设用地扩张主要集中在京津核心区域,以及"北京—保定—石家庄—邢台""北京—天津—唐山"等发展轴线上,这也是 25 年来京津冀区域快速发展的重点区域。而地处京津外围且不位于主要发展轴线的城市则发展缓慢,建设用地变化较小,例如承德、张家口、邯郸、秦皇岛、沧州、衡水等城市。由此对京津冀 13 个城市进行分类,北京市和天津市为核心区域,石家庄、保定和唐山等轴线上的重要节点城市被视为区域外围,邢台、承德、廊坊、张家口、邯郸、秦皇岛、沧州和衡水等城市则被视为区域边缘。按照核心、外围和边缘三大区域对京津冀建设用地变化进行分类统计,结果表明京津冀核心区域、外围区域和边缘区域的建设用地变化的差异显著(图 5-19)。

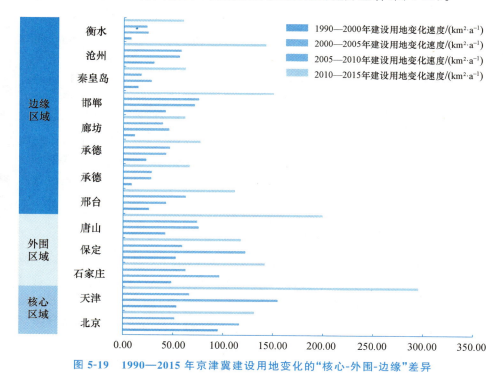

图 5-19 1990—2015 年京津冀建设用地变化的"核心-外围-边缘"差异

首先,从建设用地变化规模来看,核心区域的北京市和天津市的建设用地规模较大,当前已属于超大城市。石家庄市、唐山市和保定市等外围区域城市的建设用地变化规模适中,但也已属于大中城市。廊坊市、秦皇岛市、张家口市、承德市、沧州市、邯郸市、邢台市、衡水市等城市建设用地变化规模较小,属于中小城市。从变化速度来看,不同区域城市的建设用地变化速度具有很大差异。1990—2000年,核心区域的建设用地扩张速度明显大于外围和边缘地区,并且建设用地扩张的空间关联性不强。2000—2005年,核心区域、外围区域和边缘区域的建设用地扩张差异有所缩小,建设用地扩张的空间关联性开始显现。2005—2010年,核心区域、外围区域和边缘区域的建设用地扩张速度都有大幅度减少,并且"核心-外围-边缘"之间的差距也在急剧缩小,一些外围区域城市的建设用地扩张速度甚至超过了核心区域的城市。2010—2015年,核心区域、外围区域和边缘区域的建设用地扩张速度都有大幅度提升,"核心-外围-边缘"之间的差距也在急剧缩小,一些边缘区域城市的建设用地扩张速度也超过了核心区域和外围区域的一些城市。

总体来看,边缘地区城市的建设用地变化波峰往往在2010年以后,基本上属于后期发展型。而核心城市北京的建设用地扩张的相对快速阶段在2000年以前,属于早期发展型;而天津市的建设用地扩张的相对快速阶段在2000年以后,属于中后期发展型;外围区域的石家庄市和唐山市的建设用地扩张属于中后期发展型,而保定市则属于前中期发展型,后期发展动力有所下降。对比四期建设用地扩张的"核心-外围-边缘"差异能看出,京津冀区域"核心-外围-边缘"的差距在缩小,扩张活跃地区围绕北京、天津呈圈层状和放射状向四周逐级扩散的态势。早期发展缓慢的边缘地区也进入快速扩张阶段,而早期发展迅速的核心区域城市则出现了分化,北京已进入缓慢扩张阶段,而天津却迎来了爆发式扩张阶段。值得注意的是,建设用地高速扩张的城市具有空间溢出效应,高速发展城市的重心转移可能受到上一阶段高速发展城市的影响。

二、到重要节点和轴线的距离差异

京津冀建设用地扩张活跃地区围绕北京、天津,沿主要轴线呈圈层状和放射状向四周逐级扩散的态势。因而,进行基于重要节点和轴线的缓冲区分析,可以定量描述京津冀建设用地变化的空间分异。本研究中的重要节点包括13个城市的城市中心、火车站、港口、机场,重要轴线包括国道、省道、高速公路和海岸线。统计四个时期内各个缓冲区的建设用地变化面积,可以辨识出不同时期建设用地增长热点和轴线格局。

(一)京津冀区域整体

从京津冀区域整体来看,距离市中心越近,产生建设用地扩张的可能性就越

第五章 京津冀建设用地规模变化的时空特征

大。1990—2000年,距离市中心20~30 km范围内是建设用地扩张的主要区域,新增建设用地约900 km²。随着城市中心区的开发渐渐完成,在2000—2005年,建设用地扩张最多的范围是距离市中心40~50 km范围内,建设用地增长面积约为650 km²。在2005—2010年和2010—2015年,建设用地扩张的重点区域又回到了距离市中心20~30 km的范围,而且建设用地新增量也分别达到了550 km²和1400 km²,这表明在后期京津冀建设用地出现了一定程度的填充式扩张。

从到火车站的距离来看,1990—2000年和2000—2005年在距离火车站10 km的范围内,是建设用地扩张的活跃区域。火车站10 km范围内,1990—2000年建设用地扩张量为1094 km²,约占该时间段内建设用地扩张量的30.8%;2000—2005年建设用地扩张量为692 km²,约占该时间段内建设用地扩张量的18.5%。2005—2010年和2010—2015年在距离火车站10~30 km的范围内,是建设用地扩张的活跃区域。火车站10~30 km范围内,2005—2010年建设用地扩张量为632 km²,约占该时间段内建设用地扩张量的21.1%;2010—2015年建设用地扩张量为1277 km²,约占该时间段内建设用地扩张量的17.3%。

从到机场的距离来看,1990—2000年和2000—2005年的建设用地变化表现出相似的空间指向性,而2005—2010年和2010—2015年的建设用地变化也表现出相似的空间指向性,但两者之间具有差别。1990—2000年和2000—2005年,在距机场30 km的范围内,随着距离的增加,建设用地扩张量在急剧增加;在30~70 km的范围内,随着距离的增加,建设用地扩张量又在急剧下降。2005—2010年和2010—2015年,在距机场30 km的范围内,随着距离的增加,建设用地扩张量同样在急剧增加;但在30~70 km的范围内,随着距离的增加,建设用地扩张量在高位波动。从具体数据来看,在机场0 km范围内的建设用地扩张量则相对较少,1990—2000年新增286 km²,占该时间段内建设用地扩张量的8.1%;2000—2005年新增225 km²,占该时间段内建设用地扩张量的6.0%;2005—2010年新增111 km²,占该时间段内建设用地扩张量的3.7%;2010—2015年新增179 km²,占该时间段内建设用地扩张量的2.4%。

京津冀区域有两座大型港口,即天津新港和秦皇岛港。在距离港口10 km范围内,1990—2000年新增建设用地42 km²,占该时间段内建设用地扩张量的1.2%;2000—2005年新增建设用地44 km²,占该时间段内建设用地扩张量的1.2%;2005—2010年新增建设用地面积38 km²,占该时间段内建设用地扩张量的1.3%;2010—2015年新增建设用地面积54 km²,占该时间段内建设用地扩张量的1.0%。而在距港口10~50 km的范围内,建设用地增长量显著增加,并表现出不同发展阶段的差异性。1990—2000年,京津冀建设用地扩张并没有表现出显著的港口指向性;2000—2015年,在距港口10～50 km的范围内,建设用地增长量显著增加(图5-20)。

从建设用地变化的轴线特征来看,京津冀区域的建设用地扩张到海岸线的距离特征如图5-20所示。在1990—2000年京津冀建设用地扩张并没有表现出邻近海岸线的特征,10～30 km范围内,随着距海岸线距离的增加,建设用地的扩张量呈下降趋势。2000年以后,京津冀建设用地扩张邻近海岸线的特征才开始显现,在距海岸线10～70 km的范围,建设用地增加量较高且较为稳定。特别是在2005—2010年和2010—2015年,靠近海岸线的地区发展迅猛,在图5-20中表现出的是在距离海岸线较近的范围内有较多的建设用地新增,曲线高高凸起。

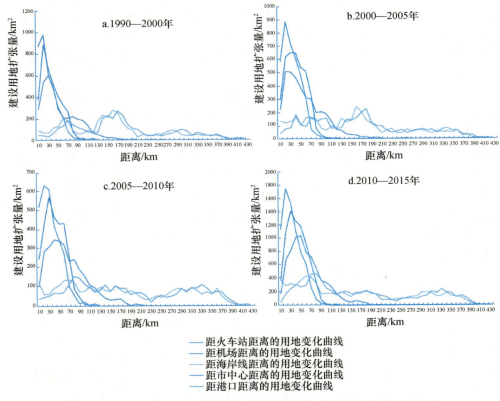

图5-20 1990—2015年京津冀建设用地变化与到重要节点的距离关系

从图5-21中可以看出,四个时间段的折线图非常相似,这表明在1990—

2015年,京津冀区域的建设用地扩张几乎全部发生在离国道省道的10 km范围内,而且越靠近国道省道,建设用地扩张的面积越大。而到高速公路距离与建设用地扩张量的关系曲线相对更为平缓,靠近高速公路的建设用地增长量不如国道省道,但是在高速公路20 km范围内都还有明显的建设用地扩张现象,说明高速公路对于建设用地扩张的影响范围更广。从具体统计来看:1990—2000年,在距离国道省道5 km范围内的建设用地扩张量为3307 km²,距离高速公路10 km范围内的建设用地扩张量为2858 km²;2000—2005年,在距离国道省道5 km范围内的建设用地扩张量为3400 km²,距离高速公路10 km范围内的建设用地扩张量为2915 km²;2005—2010年,在距离国道省道5 km范围内的建设用地扩张量为2716 km²,距离高速公路10 km范围内的建设用地扩张量为2079 km²;2010—2015年,在距离国道省道5 km范围内的建设用地扩张量为6524 km²,距离高速公路10 km范围内的建设用地扩张量为5043 km²(图5-21)。

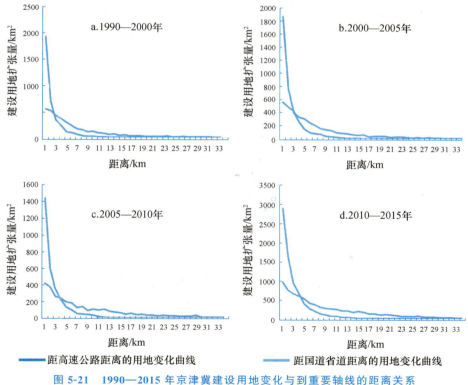

图5-21　1990—2015年京津冀建设用地变化与到重要轴线的距离关系

可见,主要道路网络在各阶段对京津冀区域建设用地扩张都具有重要引导作用,国道省道的作用比高速公路更大,而且两者差异较为明显。这也说明了分析的空间范围越大,则国道省道在吸引建设用地扩张方面相对于高速公路的优势越明显。

(二) 北京市

1990—2000 年,距离市中心 10～30 km 范围内是北京建设用地扩张的主要区域,新增建设用地约 681 km²,约占该时间段内建设用地扩张量的 68.3%。随着城市中心区的开发逐渐完成,在 2000—2005 年,建设用地扩张的主要范围是距离市中心 20～40 km 范围内,新增建设用地面积约 377 km²,约占该时间段内建设用地扩张量的 54.5%。2005—2010 年和 2010—2015 年,建设用地扩张的主要范围仍然在 20～40 km 范围内,而且建设用地新增量也分别达到了 225 km² 和 447 km²,约占各自时间段内建设用地扩张量的 76.5% 和 58.1%。1990—2000 年,在距市中心 30～50 km 范围内建设用地急剧减少,而距市中心 50～70 km 范围减少趋势有所减缓。2000—2005 年在距市中心 40～50 km 范围内建设用地急剧减少,而距市中心 50～70 km 范围内又再度成为建设用地扩张的活跃区域。2005—2010 年在距市中心 40～70 km 范围内建设用地都在急剧减少。2010—2015 年在距市中心 60～80 km 范围内建设用地扩张量反而随着距离的增加而增加,这表明了北京市建设用地扩张的圈层式特征,并在这个过程中伴有跳跃式扩张。

从到火车站的距离来看,北京市建设用地扩张同样发生在距火车站 30 km 范围内,但不同时期的变化特征具有差异性。1990—2000 年、2005—2010 年和 2010—2015 年这三个时期的北京建设用地变化与距车站的距离特征具有相似性,2000—2005 年的变化特征具有特殊性。这表明以火车站为中心,2000—2005 年在蔓延式扩张的同时还出现了跨越式扩张,而 1990—2000 年、2005—2010 年和 2010—2015 年以蔓延式扩张为主。具体来看,1990—2000 年在距火车站 30 km 范围内的建设用地扩张量为 834 km²,约占该时间段内北京市建设用地扩张量的 83.7%;2000—2005 年该范围建设用地扩张量为 692 km²,约占该时间段内建设用地扩张量的 66.2%;2005—2010 年间该范围建设用地扩张量为 242 km²,约占该时间段内建设用地扩张量的 81.5%;2010—2015 年间该范围建设用地扩张量为 576 km²,约占该时间段内建设用地扩张量的 74.8%(图 5-22)。

从到机场的距离来看,北京市建设用地扩张主要发生在距离机场 30 km 范围内。1990—2000 年该范围内建设用地新增 787 km²,占该时间段内建设用地扩张量的 78.9%;2000—2005 年该范围内建设用地新增 432 km²,占该时间段内建设用地扩张量的 62.4%;2005—2010 年该范围内建设用地新增 220 km²,占该时间段内建设用地扩张量的 74.1%;2010—2015 年该范围内建设用地新增

第五章 京津冀建设用地规模变化的时空特征

435 km², 占该时间段内建设用地扩张量的56.5%。进一步分析各时期的差异性, 若以机场为中心, 1990—2000年和2005—2010年则以蔓延式扩张为主, 2000—2005年和2010—2015年则出现了跳跃式扩张的情况。

由于北京市没有港口, 且距离现有港口较远, 因此北京市建设用地扩张与到港口的距离特征并不明显。1990—2015年, 北京市建设用地扩张几乎都是发生在距离港口130~190 km, 与北京市到港口的距离特征相似, 即该距离范围内的建设用地扩张量为北京市的建设用地扩张量, 因此北京市建设用地扩张的距离特征中应该不包含到港口的距离。北京市建设用地扩张量与到海岸线的距离的折线图, 与到港口的距离的折线图高度重合, 因此北京市建设用地扩张的距离特征中应该也不包含到海岸线的距离。

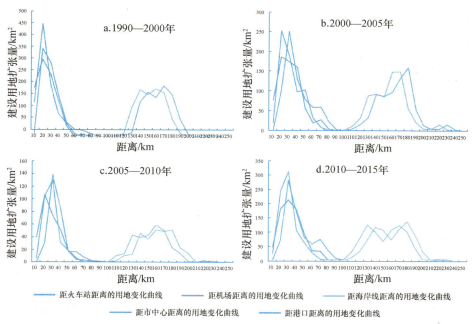

图 5-22　1990—2015 年北京市建设用地变化与到重要节点的距离关系

从距主要交通线路的距离来看, 北京市四个时期的折线图具有相似性。1990—2015年, 北京市建设用地扩张几乎全部发生在离国道省道的10 km范围内, 而且越靠近国道省道, 建设用地扩张的面积越大; 到高速公路距离与建设用地扩张量的关系折线相对更为平缓, 靠近高速公路的建设用地扩张量不如国道省道, 但是在高速公路20 km范围内都还有明显的建设用地扩张现象, 说明高速公路对于建设用地扩张的影响范围更广。具体来看, 1990—2000年, 在距离国道省道 5 km 范围内的建设用地扩张量约为 464 km², 距离高速公路 10 km 范围内的建设用地扩张量约为 470 km²。2000—2005 年,在距离国道省道 5 km 范围内的建设用地扩张量约为 379 km², 距离高速公路 10 km 范围内的建设用地扩张量约为 333 km²。2005—2010 年,在距离国道省道 5 km 范围内的建设用地扩张量约为 292 km², 距离高速公路 10 km 范围内的建设用地扩张量约为 287 km²。2010—2015 年,在距离国道省道 5 km 范围内的建设用地扩张量约为 369 km², 距离高速公路 10 km 范围内的建设用地扩张量约为 368 km²。在各阶段,主要道路网络都对北京市建设用地扩张起到了重要的引导作用,且国道省道的作用比高速公路更为明显(图 5-23)。

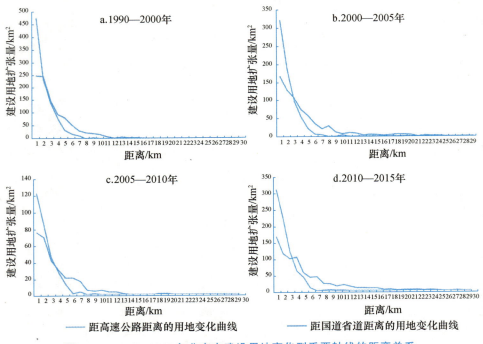

图 5-23　1990—2015 年北京市建设用地变化到重要轴线的距离关系

(三) 天津市

1990—2000 年,距离市中心 10～30 km 范围内区域是天津市建设用地扩张的主要区域,新增建设用地约 274 km², 约占该时间段内建设用地扩张量的 54.6%; 随着城市中心区的开发逐渐完成,2000—2005 年,建设用地扩张的主要范围在距离市中心 20～40 km 范围内,建设用地面积新增量为 521 km², 约占该时间段内建设用地扩张量的 74.5%。2005—2010 年,建设用地扩张的主要范围在距市中心 20～40 km 范围内,建设用地面积新增量为 225 km²,约占该时间段内建设用地扩张量的 71.2%;2010—2015 年,建设用地扩张的主要范围在距市中心 20～50 km 范围内,建设用地新增量为 952 km²,约占该时间段内建设用地扩张量的 71.4%。对比四个时期的折线图可以发现,在 1990—2000 年和 2010—2015 年,天津建设用地扩张以蔓延式为主,兼具跳跃式;而在 2000—2005 和 2005—2010 年,天津建设用地扩张在蔓延式扩张的同时,跳跃式扩张的规模有所增大。

从距火车站的距离来看,天津市建设用地扩张主要发生在距离火车站 40 km 范围内。1990—2000 年该范围内建设用地扩张量为 422 km²,约占该时间段内建设用地扩张量的 84.1%;2000—2005 年该范围建设用地扩张量为 536 km²,约占该时间段内建设用地扩张量的 76.7%;2005—2010 年该范围建设用地扩张量为 241 km²,约占该时间段内建设用地扩张量的 76.3%;2010—2015 年该范围建设用地扩张量为 1031 km²,约占该时间段内建设用地扩张量的 77.3%。对比四个时期的折线图可以发现,1900—2000 年天津市建设用地扩张主要发生在距离火车站 10 km 范围内,而 2000—2015 年天津市建设用地扩张主要发生在距离火车站 10～40 km 范围内(图 5-24)。

从距机场距离来看,天津市建设用地扩张主要是发生在距离机场 30 km 范围内。1990—2000 年该范围内建设用地新增 316 km²,占该时间段内建设用地扩张量的 62.9%;2000—2005 年该范围内建设用地新增 455 km²,占该时间段内建设用地扩张量的 65.1%;2005—2010 年该范围内建设用地新增 152 km²,占该时间段内建设用地扩张量的 48.1%;2010—2015 年该范围内建设用地新增 473 km²,占该时间段内建设用地扩张量的 35.5%。对比四个时期的折线图可以发现,在距机场 10 km 范围内,2000—2005 年的建设用地扩张量最大,而 2010—2015 年的扩张量最小。

天津港是京津冀区域的重要港口,而天津市的建设用地扩张与到天津新港的距离有着密切的联系。1990—2000 年,天津市建设用地扩张主要发生在距离港口 50～80 km,建设用地新增 330 km²,占该时间段内建设用地扩张量的 65.7%;2000—2005 年,天津市建设用地扩张主要发生在距离港口 40～70 km,建设用地新增 421 km²,占该时间段内建设用地扩张量的 60.2%;2005—2010 年,天津市建设用地扩张主要发生在距离港口 30～40 km 和 70～80 km,建设用地新增 178 km²,占该时间段内建设用地扩张量的 56.3%;2010—2015 年,天津市建设用地扩张主要发生在距离港口 30～40 km 和 70～80 km,建设用地新增 780 km²,占该时间段内建设用地扩张量的 58.5%。这表明在 2000 年以前,天津市建设用地邻近港口的扩张趋势并不显著,2000 年以后港口周边地区才开始大

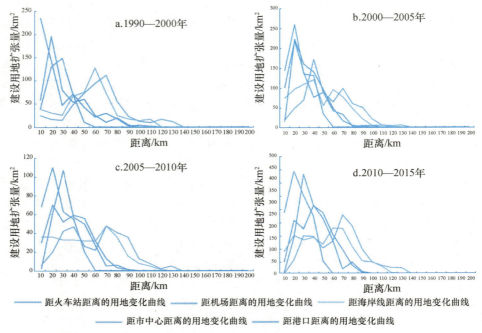

图 5-24　1990—2015 年天津市建设用地变化到重要节点的距离关系

规模建设。

从距主要交通线路的距离来看,天津市四个时期的折线图具有相似性。1990—2015 年,天津市建设用地扩张几乎全部发生在离国道省道的 10 km 范围内,而且越靠近国道省道,建设用地扩张的面积越大;到高速公路距离与建设用地扩张量的关系折线相对更为平缓,靠近高速公路的建设用地扩张量不如国道省道,但是在高速公路 20 km 范围内都还有明显的建设用地扩张现象,说明高速公路对于建设用地扩张的影响范围更广。具体来看,1990—2000 年,在距离国道省道 5 km 范围内的建设用地扩张量约为 350 km^2,距离高速公路 10 km 范围内的建设用地扩张量约为 484 km^2。2000—2005 年,在距离国道省道 5 km 范围内的建设用地扩张量约为 385 km^2,距离高速公路 10 km 范围内的建设用地扩张量约为 542 km^2。2005—2010 年,在距离国道省道 5 km 范围内的建设用地扩张量约为 310 km^2,距离高速公路 10 km 范围内的建设用地扩张量约为 293 km^2。2010—2015 年,在距离国道省道 5 km 范围内的建设用地扩张量约为 1067 km^2,距离高速公路 10 km 范围内的建设用地扩张量约为 1143 km^2。可见,主要道路网络在各阶段对天津市建设用地扩张都具有重要引导作用,且国道省道的作用比高速公路更为明显(图5-25)。

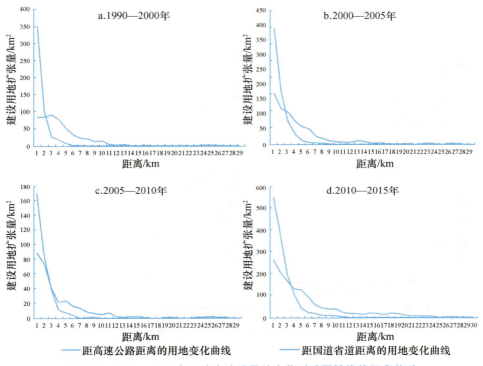

图 5-25　1990—2015 年天津市建设用地变化到重要轴线的距离关系

(四)河北省

由于河北省的城市发展程度不均衡,建设用地扩张到市中心的距离特征与北京市、天津市有所差别。1990—2000 年,距离市中心 60 km 范围内是河北省建设用地扩张的主要区域,新增建设用地约 1741 km²,约占该时间段内建设用地扩张量的 85.0%;2000—2005 年,建设用地扩张的主要范围同样是距离市中心 60 km 范围内,建设用地增长面积约 2250 km²,约占该时间段内建设用地扩张量的 84.7%;2005—2010 年,建设用地扩张的主要范围是在距市中心 10~60 km 范围内,建设用地新增 1743 km²,约占该时间段内建设用地扩张量的 73.4%;2010—2015 年,建设用地扩张的主要范围是在距市中心 10~60 km 范围内,建设用地新增 3993 km²,约占该时间段内建设用地扩张量的 75.7%。这表明,2000 年以前河北省围绕各城市中心区的蔓延式扩张并不显著,这一时期多为外围县域的分散式扩张。2000—2010 年围绕各城市中心区的蔓延式扩张有所增加,2010 年以后才进入大规模增长阶段(图 5-26)。

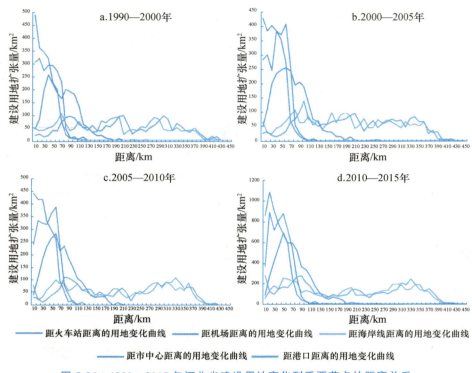

图 5-26 1990—2015 年河北省建设用地变化到重要节点的距离关系

1990—2015 年,河北省建设用地扩张到港口和海岸线的距离特征较为类似,建设用地扩张量相对均匀地分布在不同距离的地区,在距离港口和海岸线较近的区域的建设用地扩张量占比较少。具体来看,1990—2000 年,在距离港口 50 km 范围内建设用地扩张量为 113 km²,占该时间段内建设用地扩张量的 5.5%;2000—2005 年,在距离港口 50 km 范围内建设用地扩张量为 109 km²,占该时间段内建设用地扩张量的 4.6%;2005—2010 年,在距离港口 50 km 范围内建设用地扩张量为 134 km²,占该时间段内建设用地扩张量的 5.7%;2010—2015 年,在距离港口 50 km 范围内建设用地扩张量为 578 km²,占该时间段内建设用地扩张量的 11.0%。1990—2000 年,在距离海岸线 50 km 范围内建设用地扩张量为 227 km²,占该时间段内建设用地扩张量的 11.1%;2000—2005 年,在距离海岸线 50 km 范围内建设用地扩张量为 212 km²,占该时间段内建设用地扩张量的 9.0%;2005—2010 年,在距离海岸线 50 km 范围内建设用地扩张量为 275 km²,占该时间段内建设用地扩张量的 11.6%;2010—2015 年,在距离海岸线 50 km 范围内建设用地扩张量为 986 km²,占该时间段内建设用地扩张量的

18.7%。这表明,虽然河北有着较长的海岸线和港口,但建设用地扩张的海岸线指向性和港口指向性并不显著,虽然河北省一直强调向海发展,但直到2010年以后才表现出建设用地扩张趋势。

从距主要交通线路的距离来看,河北省四个时期的折线图也比较相似(图5-27)。1990—2015年,河北省建设用地扩张几乎全部发生在距离国道省道的10 km范围内,而且越靠近国道省道,建设用地扩张的面积越大;到高速公路距离与建设用地扩张量的关系折线相对更为平缓,靠近高速公路的建设用地扩张量不如国道省道,但是在高速公路20 km范围内都还有明显的建设用地扩张现象,说明高速公路对于建设用地扩张的影响范围更广。具体来看,1990—2000年,在距离国道省道5 km范围内的建设用地扩张量约为1843 km²,距离高速公路10 km范围内的建设用地扩张量约为1404 km²;2000—2005年,在距离国道省道5 km范围内的建设用地扩张量约为2036 km²,距离高速公路10 km范围内的建设用地扩张量约为1640 km²;2005—2010年,在距离国道省道5 km范围内的建设用地扩张量约为2114 km²,距离高速公路10 km范围内的建设用地扩张量约为1499 km²;2010—2015年,在距离国道省道5 km范围内的建设用地扩张量约为4501 km²,距离高速公路10 km范围内的建设用地扩张量约为3218 km²。可

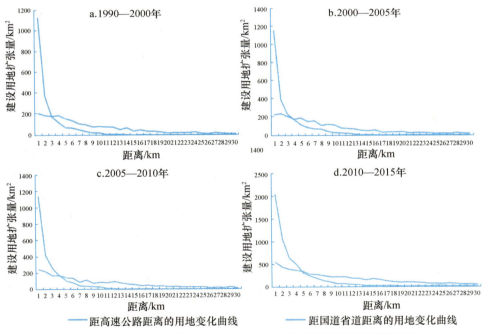

图 5-27　1990—2015 年河北省建设用地变化到重要轴线的距离关系

见,主要道路网络在各阶段对河北省建设用地扩张都具有重要引导作用,国道省道的作用比高速公路更大,且这种优势比京津更为明显。

三、建设用地变化的空间形态特征

建设用地空间形态特征的量化,一直是学术界探讨的重点与难点。本研究在已有研究基础上,选取均匀度指数、紧凑度指数和景观形状指数等三个指标来表征京津冀建设用地变化的形态特征。从均匀度指数来看,1990 年、2000 年、2005 年、2010 年和 2015 年的建设用地均匀度指数分别为 0.9263、0.9115、0.9104、0.9334、0.9473,均匀度指数先降低后增长,表明京津冀建设用地在各城市的空间分布先集中后分散,逐渐趋于均质化。进一步将其与 GDP 以及总人口的均匀度指数相比,可以发现,京津冀各个年份的建设用地均匀度指数都明显高于相应年份的 GDP 以及总人口均匀度指数。一定程度上,说明建设用地相对于 GDP 与人口,分布更为分散(表 5-5)。

表 5-5 京津冀建设用地均匀度指数变化及其与其他要素均匀度指数的对比

年份	均匀度指数		
	建设用地	GDP	总人口
1990	0.9263	0.7534	0.6034
2000	0.9115	0.7142	0.5892
2005	0.9104	0.7958	0.6982
2010	0.9334	0.8142	0.7061
2015	0.9473	0.8563	0.7354

从斑块层面对建设用地的空间形态进行分析,采用紧凑度指数和景观形状指数。其中,紧凑度指数反映建设用地空间分布的紧凑程度,景观形状指数反映建设用地形态的复杂程度。结果表明,1990—2015 年京津冀建设用地形态特征发生了显著变化。斑块总数大量增加,同时斑块密度和平均斑块面积先降低后升高,最大斑块面积也显著增加,表明京津冀建设用地的蔓延式扩张在逐渐增强。京津冀 1990 年、2000 年、2005 年、2010 年和 2015 年的建设用地紧凑度指数分别为 67.57、59.35、53.72、52.25 和 51.43,景观形状指数分别为 37.27、45.13、52.04、56.34 和 63.04,紧凑度指数越来越小而景观形状指数越来越大,表明整个区域的建设用地斑块形状越来越复杂,空间形态越发凌乱,空间格局趋于分散。区域层面的分散化,其实质反映了建设用地在各地区分布的均质化,也映射了行政区经济下建设用地扩展的各自为政,区域发展缺乏协同。斑块层面

的分散化,其实质反映了建设用地地块的分散化和破碎化,表明建设用地"多点开花"、布局散乱,从而在很大程度上影响了建设用地效率的发挥。

表 5-6　京津冀建设用地主要景观生态参数

年份	紧凑度指数	景观形状指数
1990	67.57	37.27
2000	59.35	45.13
2005	53.72	52.04
2010	52.25	56.34
2015	51.43	63.04

进一步计算京津冀各城市五个时间段的紧凑度指数和景观形状指数,发现 13 个城市的建设用地紧凑度指数和景观形状指数都无一例外地表现出相同的变化趋势,即紧凑度指数逐渐减小而景观形状指数逐渐变大。这表明各城市的建设用地均呈现扩张趋势,建设用地扩张多以外延式扩张为主。但这两个指数在 1990—2000 年、2000—2005 年和 2005—2010 年三个时期变化较大,而在 2010—2015 年时期变化较小,这说明 2010 年以后京津冀建设用地在规模急剧增加的同时,其分散化趋势却在减弱。

对比各城市各时期的建设用地紧凑度指数与景观形状指数,可以发现,各城市建设用地的分散程度存在较大差异。1990 年,"北京—保定—石家庄"这条发展轴的建设用地紧凑度指数较高,而发展轴两侧和南部的石家庄、天津、唐山、廊坊、沧州的建设用地紧凑度指数次之。这一时期,保定、沧州和天津的景观形态指数较高,并以此为中心向外圈层式递减。2000—2010 年,"北京—保定—石家庄"这条建设用地紧凑度指数较高的轴线继续延伸,向北延伸到张家口,向南延伸到邢台和邯郸,而"秦皇岛—唐山—天津—沧州"的建设用地紧凑度指数次之。2010—2015 年,紧凑度指数降低并不明显,并且空间格局变化不大。2000—2010 年,保定市建设用地景观形状指数始终保持着最高,而 2015 年保定、沧州、唐山和邯郸的建设用地景观形状指数都达到了最高等级。这主要是由于在早期京津冀的区县大都处于工业发展初、中期阶段,产业布局分散化趋势明显,建设用地往往呈现分散点状产生、增长和扩展。同时,区县间经济发展阶段差异性和极化性显著,当缺乏有效的政策与制度引导时,建设用地扩展趋于自发和无序状态,空间分布趋于分散。2010 年以后,虽然各地都在大力进行产业转移、提高经济发展水平,但由于缺乏有效、合理和可持续用地管理政策与制度,短时期内很难协调建设用地扩张的自发性和随意性(图 5-28、图 5-29)。

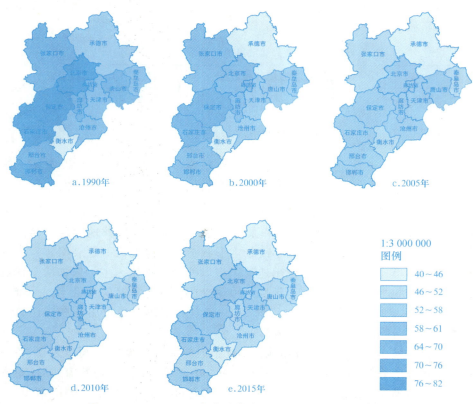

图 5-28　1990—2015年京津冀建设用地的紧凑度指数特征

根据京津冀各城市建设用地紧凑度指数与景观形状指数的对比关系,可以将建设用地扩张显著的地区划分为两种类型,即相对分散型和相对集聚型。相对分散型的紧凑度指数相对较小,而景观形状指数相对较大;相对集聚型的紧凑度指数相对较大,而景观形状指数相对较小。以此为标准,建设用地相对集聚的城市包括:北京市、天津市、石家庄市、唐山市、承德市、张家口市和衡水市;建设用地相对分散的城市包括:廊坊市、沧州市、保定市、邢台市和邯郸市。这些结果看似杂乱无章,但仔细分析却有一定规律。建设用地相对集聚的地区实质上包括两类,即城市中心区以及外围发展相对较快或滞后的区域,两种处于不同的发展模式。前者包括北京市、天津市、石家庄市、唐山市等城市,经济发展较快且已达到较高水平,以城市用地为主,多围绕城市中心区并沿交通干线呈圈层式拓展,建设用地效率相对较高。后者主要是承德市、张家口市和衡水市等地处边缘、发展相对滞后的城市,建设用地扩张相对缓慢、规模小,建设用地多沿交通干

第五章 京津冀建设用地规模变化的时空特征   161

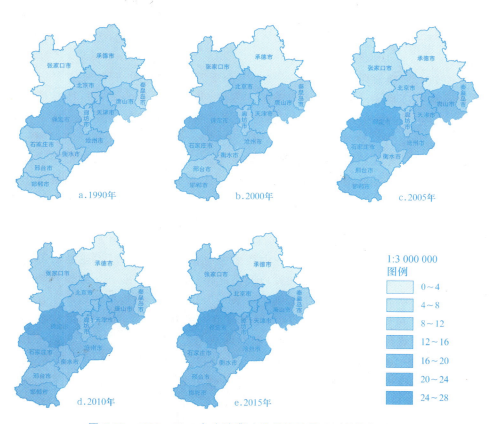

图 5-29 1990—2015 年京津冀建设用地的景观形状指数特征

线呈星状拓展。建设用地相对分散的城市多为核心区域外围发展较快的区域，包括保定市、廊坊市、沧州市和邢台市，这些城市的中心城区带动力不强，处于经济快速发展与城乡关系快速变迁的过程中，以县域建设用地的扩张为主导，建设用地相对分散。由此，京津冀建设用地的形态呈现明显的"集聚（高水平）—分散—集聚（低水平）"圈层结构，且分散化相对占据了优势。

第四节 京津冀建设用地变化的典型模式

京津冀建设用地变化表现出两种不同的扩张模式：一是"城市型"建设用地扩张，具体表现为主城区的圈层式和轴向的外向扩张；二是"县域型"建设用地扩张，是核心区域外围和边缘的县域城镇化、工业化，是基于县域经济发展的星状和点状蔓延。

一、"城市型"建设用地扩张

"城市型"建设用地扩张是一种"自上而下"的城市空间拓展,特点是以重大基础设施和项目驱动的边缘式或跨越式发展,其建设空间的发展目标是更多承载"市级城市居住和产业功能",并讲究建设空间的大规模和高质量。从京津冀建设用地变化的时空特征来看,京津冀区域13个城市的主城区及其邻近地区都属于"城市型"建设用地扩张模式。从建设用地变化过程来看,"城市型"建设用地扩张过程主要是城市政府与市场力量共同主导的土地开发过程,并呈现出显著的阶段差异性。这一过程在1990—2000年表现为政府主导下的城区工业用地外迁,政府通过"关闭""破产""兼并""产权转让"等国企改革手段将国企存量用地变现,同时推出土地出让优惠政策,鼓励工业用地置换,并通过用地置换向外围郊区转移。2000年以后,这种由政府主导的城市开发过程,逐渐演变为政府推动下的大项目与基础设施建设以及由此带动的外围产业新区建设与新城开发。市场主导下的建设用地扩张则主要表现为相应工厂的投资建设和居住大盘的建设。20世纪90年代中期,随着我国城镇住房制度改革的开展,城区的住房需求得到有效释放,加之交通基础设施的逐渐完善,从而引发了郊区房地产开发热衷,并在2010—2015年呈爆发性增长,由此拉动建设用地迅速向外围蔓延。

从空间模式来看,"城市型"建设用地扩张主要表现出圈层式扩张和轴向扩张的特征,并且廊道效应明显。早期,这种圈层式扩张主要表现为围绕中心城区的"摊大饼"式的圈层扩张。随后,在郊区大型项目的推动下,这种"摊大饼"式的圈层扩张逐渐向"跨越式"的圈层式扩张转变(图5-30)。政府主导的产业功能外拓与开发商主导的居住功能外溢,使得外围地区的产业新区与居住新区初具规模,中心城区沿主要的交通廊道向外呈跨越式拓展,并表现出明显的廊道效应。根据主城区扩张的方向、规模,可以总结京津冀13个城市的"城市型"建设用地扩张特征:北京、天津、石家庄、沧州、衡水属于四周扩散型,即城市建设用地逐渐向城区的外围扩散,形成同心圆模式增长;唐山、保定、廊坊、承德、张家口属于南北偏向型,即城市建设用地逐渐向城区的偏南或北部地区扩展,形成南北条带模式增长;秦皇岛、邯郸、邢台属于东西偏向型,即城市建设用地沿着地区的偏东或西部区域发展,形成东西条带模式增长。

第五章 京津冀建设用地规模变化的时空特征

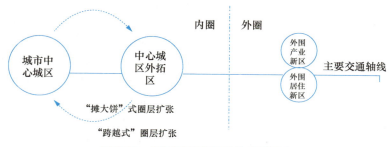

图 5-30 "城市型"建设用地扩张示意

二、"县域型"建设用地扩张

"县域型"建设用地扩张是一种"自下而上"的建设空间生长，多是依托既有城镇设施和区域性交通设施，凭借自有的土地和资源，支撑中、小工业企业，以多点蔓延为扩张方式，并进而实现本地的城镇化发展。这一建设用地扩张模式有着深刻的制度根源和地域性因素：一方面，上级政府的"放权"，使得县域、乡镇乃至村有着充分的发展自主权进行土地开发和招商引资，发展乡镇企业或民营企业，上级政府往往对土地开发、空间规划等权限下放或疏于监管；另一方面，"县域型"建设用地扩张模式的形成又依赖于其所处的区位条件和资源禀赋。据此，"县域型"建设用地扩张又可细分为三种类型：市场带动型、资源开发型和都市辐射型（图5-31）。

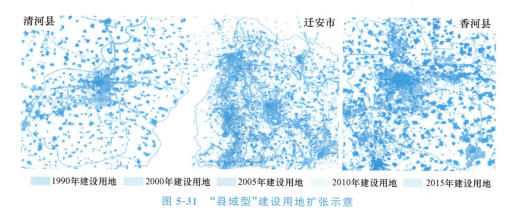

图 5-31 "县域型"建设用地扩张示意

市场带动型的形成主要有三个条件：一是当地有着经商的传统，贸易流通比较发达；二是市场和贸易流通的发展推动了当地工业的快速发展，并且二者形成了互动发展的良性态势；三是这些地方位于多县交界的"三不管"地带，市场和贸易流通活跃。例如,位于高碑店、雄县和容城等县交界处的白沟以及清河县就是这种模式的典型代表。

资源开发型是以本地或外地矿产资源开采、加工,甚至旅游资源开发等产业发展来推动建设用地扩张,而丰富的矿产资源和旅游资源是其产生和发展的基础。迁安市(县级市)就是这种类型的典型代表,依托丰富的铁矿资源,推动当地钢铁工业的快速发展,进而使得建设用地快速扩张。

都市辐射型是由于城郊县与大城市或中心城市在产业、政策、体制和环境等方面有一定的梯度差,既具有被中心城市吸附人才资源的风险,又具有中心城市辐射带动与产业转移的便利条件。特别是与京津两个超大城市较近的县域,承接都市要素的转移和扩散,推动了建设用地快速扩张,廊坊市的香河县就是这种类型的典型代表。

"县域型"建设用地扩张多以工矿用地为主,并且呈现分散式沿线布局的空间模式。这种空间模式难以形成规模的集聚,缺乏规划引导,使建设用地布局处于自发状态,用地功能混杂、缺乏效率。当前,在京津冀协同发展战略背景下,整个区域的建设用地扩张模式正逐渐向"城市型"转变。

第五节 本章小结

通过上述系统分析可知,京津冀建设用地扩张具有明显的阶段性波动特征,四个分析时段内呈现出"上升—下降—上升"的趋势。无论是区域整体,还是从北京市、天津市及河北省各城市来看,2010—2015年均是建设用地扩张速度和扩张动态度的高峰期。综合扩张速度、扩张动态度等指标的阶段性特征来看,1990—2000年、2005—2010年,各城市之间的扩张特点差异较为明显;到了2010—2015年,各城市的扩张差异明显缩小,一定程度上说明区域正逐渐朝着协同方向发展。

从空间格局来看,1990—2015年京津冀建设用地变化呈现由"双核双带"到"双核多心多带"的空间扩张轨迹。即形成了以北京市和天津市为核心,以"北京—保定—石家庄""北京—天津""唐山—天津—沧州"等为轴带,以石家庄市、邢台市和唐山市等为外围中心的建设用地扩张格局。各城市的扩张空间特征亦存在明显差异:北京市主要表现为圈层式扩张的特征,并具有明显的方向性;天津市除了具有圈层式扩张的特点外,还具有跳跃式扩张和沿京津交通走廊的牵引式扩张特点;河北省内各城市的扩张,则总体上呈现明显的"东西一线,南北两厢"的空间格局。就其内部分异来看,河北省中北部的环京津地区建设用地扩张受到了京津的吸引作用,而南部的冀中南地区建设用地扩张则一定程度上受各自中心城区和主要交通轴线的吸引作用。这表明,核心城市、主要交通轴线和外围城市的中心城区对京津冀建设用地扩张方向起到了重要的影响作用,并且不同时期的城市发展策略等政策空间因素也对建设用地扩张具有重要作用。

以建设用地规模为参考,可以发现与社会经济发展格局相似的"核心-外围-边缘"格局。具体来说,北京与天津为核心,石家庄、保定和唐山等轴带上的重要节点城市为外围,邢台、承德、廊坊、张家口、邯郸、秦皇岛、沧州和衡水等城市为边缘。核心区域内的北京市和天津市,建设用地规模优势突出,当前已属于超大城市。石家庄市、唐山市和保定市等外围区域城市,建设用地变化规模适中,但也已属于大中城市。而廊坊市、秦皇岛市、张家口市、承德市、沧州市、邯郸市、邢台市、衡水市等城市建设用地变化规模较小,属于中小城市。从变化速度来看,边缘地区城市的建设用地变化波峰往往在2010年以后,基本上属于后期发展型。而核心城市北京市的建设用地扩张的相对快速阶段在2000年以前,属于早期发展型;而天津市的建设用地扩张的相对快速阶段在2000年以后,属于中后期发展型;外围区域的石家庄市和唐山市的建设用地扩张属于中后期发展型,而保定市则属于前中期发展型,后期发展动力有所下降。但值得注意的是,区域内"核心-外围-边缘"的地区之间差距呈现缩小趋势,扩张活跃地区围绕北京市、天津市,呈圈层状和放射状向四周逐级扩散的态势。

京津冀各城市建设用地扩张均明显受到地形的约束作用,同时表现出不同程度的到重要节点和轴线的距离衰减特征。其中,市中心、火车站和机场的带动作用最为普遍,且以20~40 km范围内的扩张趋势最为明显,随着距离增大具有明显的衰减特征。海岸线和港口的影响作用,集中体现在天津市,具有明显的距离衰减特征。公路交通方面,建设用地向国道省道集聚的趋势强于高速公路,这可能与不同等级道路承载的职能及选址特征存在一定关系。从建设用地的空间形态来看,区域内各城市的建设用地空间分布基本呈现先集中、后分散,逐渐趋于均质化的特点。根据京津冀各城市建设用地紧凑度指数与景观形状指数的对比关系,可以将建设用地扩张显著的地区划分为相对分散型和相对集聚型。可以发现,京津冀建设用地的形态呈现明显的"集聚(高水平)—分散—集聚(低水平)"圈层结构,且分散化相对占据了优势。

总体来看,京津冀建设用地变化可以分为两种典型模式,即"城市型"建设用地扩张和"县域型"建设用地扩张。"城市型"建设用地扩张是一种"自上而下"的城市空间拓展,特点是以重大基础设施和项目驱动的边缘式或跨越式发展,其建设空间的发展目标是更多承载"市级城市居住和产业功能",并讲究建设空间的大规模和高质量。"城市型"建设用地扩张主要表现出圈层式扩张和轴向扩张的特征,并且廊道效应明显。"县域型"建设用地扩张是一种"自下而上"的建设空间生长,多是依托既有城镇设施和区域性交通设施,凭借自有的土地和资源,支撑中、小工业企业,以多点蔓延为扩张方式,并进而实现本地的城镇化发展。京津冀"县域型"建设用地扩张又可细分为三种类型,即市场带动型、资源开发型和都市辐射型。

第六章

京津冀建设用地变化驱动力研究

为了加深对区域内建设用地扩张规律的认识,为京津冀协同发展规划与治理提供决策依据,促进区域空间结构与形态优化,本章综合运用文献分析、空间分析、统计分析和回归分析等方法,对京津冀建设用地变化的驱动力开展深入研究。选取"区县行政区"和"网格"两种分析单元,通过系统的文献梳理,科学建立指标体系,进而构建合理的数理模型进行回归分析。一方面,通过基于区县行政区单元的研究,识别影响整体建设用地数量变化的宏、中观社会经济因素。另一方面,依托网格单元的研究,综合考虑地形条件、交通条件、邻域扩张的自组织性等因素的影响作用,关注微观尺度上建设用地扩张方向的驱动力。两种空间单元分析结论的相互补充,有利于更深刻地认识区域建设用地变化模式与变化方向的转变机制、分异原因。可对未来该地区的土地利用与发展、区域空间结构与形态优化、差异化土地管控政策制订等提供经验与帮助,为京津冀协同发展提供支撑。

第一节 区域建设用地变化驱动力因素选择

京津冀建设用地变化驱动力因素的选择需要对已有文献中的指标体系进行归纳总结,同时兼顾京津冀建设用地变化的现实以及数据的可获得性。本节将回顾国内既有研究中采用的建设用地变化驱动力因素,为开展京津冀建设用地变化驱动力分析提供影响因素选择的基础。总体而言,既有研究中选取的建设用地驱动力因素主要包括以下几个方面。

一、自然地理条件

在区域发展中,自然环境的作用和影响是作为一项基础条件而存在并给予考虑的,而影响城市建设的自然条件也是多方面的,组成自然环境要素包括地质、水文、气候、地形、植被以及地上地下的资源等。不同的地形条件,对城市空间布局、道路走向、线性、各种工程建设以及建筑的组合布置、城市轮廓、形态等都有一定的影响。地面海拔越高,坡度越大,重力侵蚀越大,水土流失和生态破坏的风险越大,需要增加相应工程防治的成本投入,直接影响了开发建设的成本。地质条件是影响开发建设成本的最基本要素,在地质越稳定、自然灾害越少的地区,开发建设的成本越低(陈江龙等,2013)。在建设选址上,不管是城市还是农村的大规模建设活动,大多数会选择在平原、河谷地带或是低丘山冈、盆地等地方修建,而山区由于地形、地质等情况比较复杂,在用地组织和工程建设方面往往比较困难。同时,在城市规划建设中,对土地的自然环境进行土地使用功能和工程适宜程度评价,其是作为城市用地选择和用地布局的科学依据,通常在城市用地评定中,采用包括地面坡度、地基承载力、地面高程、地貌等指标,而坡度、高程是城市用地评定最为常见的两项重要指标,坡度和高程是用地竖向规划、地面排水及洪水防范等方面的依据,同时在山区或丘陵地区,地面坡度的大小往往影响土地的使用和建设布置,因此也是用地评定的一个必要指标(吴志强等,2010)。

自然地理要素是建设用地扩张影响研究中的重要因素。为了分析自然地理要素对建设用地扩张的影响,研究人员选取海拔高度、坡度作为测度的指标(舒帮荣等,2014;黄大全等,2014;黄季焜等,2007)。在对建设用地扩张的研究中,学者发现自然地理要素限制城市建设用地扩张,尤其是在山地面积较大的城市中更为明显。嵇涛等人在对重庆主城区建设用地变化的研究中,得出自然地理条件限制了空间发展(嵇涛等,2014)。自然地理要素在不同地区的差异,会使得其影响程度存在不同,学者选择中西部地区的建设用地进行研究,发现自然地理要素对人均建设用地扩张的区域差异产生重要影响(彭云飞等,2014);在南京市区的研究中,由于南京市地处低丘缓岗地带,高程相差不显著,导致在统计上不显著,坡度与建设用地增加的比重呈负相关关系,说明坡度越陡,建设开发的比重越小(陈江龙等,2013)。另外,对于不同的用地,自然地理条件的作用也存在差异,研究表明非建设用地转为住宅用地、工业用地、商业用地均受到海拔、坡度的影响,其转化的概率随着海拔升高、坡度增加而显著降低(黄大全等,2014)。然后,在不同阶段自然地理条件的作用也是变化的,采用2002—2007年和2007—2012年两期数据对深圳市建设用地扩张进行研究,研究发现海拔和坡度在第一阶段作用是明显的,并且坡度较低、高程较小的地方出现新增建设用地的概率较大,而在第二阶段海拔高度和坡度的影响就很弱,这是由于在第二阶段深圳市进入高度城市化,建设用地变化表现为存量建设用地空间布局的变化(彭山桂等,2015)。

二、区位与交通条件

区位是研究用地变化的重要因素,一方面区位反映了用地的位置,另一方面也反映了用地之间的空间联系。由于社会经济活动的相互依存性、资源空间布局的非均匀性和分工与交易的地域性等特征,各空间位置具有不同的市场约束、成本约束、资源约束、技术约束、信息约束等,如距离城市中心的远近、距离自然资源的远近、距离市场的远近等,从而反映经济利益差异,也使得各个地区发展存在差异。因而,在研究建设用地变化的影响机制中,往往会把区位作为重要的考虑要素。交通是人和货物流动的重要载体,交通与土地利用的变化有着密切关系。

随着研究的不断深入,城市交通与土地利用时空变化之间客观存在着密切的相互作用关系。20世纪60年代,西方学者开始了城市交通与土地利用相互作用关系及模式的研究;从20世纪90年代开始,中国学者开始重视交通与土地利用研究(王雪微等,2015)。区位和交通要素影响建设用地的变化,主要体现在城市辐射和带动作用以及交通可达性的影响等方面。在区域层面上,由于受经济发展、资源配置、交通、技术等差异的影响,城市的发展往往出现集聚效应的现象,在距离城市越近的区域,受中心城市的辐射和带动作用越大,非建设用地转变为建设用地的概率就越高。同时,城市重要交通廊道也是带动经济发展的重要因素,张雪茹(2017)在对南京市城市建设用地变化研究中,发现城市建设用地面积与道路长度的变化趋势基本一致,内部交通与对外交通条件的改善在一定程度上都会通过不同方式推动城市建设用地面积的变化,这说明了城市道路的扩展与城市建设用地规模的扩大有着密切的关系。李加林等(2007)对长江三角洲城镇建设用地增长进行了研究,发现交通走廊沿线建设用地增长突出,交通指向扩张非常明显,对建设用地的扩张具有重要的指向作用。

为了量化分析区位和交通要素影响建设用地的变化,学者发现影响建设用地扩张的因素包括到CBD(中央商务区)的距离、到次级中心的距离、到工业中心的距离、到高速公路互通口的距离、到重要公路的距离、到铁路站点距离、到国际机场距离、到主要港口距离、到最近建设用地核心距离等(李晓等,2017),因而这些也被作为测度指标。在对德州市城镇建设用地扩张的研究中,发现德州市城镇建设用地增加的概率随着距城市的距离、距二级公路和高速公路的距离的增大而减小(刘瑞等,2009)。在探究南京建设用地空间扩展机理研究中,结果表明,到 CBD、到次级中心、到开发区和到高速公路互通口的距离的增长,与建设用地的增加呈负相关关系,到次级中心的距离与建设用地扩张虽呈负相关但统计上不显著,以及到高速公路互通口的距离对建设用地的作用不同阶段也存在差异(陈江龙等,2013)。

三、社会经济因素

土地为人类的生产生活等活动提供了不可或缺的空间载体,人类进行的各种生产生活活动同时也在影响着各种类型土地的利用结构和利用方式。现有研究发现,经济社会因素对土地利用具有重大影响。经济发展是城市建设扩张的重要基础,经济的快速增长同时伴随着城市的人口数量、居民生活质量、城镇工业化水平等方面的提高,极大地促进了城乡建设用地的不断变化。此外,由于城市间的个体差异及城市发展的阶段差异,城市土地利用变化的驱动因素也不尽相同。通过对 31 个省(市、自治区)进行分析,赵可发现驱动因素在全国不同区域有所不同(赵可等,2011);Du(2014)的研究则进一步证明了:城市发展的不同阶段,不仅驱动因子本身,驱动因素的作用强度都具有明显不同。

(一)经济因素

1. 地区生产总值

土地是经济发展的基础条件和重要保障,土地利用作为一种人类的社会与经济活动,必然会受到经济规律的制约,土地利用同时也促进并制约着经济社会的发展。我国经济持续高速的增长对我国建设用地规模的扩张产生了直接影响,2006—2015 年 31 个省(市、自治区)城市建设用地扩张区域差异明显,经济增长、财政赤字率、经济政策执行力对建设用地扩张区域差异的贡献率最大(刘永健等,2017);在 1996—2006 年省际建设用地扩张的驱动力的研究中,发现 GDP 是全国层面上建设用地扩张最核心的驱动变量,且对我国东部地区影响更为明显。在中国,长三角、珠三角对 GDP 的贡献巨大。经济因素作为主要驱动因素,在长三角城市群 26 个城市 2006—2015 年建设用地扩张驱动因素的研究中得到了证明(刘永健等,2017),刘志佳等(2015)在对珠三角地区 1979—2009 年的土地利用研究中取得了相似的结果,并发现经济增长与建设用地扩张的紧密联系主要表现在城市扩张初期,而随着经济的发展和产业结构升级转型,土地资源的贡献度逐渐下降,经济增长与建设用地扩张的相关性显著下降。京津冀区域虽然 GDP 贡献较大,但区域内城市发展严重不平衡,城市群地位受到广泛的争议,针对京津冀开展的土地利用变化的研究也相对较少。韩会然等(2015)曾对北京研究,发现了经济的快速发展也是北京市 1985—2010 年土地利用不断演进的重要驱动因素之一。

苏锡常地区1990—2010年建设用地扩张(周翔等，2014)、上海市1994—2006年土地利用格局(史利江等，2012)、广州1996—2012年土地利用变化(吴大放等，2015)，以及深圳市过去30年建设用地扩张(吕志强，2012)的时空特征、空间模式及驱动力的研究中，均证明了区域经济高速增长是驱动建设用地扩张的主导因素。我国省市众多且差异明显，各省(市、自治区)建设用地扩张驱动因素各有不同，大量针对单独省市的研究都验证了经济要素对建设用地扩张的重要性。河南省这样的人口大省，其建设用地扩张与经济增长具有很强的相关性；省会郑州市建成区的建设用地扩张同样与GDP、人口等因素关联度较大(吕秀丽等，2010)，该研究结果也基本适用于福建省自1990年来的城市土地动态变化(张金前等，2006)及厦门市建设用地扩张的驱动因素研究。武汉是中国中部地区的中心城市，胡源等(2014)在对武汉1996—2011年土地利用变更数据的定量分析研究中揭示了，国内生产总值是武汉建设用地扩张的最主要驱动因子之一。此外，经济要素在县级城镇建设用地扩张中的重要作用，在黄天能等的研究中也得到了验证(黄天能等，2012)。

2. 产业结构

一般来讲，经济发展过程中城镇范围扩大的主引擎是产业演变。土地是产业发展的空间载体，一个地区的主导产业和产业结构直接影响土地资源的配置(杨忍，2013)。工业化背景下，经济发展主要依靠第二、三产业推动，土地作为一项重要的生产资料，其使用量也随着产业经济的发展而日益剧增。而城市随着经济总量的增加，产业部门之间的整合与重组，区域产业结构不断转型升级，从而使土地资源在不同产业部门之间的配置发生变化，城镇用地原有的功能分区会在新的布局下实现区位关系、区位分布的重组，土地利用也随之调整。大量的研究从全国、区域、城市不同尺度探索了产业结构作用的不同规律。全国31个省(市、自治区)1999—2008年城市建设用地扩张数据显示，产业结构对不同地域城市用地变化均表现出较强的解释力；逐年回归的结果表明随着经济因子作用力的增加，产业结构调整的影响力在一定程度上降低(赵可等，2011)。陈伊翔等(2016)对29个省(市、自治区)(除海南省和上海市)1999—2013年的数据进行研究，结果显示，产业结构调整在整体上有利于减少建设用地投入；分区域分析时则发现，产业结构调整有利于东部地区减少建设用地投入，而对中西部地区将促进建设用地扩张。在省、市范围的研究中，甘肃省1997—2004年建设用地扩张表明产业结构调整有利于用地优化(王海鸥等，2008)，而山东省1990—2005年建设用地扩张则与第二产业的增加有密切关系(吴建寨等，2011)。关伟(2009)对大连的研究，则在市域范围内证实了产业结构、社会发展对土地利用的重大影响。

3. 社会投资

社会投资是经济发展过程中的一个重要驱动力,投资力度加大必然会推动经济发展,经济发展也必然促进城乡建设用地的扩张。在社会投资中,固定资产投资制约着建设用地的规模扩张,尤其对资源型城市外的其他职能城市的建设用地扩张具有不同程度的影响(舒帮荣等,2014)。其中基础设施投资是城市经济长期持续稳定发展的重要基础,是社会经济活动正常进行的保证,能为城市带来几倍于投资额的社会总需求和国民收入。城市基础设施如轨道交通、快速交通线路大规模建设,影响着城市土地利用的空间扩展,是城市建设用地扩展的直接原因(鲍丽萍等,2009)。2000—2010年我国社会经济迅猛发展,大陆城乡建设用地急剧扩张,固定资产投资和外商直接投资的快速增长以及投资驱动的大规模土地城镇化和路网等基础设施建设,驱动了我国各地区建设用地的快速扩张(黄宝容等,2017)。与全国其他区域相比,驱动河南省建设用地扩张的主要力量具有特殊性,快速城镇化进程以及经济社会发展引发的基础设施需求是建设用地扩张的主要驱动力,而经济增长、人口增长及工业化是建设用地扩张的一般驱动力(吕可文等,2012)。王涛(2015)对西安1988—2015年城市扩张特征及驱动因素的研究结果表明:第一、第二产业,城镇固定资产投资,非农业人口增加是驱动西安城市扩张的主要社会经济因素。基础设施建设、经济发展和人口增长同样也推动了梅州市建设用地的变化(罗迎新,2009)。

(二) 社会因素

1. 常住人口

人是土地利用的主要主导者和推动者,人口因素是对建设用地扩张最具活力的社会因素之一。人口增长是城镇化发展时期的必然现象,而人口数量决定城镇的规模和未来城镇发展的状况的同时,也决定了对居住、商业和基础设施等用地的需求量(Shoshany,2002)。国外学者很早就关注到了人口与城市的关系,美国学者对美国各个阶段的建设用地扩张与人口的关系做了持续的探索。在对美国1949—1980年东南部抽样数据的研究中,Alig等(1986)发现城市人口对解释城市用地规模扩张具有重要的意义。Megrath(1999)运用美国1950—1990年33个大都市区的截面数据,在人口因素的基础上,又发现了收入、农业租金对美国城市扩张的重要性。Thamodaran等(1981)人的研究又证明了人口要素对美国局部区域(中部地区)土地扩张的促进作用。此外,Brueckner和Fansler通过对40个不同人口的大都市地区进行研究比较,同样证明了人口是城市用地规模扩张的决定因素之一。国内相关研究起步相对较晚,在总结国外研究的基础上,从不同尺度开展了大量的研究,也取得了丰富的研究成果。

1999—2008年全国31个省(市、自治区)城市建设用地的扩张,经研究证明受到了城市人口因子的显著影响;逐年回归的结果也进一步证实城市人口因子的影响基本稳定,且影响力远大于经济发展和产业结构调整(赵可等,2011)。珠三角这样的巨型城市区域的土地利用变化也与人口密切相关,还受农业结构、经济发展、产业结构、城市化与工业化和外资投资的影响(闫小培等,2006)。成渝经济区是"十一五"经济区规划的试点地区,在2000—2010年的10年间城市建设活跃,这期间的城市扩张主要是受人口压力的驱动,特别是非农业人口的增加是研究区土地利用变化的最主要驱动力(吴坤等,2015)。深圳经济特区自1980年设立就以惊人的速度成长,城镇人口的迅速增长、外资的大量涌入和以房地产为主的第三产业的快速发展驱动着城市建设用地的快速扩张(史培军等,2000)。张军民(2008)在对淄博市进行的研究中也发现了人口数量是土地扩张的根本驱动力之一。

2. 居民生活水平

居民生活水平对土地利用的演变具有重要的引导作用。随着经济的快速发展,人均可支配收入的增加,人们除了满足基本的生活需求之外开始追求更高层次的精神生活,例如更大的居住空间、更好的居住环境、更完善的交通条件、更丰富的公共基础设施等,人均消费性支出也随之增加,如此一来在一定程度上推动了基础设施用地、公园绿地、交通道路、住宅用地等的建设,从而促进了建设用地的扩张。居民生活水平与地区经济水平息息相关,居民生活水平常常伴随其他经济社会要素从更微观的角度解释城市建设用地的扩张。Camagni等(2002)认为欧洲城市用地的蔓延与居民工资的增长有关系。Zhang等(2001)研究美国芝加哥区域,也发现城市用地扩张与城市居民收入等因素相关性明显。国内的有关研究中,胡银根(2014)采用灰色关联分析法探究了2003—2012年武汉市建设用地扩张的驱动因素,证明交通条件改善、城乡居民收入增长和人口增加是武汉市建设用地扩张的主要驱动力;各驱动力因素表现出一定的时间尺度依赖性,交通和人口因素对建设用地短期内快速扩张的推动效应更显著,收入因素的效应则主要体现在长期。而安徽省2000—2011年建设用地的变化,主要受到了居民生活水平提高与经济发展、道路设施完善等驱动力的影响(张雪茹等,2016)。

四、政策因素

政策因素对于建设用地变化的作用可以分为完全相反的两类:一类对建设用地增长具有促进作用,例如开发区、税收优惠政策等;另一类则会对建设用地增长起到限制作用,如自然保护区等限制性政策。城市规划作为一种重要的政策工具,对于城乡空间发展、土地利用配置等作出的空间安排,既包括促进开发型,也包括限制开发型,会对建设用地变化起到关键性作用。很多研究中都关注到了政策因素的影响。例如,李飞雪(2007)在对南京的研究中又发现了政策因素对城市空间形态和空间格局所产生的影响。黄庆旭等(2009)将城市扩张过程的驱动因子进行总结分类,将其概括为宏观、中观和微观三个层次,其中宏观尺度为城市规划、土地利用政策等政府行为和过去几千年来城市发展形成的旧有城市格局,中观尺度上为社会和经济因素;微观尺度上,区位、地形和交通限制决定了城市扩张的可能性。刘瑞等(2009)从空间角度研究德州市城市建设用地扩张的驱动力时发现,反映政府制度政策的城市规划是城市建设用地扩张最主要的驱动因素,强调了城市规划对城市发展的重要作用。

第二节 区县尺度的京津冀建设用地数量变化驱动力分析

一、指标体系构建

区县尺度下的建设用地变化驱动力分析侧重于建设用地的数量变化,主要受到社会经济因素和政策因素等的驱动作用。基于上一节中对既有研究所考虑建设用地驱动力因素的总结,并结合京津冀三地的区县尺度统计数据的可获得性,从经济发展、社会发展、政策支持、基础设施建设、自然条件和区位条件等6个方面,选取了25个指标作为区县尺度下的建设用地变化驱动力因子,如表6-1所示。各指标的含义和预期影响如下文所述。

表 6-1 区县尺度建设用地影响因素指标体系

要素	指标	单位
经济发展	GDP	亿元
	三产比例(Trdind)	百分比
	二产比例(Sedind)	百分比
	外商直接投资(FDI)	亿元
	地方财政支出(Fiscal)	亿元
社会发展	常住人口(Pop)	万人
	人口城镇化率(Urban)	百分比
	职工人数(Empl)	万人
	农村劳动力人数(Rurallbr)	万人
	人均社会消费品零售额(Consm)	万元
	城镇居民人均可支配收入(Avgincome)	万元

第六章　京津冀建设用地变化驱动力研究

（续表）

要素	指标	单位
政策支持	国家级开发区数量(Ndevz)	个
	省级开发区数量(Pdevz)	个
	是否位于规划重点发展地区(Plan)	—
基础设施建设	公路里程(Road)	km
	是否有铁路站点(Rail)	—
	是否有机场(Air)	—
	是否有港口(Port)	—
	固定资产投资(Invest)	亿元
自然条件	平均高程(Avgelev)	m
	平均坡度(Avggard)	度
区位条件	距北京市中心距离(BJdist)	km
	距天津市中心距离(TJdist)	km
	距石家庄市中心距离(SJZdist)	km
	距海岸线距离(Coast)	km

（一）经济发展

经济发展因素包括5个指标。GDP是对某一地区经济规模的综合反映，经济体的各类产业发展通常需要建设用地为载体，因此GDP通常被认为是建设用地的主要驱动力。除经济总规模以外，经济发展的结构也会对建设用地产生重要影响，不同产业的发展规模对建设用地的需求并不相同，因此在GDP指标的基础上仍需进一步区分产业结构。由于缺乏区县尺度的细分产业的产值统计数据，采用第三产业产值所占比例（三产比例）和第二产业产值所占比例（二产比例）两项指标来反映产业结构。这里采用产值比例而非产值的原因在于，各产业的产值与GDP存在高度相关性；未考虑第一产业比例是为避免自变量之间的线性关系（三个产业的比值相加为1）。此外，外商直接投资指标反映了地区经济发展的开放程度，在我国改革开放以来的经济发展中，外商直接投资扮演了重要作用，因此也可能是建设用地变化的重要影响因素。经济发展因素不仅取决于上述市场运行结果，还包括政府在经济发展中的投入，可以由地方财政支出指标来衡量。

（二）社会发展

社会发展因素主要是指地区的人口及其就业、消费等活动所衍生的建设用地需求，共包括6个指标。其中，常住人口是对地区人口规模的综合测度，人口规模的变化意味着居住、休闲等多种功能的用地需求。人口城镇化率是指城镇地区的常住人口占总人口的比例，用于反映人口的城乡结构，两种人口类型对于建设用地的需求存在差异。出于前文所述的相同原因，并未考虑农村人口所占比例指标。职工人数和农村劳动力人数分别反映了城乡地区的就业情况，是对社会经济发展中的劳动力投入规模的测度。人均社会消费品零售额和城镇居民人均可支配收入则反映了地区居民的消费能力差异，进而也可能影响到相关活动衍生的建设用地需求。

（三）政策支持

除社会经济因素以外，政策条件的支持在我国社会经济发展和建设用地变化中也具有非常重要的作用，主要选取了3项指标。开发区是政府参与经济发展的重要政策工具及空间载体，通过优惠政策、建设投资等途径，开发区政策往往能够明显带动地区经济发展和建设用地增长。考虑国家级开发区和省级开发区两类开发区，国家级开发区是指国务院批准设立的开发区，而开发区包括经济技术开发区、高新技术产业开发区两类。另一项指标为是否位于规划重点发展地区，是指各时期、京津冀三个省级单元的重大规划中安排的重点发展地区，该指标具体表示为区县是否位于重点发展地区内。

（四）基础设施建设

第四类驱动力是基础设施建设的相关因素，以交通基础设施为主，具体包括5项指标。其中，对应不同交通模式，分别引入了公路里程、是否有铁路站点、是否有机场、是否有港口等4项指标。此外，还引入了固定资产投资指标，用于反映整体的建设投入规模。

（五）自然条件

不同于其他类型因素，自然条件因素对建设用地变化主要起到约束作用，可以理解为城乡建设的自然适宜条件。具体包括高程和坡度2项指标，由区县内的平均值来衡量，通常而言，平均高程越低、坡度越低则越适于开发建设。

（六）区位条件

区位条件主要反映京津冀区域尺度下各区县单元的区位，具体包括4项指标。其中3项指标是区县单元距北京市、天津市和石家庄市三个区域中心城市市中心的距离，用于反映这三个区域中心城市在京津冀区域建设用地变化空间格局中的作用。另一项指标是距海岸线的距离，用于考察建设用地变化是否具有"向海发展"的趋势。

尽管本研究的时间段为1990—2015年，但由于1990年的大部分指标无相应统计数据或数据不全，为尽可能保障影响因素指标的数量，本部分区县尺度分析中仅关注2000—2015年这一阶段，即2000年、2005年、2010年和2015年4个年份。分别收集这4个年份的因变量和自变量所需数据。此外，在研究时段内，区县的行政区划存在一定变化，按照区/县行政区数量最小的原则进行统一合并处理，以保证4个年份的区/县单元的一致性。如此，共得到189个区县单

第六章 京津冀建设用地变化驱动力研究

元、4 个年份的相应指标,构成了平衡的面板数据。

二、模型构建

考虑到本部分的面板数据中,区县分析单元的数量多,而时间节点的数量少,属于长面板数据,更适合采用固定效应回归模型,具体表达式如下:

$$y_{it} = \alpha_i + \beta_1 \text{GDP}_{it} + \beta_2 \text{Trdind}_{it} + \beta_3 \text{Sedind}_{it} + \beta_4 \text{FDI}_{it} + \beta_5 \text{Fiscal}_{it} + \beta_6 \text{Pop}_{it}$$
$$+ \beta_7 \text{Urban}_{it} + \beta_8 \text{Empl}_{it} + \beta_9 \text{Rurallbr}_{it} + \beta_{10} \text{Consm}_{it} + \beta_{11} \text{Avgincome}_{it}$$
$$+ \beta_{12} \text{Ndevz}_{it} + \beta_{13} \text{Pdevz}_{it} + \beta_{14} \text{Plan}_{it} + \beta_{15} \text{Road}_{it} + \beta_{16} \text{Rail}_{it} + \beta_{17} \text{Air}_{it}$$
$$+ \beta_{18} \text{Port}_{it} + \beta_{19} \text{Invest}_{it} + \beta_{20} \text{Avgelev}_{it} + \beta_{21} \text{Avggrad}_{it} + \beta_{22} \text{BJdist}_{it}$$
$$+ \beta_{23} \text{TJdist}_{it} + \beta_{24} \text{SJZdist}_{it} + \beta_{25} \text{Coast}_{it} + \mu_{it}$$

其中,y_{it} 为区县 i 在年份 t 的建设用地规模,α_i 为常数项,μ_{it} 为模型残差,其余为自变量,含义见表 6-1 所示,β_1 至 β_{25} 为相应系数。

为更进一步地分析建设用地变化驱动力的空间差异,在京津冀区域总体回归分析的基础上,有必要将京津冀区域划分为若干个子区域。子区域的划分需要同时顾及子区域内部的相似性和子区域之间的差异性,同时还需兼顾地域上的连续性。基于对京津冀区域各城市发展状况的分析,将北京和天津这两个直辖市划分为一个子区域(京津),河北省的子区域划分则按照河北省在"十一五"期间提出的"一线两厢"区域发展战略。根据河北省委、省政府在 2005 年 6 月出台的《关于实施"一线两厢"区域经济发展战略的指导意见》,"一线"包括石家庄市、保定市、廊坊市、唐山市和秦皇岛市,是河北省经济发展和工业化发展水平较高的区域,并且与主要交通走廊的走向相一致;"两厢"分为"北厢"和"南厢",其中"北厢"为张家口市和承德市,位于河北省北部,经济发展相对落后,地形以山地为主;"南厢"包括沧州市、衡水市、邢台市和邯郸市,位于河北省东南部,经济发展水平高于"北厢"但低于"一线",地势较为平坦。综上所述,在分区域的分析中,京津冀区域划分为"京津""冀一线""冀北厢"和"冀南厢"4 个次区域(图 6-1)。

三、京津冀整体建设用地数量变化驱动因素

首先检验自变量的共线性,发现人均社会消费品零售额、城镇居民人均可支配收入、距海岸线距离 3 项自变量存在较明显的共线性,因此将其剔除出回归模型。如此处理后,其余自变量的 VIF 值均低于常用阈值 10,说明回归模型不存在明显共线性问题。基于其他 22 个指标作为自变量,考察区县尺度下的京津冀建设用地数量变化驱动力。京津冀总体以及 4 个次区域的回归结果如表 6-2 所

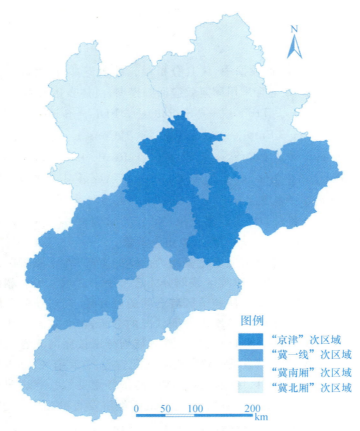

图 6-1　京津冀 4 个次区域划分示意

示,5 个模型(总体模型和次区域分模型)均通过了显著性检验及共线性检验等,模型拟合效果 R^2 也均达到了较好水平。在结果分析中,采用计量分析实证研究中通常采用的 95% 置信水平作为自变量是否通过显著性检验的标准,即表 6-2 中显著性一列数值低于或等于 0.05 的自变量。

表 6-2　区县尺度建设用地变化驱动力分析结果

区域	京津冀总体		"京津"次区域		"冀一线"次区域		"冀北厢"次区域		"冀南厢"次区域	
变量	系数*	显著性	系数*	显著性	系数*	显著性	系数*	显著性	系数*	显著性
GDP	0.103	0.007	0.083	0.013	0.156	0.001	0.055	0.048	0.155	0.044
Trdind	0.037	0.021	0.137	0.003	0.025	0.025	0.099	0.236	0.003	0.128
Sedind	0.062	0.049	0.041	0.159	0.182	0.000	0.101	0.061	0.160	0.020

（续表）

区域	京津冀总体		"京津"次区域		"冀一线"次区域		"冀北厢"次区域		"冀南厢"次区域	
变量	系数*	显著性	系数*	显著性	系数*	显著性	系数*	显著性	系数*	显著性
FDI	0.094	0.205	0.131	0.045	0.057	0.311	0.004	0.413	0.010	0.107
Fiscal	0.468	0.062	0.053	0.021	0.311	0.001	0.009	0.120	0.218	0.093
Pop	0.233	0.019	0.263	0.000	0.176	0.006	0.087	0.018	0.202	0.027
Urban	0.131	0.010	0.047	0.027	0.141	0.035	0.090	0.001	0.130	0.034
Empl	0.098	0.362	0.070	0.196	0.034	0.222	0.023	0.166	0.027	0.311
Rurallbr	0.031	0.488	0.007	0.218	0.029	0.156	0.052	0.213	0.071	0.090
Ndevz	0.168	0.032	0.053	0.023	0.178	0.012	0.017	0.093	0.094	0.054
Pdevz	0.87	0.052	0.028	0.057	0.117	0.008	0.053	0.123	0.062	0.044
Plan	0.228	0.001	0.264	0.000	0.249	0.002	0.198	0.033	0.095	0.028
Road	0.132	0.049	0.109	0.162	0.272	0.031	0.082	0.017	0.206	0.005
Rail	0.089	0.005	0.108	0.020	0.048	0.002	0.141	0.031	0.129	0.401
Air	0.042	0.019	0.113	0.034	0.124	0.041	0.108	0.211	0.076	0.332
Port	0.031	0.038	0.087	0.039	0.045	0.024	−0.09	0.672	0.067	0.044
Invest	0.051	0.034	0.066	0.099	0.089	0.008	0.169	0.019	0.066	0.004
Avgelev	−0.007	0.096	−0.094	0.067	−0.002	0.126	−0.129	0.020	0.003	0.085
Avggrad	−0.126	0.022	−0.102	0.041	−0.143	0.044	−0.116	0.019	−0.092	0.211
BJdist	0.225	0.018	0.124	0.003	0.159	0.041	0.084	0.045	0.025	0.280
TJdist	0.091	0.044	0.016	0.039	0.077	0.082	0.016	0.089	0.047	0.061
SjZdist	0.073	0.051	−0.049	0.112	0.138	0.020	−0.022	0.472	0.033	0.045
样本数	756		128		272		96		260	
R^2	0.826		0.741		0.706		0.855		0.784	
F	265.4		191.1		152.5		105.2		193.9	
显著性	0.000		0.000		0.000		0.000		0.000	

* 本表中回归系数均为标准化系数。

首先来看京津冀总体的驱动力回归分析结果。如表6-2所示，在京津冀总体层面上，对区县尺度建设用地数量变化起到显著作用的因素包括GDP、三产比例、二产比例、常住人口、人口城镇化率、国家级开发区数量、是否位于规划重点发展地区、公路里程、是否有铁路站点、是否有机场、是否有港口、固定资产投资、平均坡度、距北京市中心距离和距天津市中心距离等15个指标。具体而言，区县的GDP对其建设用地数量变化起到显著的促进作用，标准化系数为0.103，即GDP平均每增长1%，则会使得建设用地增长0.103%。不仅是经济总体规模对建设用地作用具有促进作用，第三产业和第二产业所占的比例均起到了显著的促进作用，其中二产比例的作用系数大于三产比例，即在京津冀总体层面，在2000—2015年二产对建设用地增长的作用大于三产。地方财政支出指标的回归系数均为正，即地方财政支出对建设用地起到显著的促进作用。对于其他经济发展因素，外商直接投资虽然也具有正向促进作用，但并不显著。

社会发展因素方面，常住总人口以及人口城镇化率均能够显著促进建设用地增长，其中常住人口的作用强度大于人口城镇化率。在其他社会发展因素中，职工人数和农村劳动力人数两项指标的回归系数均为正，即对建设用地增长具有促进作用，但并未通过显著性检验。

政策支持因素方面，国家级开发区数量和是否位于规划重点发展地区两项指标的回归系数均显著为正，即对建设用地增长具有促进作用，符合预期。省级开发区数量指标虽然系数也为正，但并不显著。

基础设施建设因素方面，5项指标（公路里程、是否有铁路站点、是否有机场、是否有港口、固定资产投资）均为正回归系数，且均通过了显著性检验，反映出了基础设施建设在京津冀区域建设用地增长中的显著作用，其中公路里程和是否有铁路站点的影响强度相对较大。

自然条件因素中，平均高程和平均坡度两项指标的回归系数均为负，均符合预期，即平均高程越高、坡度越大，则建设用地的增长越少，地形条件对建设用地增长起到了约束作用。其中，仅有平均坡度指标通过了显著性检验。

最后，在区位条件因素中，有距北京、天津、石家庄三个区域性中心城市距离的指标，可以反映区域性中心城市对区域内建设用地增长的作用。回归结果中，距北京市中心距离和距天津市中心距离两项指标对建设用地增长起到了显著的促进作用，其中前者的系数值明显更大，而距石家庄市中心距离指标的系数虽也为正，但并不显著。上述结果说明，在京津冀区域的区域尺度建设用地变化中，北京和天津这两个区域性中心城市起到了显著的引领作用，其中北京的影响更为明显，而石家庄所起的作用并不显著。

四、"京津"次区域的建设用地数量变化驱动因素

分区域的回归结果进一步展示出京津冀区域建设用地变化驱动力的空间差异性。"京津"次区域的社会经济发展水平最高，对建设用地增长起显著促进作用的因素包括GDP、三产比例、外商直接投资、常住人口、人口城镇化率、地方财政支出、国家级开发区数量、是否位于规划重点发展地区、是否有铁路站点、是否有机场、是否有港口、平均坡度、距北京市中心距离以及距天津市中心距离等14个指标。

在经济发展因素中，三产比例对京津建设用地增长的贡献较大，且明显大于其他次区域，反映出三产在京津产业发展及其建设用地需求中的关键作用。外商直接投资在京津建设用地增长中的作用也很显著，且强度较大，这在其他次区域以及京津冀总体层面均未出现，说明在2000—2015年，外商直接投资在京津

取得的发展效果较好,而在河北省的效果相对并不明显。地方财政支出指标对"京津"次区域建设用地增长也起到了显著作用。

社会发展因素中,常住人口对建设用地增长的促进作用最为显著,相比之下人口城镇化率的作用虽然显著,但系数较小,这反映出了京、津作为超大(特大)城市,人口规模衍生的建设用地需求较为重要,而由于此时整体城镇化率较高,城镇化率的影响强度相对有限。

政策支持因素中,国家级开发区数量指标对京津建设用地增长起到了显著作用,而省级开发区数量的影响并不显著。

基础设施建设因素中,是否有铁路站点、机场和港口三项指标对京津建设用地增长具有显著的正向影响。但不同于其他次区域的是,固定资产投资和公路里程两项指标在"京津"次区域的影响并不显著,这是因为两市的城市基础设施建设用地相对领先完善,对建设用地增长的作用相对其他次区域较为有限。

自然条件因素中,平均坡度对建设用地增长起到了显著的约束作用,而平均高程虽然起到了约束作用但并不显著。

在区位条件因素中,北京、天津两个中心城市在京津地区的建设用地增长中都起到了显著引领作用,即邻近两市中心的区县建设用地增长更为明显,呈现出一定的单中心扩张趋势,但其中北京的作用仍然更强。

五、"冀一线"次区域的建设用地数量变化驱动因素

在"冀一线"次区域中,即河北省相对发展水平较高的 5 个城市,对建设用地增长具有显著作用的因素包括:GDP、二产比例、地方财政支出、常住人口、人口城镇化率、固定资产投资、国家级开发区数量、省级开发区数量、是否位于规划重点发展地区、公路里程、是否有铁路站点、是否有机场、是否有港口、平均坡度、距北京市中心距离和距石家庄市中心距离等 16 个指标。

在经济发展因素中,GDP 和二产比例对"冀一线"次区域建设用地增长的贡献较大,反映出经济发展尤其是二产发展在该区域产业发展及其建设用地需求中的关键作用。地方财政支出指标对"冀一线"次区域建设用地增长起到了显著作用。三产比例和外商直接投资在"冀一线"次区域建设用地增长中的作用并不显著。

社会发展因素中,常住人口对建设用地增长的促进作用最为显著,人口城镇化率的作用也达到了与之接近的水平。这反映出在"冀一线"次区域,不仅人口总规模衍生的建设用地需求较为重要,并且人口的城镇化进程对建设用地增长也有重要影响。

政策支持因素中,国家级开发区、省级开发区数量以及是否位于规划重点发展地区这三项指标均对"冀一线"次区域建设用地增长起到了显著作用,体现出了政策因素在建设用地增长中的关键作用。

基础设施建设因素方面的 5 项指标,即公路里程、是否有铁路站点、是否有机场、是否有港口和固定资产投资,均对"冀一线"次区域建设用地增长起到了显著作用。这在所有次区域中最多,说明政策支持在"冀一线"次区域的发展中起到了较为明显的作用,至少是在建设用地增长中所体现出来的。

自然条件因素中,平均坡度对"冀一线"次区域建设用地增长起到了显著约束作用,平均高程虽然起到了约束作用,但并不显著。

在区位条件因素中,北京、石家庄两个中心城市在"冀一线"次区域的建设用地增长中都起到了显著引领作用,即邻近两市中心的区县建设用地增长更为明显,其中北京的作用略微更强。相比之下,天津对"冀一线"次区域建设用地增长并未起到显著作用。

六、"冀北厢"次区域的建设用地数量变化驱动因素

在"冀北厢"次区域中,即河北省相对发展水平较低的两个城市,对建设用地增长具有显著作用的因素包括:GDP、常住人口、人口城镇化率、农村劳动力、是否位于规划重点发展地区、公路里程、是否有铁路站点、固定资产投资、平均高程、平均坡度和距北京市中心距离等 11 个指标。

经济发展因素中,只有 GDP 这一项指标对"冀北厢"次区域建设用地增长具有显著贡献,且回归系数明显小于京津冀总体和其他次区域。这可能是因为"冀北厢"次区域的经济发展水平较差,三产和二产发展并未起到主要作用,使其对于建设用地增长的影响并不显著,外商直接投资的作用则更不显著。

社会发展因素中,常住人口对建设用地增长的促进作用最为显著,人口城镇化率的作用较为接近,但两者的作用强度均较有限,明显弱于其他次区域。农村劳动力指标对"冀北厢"次区域建设用地增长也起到了显著的正向作用,反映出了在这一区域农业与农村发展仍然发挥着较为重要的作用,这是"冀北厢"次区域所独有的特征。

政策支持因素中,只有是否位于规划重点发展地区一项指标在"冀北厢"次区域建设用地增长中起到了显著的正向作用,而国家级开发区数量和省级开发区数量的影响均不显著,事实上该地区设立的国家级和省级开发区数量均很少。

基础设施建设因素中,公路里程、是否有铁路站点、固定资产投资三项指标均对"冀北厢"次区域建设用地增长具有显著作用,而其余两项指标(是否有机场和港口)的作用并不显著,这是因为该次区域并不拥有机场和港口。

自然条件因素中,平均高程和平均坡度对"冀北厢"次区域建设用地增长都

第六章 京津冀建设用地变化驱动力研究

起到了显著约束作用,也是"冀北厢"次区域的独有特征。这是因为,该地区的地形较为复杂,以山地为主,使得地形条件对建设用地增长起到了比其他次区域更为显著的约束作用。

区位条件因素中,只有北京在"冀北厢"次区域的建设用地增长中都起到了显著引领作用,而天津和石家庄对"冀北厢"次区域建设用地增长并未起到显著作用。值得注意的是,尽管石家庄是河北省省会,而"冀北厢"次区域是河北省的一部分,但由于在地域上被京、津所分隔,使得石家庄在省域北部的辐射作用非常有限。

七、"冀南厢"次区域的建设用地数量变化驱动因素

在"冀南厢"次区域中,即河北省相对发展水平较低的4个城市,对建设用地增长具有显著作用的因素包括:GDP、二产比例、常住人口、人口城镇化率、省级开发区数量、是否位于规划重点发展地区、公路里程、是否有港口、固定资产投资和距北京市中心距离等10个指标。

在经济发展因素中,与"冀一线"次区域类似,GDP和二产比例对"冀南厢"次区域建设用地增长的贡献较大,反映出经济发展尤其是二产发展在该区域产业发展及其建设用地需求中的关键作用。三产比例和外商直接投资在"冀南厢"次区域建设用地增长中的作用并不显著。

社会发展因素中,常住人口和人口城镇化率均对建设用地增长起到了显著的促进作用。这反映出在"冀南厢"次区域,人口总规模衍生的建设用地需求较为重要,同时人口的城镇化进程对建设用地增长也有重要影响。

政策支持因素中,省级开发区数量和是否位于规划重点发展地区两项指标对建设用地变化具有显著促进作用,而国家级开发区数量在"冀南厢"次区域中的作用并不显著。

基础设施建设因素中,公路里程、是否有港口和固定资产投资三项指标均对"冀南厢"次区域建设用地增长起到了显著作用,其他两项指标则并无显著作用。

自然条件因素中,平均高程和平均坡度对"冀南厢"次区域建设用地增长都没有显著的约束作用,在4个次区域中仅"冀南厢"次区域具有这一特征。这是因为在京津冀区域,"冀南厢"次区域是地势最为平坦的一部分,从而使得地形条件并不起显著影响。

区位条件因素中,石家庄在"冀南厢"次区域的建设用地增长中起到了显著引领作用,但影响强度较小。北京和天津对"冀南厢"次区域建设用地增长并未起到显著作用。

八、区县尺度驱动机制分析

综合对京津冀建设用地变化时空特征与数量变化驱动因素分析结果发现,京津冀建设用地数量变化的驱动因子主要包括 GDP、三产比例、二产比例、常住人口、人口城镇化率、国家级开发区数量、是否位于规划重点发展地区、公路里程、是否有铁路站点、是否有机场、是否有港口、固定资产投资、平均坡度、距北京市中心距离和距天津市中心距离等因素。通过京津冀整体与各次区域的建设用地数量变化驱动因素的综合分析与比较,可以发现京津冀区域建设用地数量变化驱动因素具有空间分异性。GDP、常住人口、人口城镇化率、是否位于规划重点发展地区等 4 项因素在京津冀总体及各次区域的建设用地增长中都起到了显著的促进作用。三产比例在经济最发达的"京津"次区域具有显著作用,而二产比例则在经济发展水平居中、工业化依赖程度较高的"冀一线"和"冀南厢"次区域较为重要,但两者在经济发展水平最低的"冀北厢"次区域同时不显著。开发区因素在国家级和省级开发区设立最少的"冀北厢"次区域无显著作用,但在其他次区域的作用均显著。固定资产投资和公路里程两项基础设施建设因素在河北省的三个次区域均具有显著作用,但对于基础设施建设相对完善的京津次区域则并无显著作用;机场和港口两项指标主要在设立有机场和港口的地区具有显著作用;铁路站点虽然在各地区均有设立,但在"冀南厢"次区域的作用并不显著。平均坡度指标对大部分次区域的建设用地增长都起到了显著约束作用,但对地势最为平坦的"冀南厢"次区域并不显著,而平均高程仅在地形条件最差的"冀北厢"次区域具有显著约束作用。在区域性中心城市的引领作用方面,北京作为最重要的中心城市,对京津冀总体以及除与之相隔较远的"冀南厢"次区域之外其他三个次区域的建设用地增长都具有显著引领作用,相比之下天津和石家庄的区域引领作用则较为有限。

本节进一步分析了京津冀建设用地数量变化主要驱动因子的作用机制,为京津冀协同发展制订合理的政策提供参考。

(1) GDP 因素。GDP 是衡量一个国家或地区经济发展水平的重要标志,是国民经济核算的核心指标。改革开放 30 余年,经济发展主要以追求 GDP 增长为目标,除去大量的资本投入外,对土地的需求也不断增加。而 GDP 增长的一个主要表现是将农用地转变为建设用地,提升土地使用价值,尤其是建筑行业的发展,促使城市的居住用地、商业用地、工业用地等面积持续扩张。因此,GDP 指数是影响城市建设用地变化的一项重要指标,GDP 发展越快,城市建设用地扩张规模越大。京津冀区域中北京、天津两个核心城市的 GDP 较高,其建设用地的规模也较大。

(2) 城镇化率和常住人口因素。城镇化率和常住人口是反映城市发展规模和发展水平的重要因素。城市发展加强了对人口的吸引,京津冀区域是近30年发展最快的经济区之一,尤其是北京、天津等大城市也逐渐成为城市常住人口规模较大的地区。大量人口的涌入,加快了城市的经济发展,为各行各业的扩张提供了充足的劳动力资源,而产业的发展与企业的规模扩大需要大量的土地资源支撑;同时,人口迁入城市,也加大了城市的空间承载压力,城市必须通过扩展空间满足人口日益增长的居住需求。如北京市、天津市、石家庄市、唐山市、廊坊市等,常住人口的增加也必然会引起建设用地规模的扩大。

(3) 开发区和规划重点发展地区因素。开发区和规划重点发展地区作为一种重要的区位导向性政策,是促进建设用地增长的重要因素。开发区和规划发展重点地区往往集中了政府财政投资、基础设施建设和税收优惠等多种要素,一方面是政府主导的大规模土地开发,另一方面是大量企业的投资集聚,都将引发建设用地规模的大量增加。在京津冀区域,开发区数量较多以及被国家、省、市重点规划所覆盖的地区,也是建设用地规模增加较快的地区。

(4) 基础设施和固定资产投资因素。这是衡量地区政府财力的重要指标,也是地区发展的重要保障,基础设施建设和固定资产投资越大,表示地区经济发展实力越强,也越能促进建设用地规模扩张。但这种促进作用也具有时间效应,例如固定资产投资和公路里程两项基础设施建设因素在河北省的三个次区域均具有显著作用,但对于基础设施建设相对完善的京津次区域则并无显著作用。

(5) 距中心城市距离因素。表示建设用地变化区域的经济区位,反映其受城市政策与公共服务辐射的难易程度。距离区域城市中心越近,辐射程度越高,对土地利用转变的吸引力越强,建设用地增长也越容易。在京津冀区域,北京作为最重要的中心城市,对建设用地增长都具有显著引领作用,相比之下天津和石家庄的区域引领作用则较为有限。

第三节 网格尺度的京津冀建设用地扩张方向驱动力分析

一、分析单元及因变量选择

以网格作为基本空间单元时,主要分析自然地理条件、社会经济因素、区位和交通节点等因素对非建设用地转变为建设用地的影响。因为网格的尺度远小于行政区,网格中非建设用地转变为建设用地的过程,实际上体现了建设用地扩张的空间特征或扩张方向。换言之,采用网格作为基本分析空间单元时,实际上是从自然地理条件、社会经济因素、区位和交通节点等方面解释建设用地扩张方向的驱动力。

采用网格作为基本分析空间单元时,建设用地变化驱动力分析的因变量选择可以有两种方法。一种是以该网格是否由非建设用地转换为建设用地的状态作为因变量,例如在某个时期内,对于所有的非建设用地,开始时某个网格状态为非建设用地,而在该时间段的结束时期,该网格内用地全部或者大部分转变为建设用地,因此该网格也由非建设用地转变为建设用地,此时该网格状态为 1,否则为 0。按照这种思路,一般采用 Logistic 回归来分析建设用地是否发生转变的驱动力。这种方法适用于多种用地类型之间转变的驱动力分析,如耕地、林地、草地等用地类型转变为建设用地。

另一种方法,则是将各网格内的建设用地数量或所占比例作为驱动力分析的因变量,如此选取的因变量为连续变量,而不同于第一种方法中的二元离散变量。这种思路下,适合采用线性回归进行驱动力分析。这种方法的优势在于,不需要将每个网格简单地划分为建设用地、非建设用地两种状态,网格中建设用地的比例可以是任意值,能够反映网格内部建设用地的真实变化。相较于第一种方法,这种方法适用于较大空间尺度的网格单元。

根据两种方法的优劣势比较,具体哪种因变量选择更为合适,主要取决于分析单元的空间尺度。当分析单元与现实中基本地块的面积相当甚至是更小时,应当选取离散型因变量更为合适,即将每个单元划分为建设用地、非建设用地等状态值;相反,当分析单元明显大于地块面积时,则应当采用连续型因变量,即网格内的建设用地规模作为因变量。

京津冀区域空间尺度较大,总面积达到 21.8×10^4 km²。网格选择不宜过小,如采用 100 m×100 m 的网格时,分析单元将达到 2180 万个,不仅会增加计算的难度,也不利于反映区域层面的建设用地变化空间特征。另外,若分析单元过大,又难以准确反映地形坡度、交通区位以及邻域影响等影响因素。基于上述综合考虑,采用 1 km×1 km 的网格作为本部分研究的基本分析单元,如此共计 21.8 万个分析单元。与此同时,因变量设置为各个网格单元的建设用地面积,或在一段时期内建设用地变化量,均为连续变量,取值范围在 $0\sim1$ km²。

二、指标体系建构及数据处理

在网格尺度分析中,主要关注在微观尺度对建设用地变化起作用的影响因素。根据以往的研究分析以及结合京津冀区域的特点,建设用地扩张方向影响因素指标体系主要分自然地理条件、政策条件、区位与交通条件、自组织性、社会经济发展 5 个方面,结合数据可获取性,选取了 17 个指标表征影响因素(表 6-3)。对各指标的介绍如下:

第六章 京津冀建设用地变化驱动力研究

表 6-3 网格尺度建设用地变化驱动因素指标体系

要　素	要素描述	指　　标	单　位
自然地理条件	地形	高程(Elev)	m
		坡度(Grad)	度
政策条件	自然保护区	是否为自然保护区(Prot)	—
	开发区	与国家级开发区距离(Ndevz)	km
		与省级开发区距离(Pdevz)	km
	规划引导	是否位于规划重点发展地区(Plan)	—
区位与交通条件	区位因素	与海岸线距离(Coast)	km
		与地级市及以上中心城区距离(City)	km
	交通条件	与铁路站点距离(Rail)	km
		与港口距离(Port)	km
		与机场距离(Air)	km
		与国道省道距离(Road)	km
		与高速公路距离(Highway)	km
自组织性	极化发展	极化指数(Polar)	—
	邻域扩张	邻域建设用地数量(Neibr)	—
社会经济发展	经济发展水平	地均 GDP(AvrGDP)	亿元/km^2
	地区人口	地均常住人口(AvrPop)	万人/km^2

（一）自然地理条件

自然地理条件主要考虑建设用地扩张的地形条件，考虑到京津冀区域的自然地理特点，这一地区建设用地扩张主要受到高程和坡度等地形条件的限制，因此选取高程、坡度两项指标作为自然地理条件的表征指标。

（二）政策条件

政策条件因素选取了是否为自然保护区、与国家级开发区距离、与省级开发区距离和是否位于规划重点发展地区 4 个指标，前者具有负向作用，而后三者具有正向作用。自然保护区指标主要是表征网格分析单元是否位于自然保护区内，是则取值为 1，否则取值为 0。位于自然保护区内的网格中建设用地增长可能性应该明显更低。与此相比，开发区则起到了相反的促进建设用地增长的作用，赋值方式相同。本研究仅考虑国家级经济技术开发区和国家级高新技术产业开发区，这是为了使开发区的标准在京津冀区域取得统一，避免更低等级（如省级、市级）的开发区在不同地区间设立标准差异产生的误差。规划重点发展地区的划定与前一节中相同，此处不再赘述，判断网格是否在规划重点发展地区范围内，是则赋值为 1，否则赋值为 0。

（三）区位与交通条件

区位与交通条件考虑了区位各要素的重要性和交通的可达性，包括区位因素和交通条件两类。其中，区位因素选取了距海岸线距离、距地级市及以上中心区距离两个指标，分别用于考察建设用地是否拥有向海扩张的趋势以及区域内主要中心城市对建设用地的引领作用。交通条件则考虑了区域尺度下较为重要的几类交通基础设施的邻近性，包括与铁路站点距离、与公路距离（国道省道和高速）、与港口距离以及与机场距离等指标。

（四）自组织性

建设用地变化的自组织性是一种自下而上的驱动建设用地变化的力量，主要是指微观尺度下的不同空间单元之间的相互影响，这种影响对于网格尺度下的建设用地扩张方向驱动力分析具有重要价值（李也等，2018）。本研究引入了极化指数和邻域建设用地数量两项指标来表征建设用地变化的自组织性。极化指数主要为了观测建设用地的扩张是否发生在具有一定规模的建成区域附近，可以反映微观尺度下建设用地集聚发展的驱动力。邻域建设用地数量是指与某个网格单元相邻的所有网格中的建设用地数量，是元胞自动机等重要且应用广泛的土地利用变化仿真模型中的核心假设，一般认为在建成度较高的地区，发生建设用地增长的可能性更大。尽管本研究主要关注区域视角下的京津冀区域建设用地变化，但自组织性与其他倾向于宏观、中观尺度的因素或机制应该是同时起作用的协同关系，有必要在网格尺度分析中予以考虑。

（五）社会经济发展

社会经济数据通常按照行政区为单元进行统计，并且能够获取到数据的最小行政区单元为区县。在网格尺度，难以找到与分析单元空间尺度相一致的社会经济数据，因此一般聚焦于自然地理条件、区位与交通条件等因素。然而，很多研究表明，GDP和人口这两项社会经济因素对建设用地变化起到了关键作用。因此，在网格尺度分析中，也加入了这两个指标，可以起到控制变量的作用。参考相关研究（刘瑞等，2009；许月卿等，2015）的处理方法，利用网格单元所在地级市的相应指标对这两项指标赋值。为了消除由于各地级市用地规模、经济规模和人口规模差异的影响，具体选取地均GDP和地均人口作为表征指标。

上述指标的计算及数据处理方法如下所示：

（1）在ArcGIS10.0软件中利用Create Fishnet工具将整个京津冀区域划分为边长1km的正方形网格，并赋予每个网格单独的识别ID，同时根据行政区域划分情况，给每个网格赋予所属城市的名称和代号。

（2）计算建设用地状态变化的网格。利用ArcGIS10.0中的Zonal Statistics As Table工具，对建设用地解译的结果进行处理，得到每个网格区域内每个

第六章　京津冀建设用地变化驱动力研究　　189

年份的建设用地面积,作为回归分析的因变量。

(3) 计算自然环境指标,主要是对于地形适宜度和自然保护区的计算。利用 ArcGIS10.0 中的 Zonal Statistics As Table 工具对 90m 分辨率的 DEM 影像进行处理,计算出每个正方形网格内的平均高程,并使用 Slope 工具计算出每个网格内的坡度值。由此得到各个网格的高程、坡度指标。

(4) 计算自然保护区指标。将网格图层与自然保护区面状图层进行叠加分析,将位于自然保护区内的网格赋值为 1,否则赋值为 0。

(5) 计算距离类指标。获取所有网格的质心点,并以同样的识别 ID 区分彼此。使用 Create Near Table 工具,分别计算每个质心点到最近的开发区、铁路站点、城市中心区、海岸线、港口、机场、国道省道和高速公路的距离。

(6) 计算极化指数。首先,利用 Create Near Table 计算出每个网格质心点到最近的成片大面积建设用地(大于 10 km^2)的距离,然后对成片大面积建设用地的面积取以 10 为底的对数,最后用该对数减去该距离。计算出来的结果存在负数,这种情况下可以认为该建设用地斑块的面积不够大,而距离过远,不足以对网格单元产生实质影响,因此将所有的负值改为零,即不符合产生极化效应的可能性。否则,则说明具有产生极化效应的可能性,将正值保留。如此便可得到最终的极化指数。

(7) 统计邻域建设用地网格数量。通过编写程序,统计在一个 3×3 的网格内,除去中心网格之外的 8 个网格中的建设用地数量。

(8) 计算社会经济发展及人口指标。根据统计数据,分别得到 13 个行政区域内的对应年份 GDP 和人口数据,进一步计算地均 GDP 和地均人口,写入对应行政区域内的全部网格的属性字段中。

三、模型构建

考虑到在网格尺度分析中,分析单元数量多达 21.3 万个,如此样本规模若采用面板数据回归模型则计算难度较大,因此本部分分析中不采用面板模型,而是采用横截面分析。此外,本研究更关注的是建设用地变化的驱动力,而不是各网格建设用地存量规模的影响因素,因此选取某一时期的网格尺度建设用地增量作为回归分析因变量。网格尺度的回归模型为

$$y_i = \alpha_i + \beta_1 \text{Elev}_i + \beta_2 \text{Grad}_i + \beta_3 \text{Prot}_i + \beta_4 \text{Ndevz}_i + \beta_5 \text{Pdevz}_i + \beta_6 \text{Plan}_i$$
$$+ \beta_7 \text{Coast}_i + \beta_8 \text{City}_i + \beta_9 \text{Rail}_i + \beta_{10} \text{Port}_i + \beta_{11} \text{Air}_i + \beta_{12} \text{Road}_i$$
$$+ \beta_{13} \text{Highway}_i + \beta_{14} \text{Polar}_i + \beta_{15} \text{Neibr}_i + \beta_{16} \text{AvrGDP}_i + \beta_{17} \text{AvrPop}_i + \mu_i$$

其中,y_i 为所考察时期内的网格 i 的建设用地变化量,α_i 为常数项,μ_i 为模型残

差,其余为自变量,β_1 至 β_{15} 为相应系数。

相应地,由于因变量为增量指标,自变量也需根据指标特性进行相应调整。$Elev_i$、$Grad_i$、$Prot_i$、$Coast_i$、$City_i$ 等指标随时间的变化很小甚至是不变,因此对于单个年份或某个时期的取值均一致;$Polar_i$、$Neibr_i$、$Plan_i$、$AvrGDP_i$、$AvrPop_i$ 等指标随着时间变化,因此调整为该时期内的平均值,即起始年份与结束年份取值的平均值;$Ndevz_i$、$Pdevz_i$、$Rail_i$、$Port_i$、Air_i、$Road_i$、$Highway_i$ 等指标虽然也随时间变化,但反映的是交通基础设施与开发区,所有在该时期内建成的设施或开发区都会对该时期建设用地变化产生影响,因此这些变量采用的是该时期结束年份的取值。

研究区域尺度较大,并且时间周期较长,建设用地变化的驱动力难免会存在空间和时间差异,仅通过总体样本的回归难以进行准确刻画。因此,在总体样本回归的基础上,进一步从时间和空间两方面进行子样本回归。时间方面,在1990—2015 年的全时期回归基础上,进一步划分为 1990—2000 年、2000—2010 年、2010—2015 年三个时期分别进行回归,以考察不同时期建设用地变化驱动力的差异。这三个时期的划分主要是基于京津冀建设用地变化趋势的考虑,确保各时期内建设用地变化趋势较为一致,同时也考虑了时期长度的对称性。根据上文分析,京津冀建设用地在 2010—2015 年增长最为明显,因此虽然年份最少,但也适合单独作为一个时期。空间方面,参照上一节中的次区域划分,将京津冀区域划分为"京津""冀一线""冀北厢"和"冀南厢"4 个次区域,分别进行次区域的分析。

在进行正式回归之前,先进行预处理,检验各自变量之间的共线性,发现距海岸线距离与距港口距离、地均 GDP 与地均人口之间分别存在很高的共线性,其余自变量的 VIF 值均低于常用判断阈值 10。并且这一情况在分时间段、分区域的分析中也同样成立。因此在最终分析中删除了距海岸线距离和地均 GDP 两项指标,保留其余 15 个指标作为自变量。

四、京津冀整体建设用地扩张方向驱动因素及其阶段差异

首先来看 1990—2015 年的回归结果,模型的拟合度 R^2 为 0.630,即解释了该时期建设用地增量差异的 63%。考虑 21.3 万个分析单元的庞大样本数量,模型的解释效果已经达到了较高水平。F 检验结果验证了模型的显著性,各自变量回归系数也全部通过了 99.9% 显著性水平的 t 检验,说明了模型回归结果的稳健性。各分阶段模型的 R^2 均低于全时期模型,均位于 0.61~0.66,也处于较高水平。各分阶段模型也都通过了 F 检验,自变量系数中绝大部分通过了 t 检验(表 6-4)。

第六章 京津冀建设用地变化驱动力研究

表 6-4 网格尺度建设用地扩张方向驱动力分析结果

时期	1990—2015 年		1990—2000 年		2000—2010 年		2010—2015 年	
变量	系数*	显著性	系数*	显著性	系数*	显著性	系数*	显著性
Elev	−0.056	0.010	−0.095	0.000	−0.053	0.000	−0.085	0.000
Grad	−0.292	0.000	−0.217	0.000	−0.227	0.000	−0.208	0.000
Prot	−0.010	0.000	−0.020	0.002	−0.009	0.000	0.001	0.755
Ndevz	−0.043	0.000	−0.102	0.000	−0.025	0.000	−0.040	0.000
Pdevz	−0.025	0.005	−0.087	0.001	−0.009	0.002	−0.012	0.003
Plan	0.203	0.002	0.129	0.007	0.183	0.012	0.245	0.000
City	−0.125	0.000	−0.091	0.000	−0.067	0.000	−0.084	0.000
Port	0.022	0.012	0.098	0.000	0.022	0.000	−0.079	0.000
Rail	−0.049	0.002	−0.087	0.000	−0.045	0.015	−0.015	0.004
Air	−0.212	0.000	−0.192	0.032	−0.183	0.000	−0.104	0.000
Road	−0.070	0.000	−0.045	0.000	−0.071	0.000	−0.040	0.022
Highway	0.125	0.000	0.131	0.022	0.065	0.000	0.081	0.000
Neibr	0.020	0.005	0.010	0.000	−0.005	0.093	−0.025	0.016
Polar	0.061	0.000	0.045	0.014	0.049	0.000	0.050	0.000
AvrPop	0.122	0.000	0.092	0.000	0.045	0.000	0.146	0.000
R^2	0.630		0.659		0.606		0.612	
F	6051.9		2650.9		2806.6		2850.0	
显著性	0.000		0.000		0.000		0.000	

* 本表中回归系数均为标准化系数。

高程(Elev)指标的预期符合为负,即高程越大,则建设用地增长的可能性越低。回归结果中,各模型的高程系数均为负值,符合预期。从标准化系数的数值变化趋势来看,在早期(1990—2000 年),高程的标准化系数(−0.095)绝对值最大,即高程对建设用地增长的约束作用最强,这是因为京津冀区域建设用地总体规模较小,建设用地增长主要发生在高程较低的地区。到 2000—2010 年阶段,高程的标准化系数(−0.053)绝对值变为最小,说明随着社会经济发展和建设用地规模的增长,建设开发开始在一定程度上突破高程的限制,并且这一时期内建设用地增长速度较慢,高程的约束作用有所减弱。而到了 2010—2015 年阶段,京津冀建设用地快速增长,高程较低地区的空间已经基本建成,高程对建设用地的约束作用回升。

坡度(Grad)指标的预期系数为负,即坡度越大则建设用地增长越少。各模型的回归结果均符合预期,且标准化系数在各阶段的取值较为稳定。

自然保护区(Prot)的指标预期系数为负,即自然保护区内的建设用地增长更少。在 1990—2015 年、1990—2000 年和 2000—2010 年的回归结果中,该系数均为负值,符合预期。但在2010—2015年回归结果中,该系数为正值,但数值较小(0.001),且没有通过显著性检验(0.755),说明在2010—2015年期间的建设用地快速扩张中,自然保护区对建设用地的约束作用有可能被弱化了,但在统计上不显著,有待未来研究验证。

开发区(Ndevz和Pdevz)指标预期系数为负,即距离开发区越远,建设用地增长越少。在各阶段的回归结果中,系数均符合预期。系数的绝对值即影响强度,在1990—2000年最大,说明早期建立的开发区建设效果较好,对建设用地增长的影响明显。在2000—2010年和2010—2015年阶段,开发区的影响强度先减后增,但都明显弱于1990—2000年阶段的影响。并且国家级开发区的系数值均大于省级开发区,其他特征则基本一致。

规划重点发展地区(Plan)指标在总体及各阶段的回归系数均显著为正,即重点发展地区的建设用地增长可能性更高,并且本指标的系数值在所有指标中均为较大值,说明规划因素在建设用地扩张方向中具有重要作用。

与地级市及以上中心城区距离(City)的指标预期系数为负,即距离中心城区越远,建设用地增长越少。各阶段回归系数均符合预期符号。系数绝对值也呈先减后增的变化趋势,但变化幅度较小。

与港口距离(Port)指标的预期系数符合未知。港口一般位于海岸线,该指标也与距海岸线距离呈现很高的共线性。根据回归结果,在1990—2015年全阶段以及1990—2000年、2000—2010年分阶段的回归结果中,该系数均为正,即距离港口越远则建设用地越可能增长,京津冀区域在这些时期内并未出现"向海增长"的态势。仅在2010—2015年阶段,该系数为负,这一时期内建设用地变化开始呈现出"向海"趋势。

与火车站(Rail)和机场(Air)距离的指标系数预期符号均为负,即距离越远则建设用地增长越少。各阶段回归结果中,这两项指标的系数均为负,符合预期。并且系数绝对值都呈逐渐减小的趋势,说明火车站和机场对建设用地扩张的吸引作用在逐步收敛。

与国道省道(Road)、高速公路(Highway)等主要道路的距离指标的预期系数均为负,即道路对建设用地扩张有吸引作用。然而,在回归结果中,两项指标却呈现相反的结果。与国道省道距离的系数为负,说明国道省道对建设用地扩张确实起到了吸引作用。而与高速公路距离的指标却在各个阶段模型中均显著为正,说明建设用地并未沿着高速公路扩张,这与高速公路只能从出入口进出、线路选择经常避开聚落密集区等特性有关。

邻域建设用地数量(Neibr)指标的预期系数为正,即邻域内建成度越高的网格,建设用地增长的可能性越大。回归结果中,1990—2015年全时期的系数为正,1990—2000 年分阶段的系数也为正,但到 2000—2010 年和 2010—2015 年分阶段,系数则变为负值,且系数绝对值增加、显著性增强。上述结果说明,京津冀区域早期建设用地增长相对较为紧凑,而在 2000 年以后出现一定程度的跳跃式扩展模式。

极化指数(Polar)的系数在各阶段回归结果中均显著为正,且影响强度稳步增强,说明建设用地变化呈现较为明显的极化现象,即围绕较大规模建成区增长的趋势。

地均常住人口即人口密度(AvrPop)的系数在各阶段回归结果中也显著为正,系数大小在各阶段与其他指标相比都属于较高水平。这意味着,人口密度越大的地区,建设用地的增长越明显。

最后,从各项指标系数的绝对值大小比较,可以反映出各项指标影响的强弱。总体来看,对建设用地变化起到较为明显促进作用的指标包括坡度、与机场距离、与中心城区距离、地均人口、与国道省道距离、高程,而与高速公路距离和与港口距离则对建设用地变化起到了较为明显的负向作用。

五、京津冀次区域的建设用地扩张方向驱动因素

上一节中已经分析了 1990—2015 年京津冀总体的回归结果,本节中主要关注不同次区域之间的差异。首先是在系数符号上,4 个次区域之间存在一定差异(表 6-5):

表 6-5 网格尺度建设用地变化驱动力分析结果

区域	京津冀整体		"京津"次区域		"冀一线"次区域		"冀北厢"次区域		"冀南厢"次区域	
变量	系数	显著性	系数	显著性	系数	显著性	系数	显著性	系数	显著性
Elev	−0.056	0.010	−0.038	0.000	0.048	0.000	−0.209	0.000	0.060	0.000
Grad	−0.292	0.000	−0.243	0.000	−0.196	0.000	−0.226	0.000	−0.187	0.000
Prot	−0.010	0.000	−0.006	0.286	0.032	0.000	0.011	0.003	−0.010	0.020
Ndevz	−0.043	0.000	−0.027	0.011	−0.035	0.000	−0.139	0.000	−0.077	0.000
Pdevz	−0.025	0.005	−0.018	0.029	−0.028	0.002	−0.022	0.048	−0.038	0.003
Plan	0.203	0.002	0.258	0.000	0.305	0.001	0.120	0.042	0.097	0.024
City	−0.125	0.000	−0.139	0.000	−0.120	0.000	0.032	0.003	0.008	0.351
Port	0.022	0.012	0.055	0.003	−0.011	0.050	0.148	0.000	0.046	0.000
Rail	−0.049	0.002	0.021	0.058	−0.008	0.328	−0.027	0.012	−0.092	0.000
Air	−0.212	0.000	−0.252	0.000	−0.053	0.000	−0.007	0.262	−0.284	0.000
Road	−0.070	0.000	−0.074	0.000	−0.172	0.000	−0.058	0.000	−0.195	0.000
Highway	0.125	0.000	0.033	0.001	−0.046	0.000	−0.063	0.000	−0.089	0.000

(续表)

区域	京津冀整体		"京津"次区域		"冀一线"次区域		"冀北厢"次区域		"冀南厢"次区域	
变量	系数*	显著性	系数*	显著性	系数*	显著性	系数*	显著性	系数*	显著性
Neibr	0.020	0.005	0.028	0.000	−0.008	0.081	−0.002	0.679	0.040	0.000
Polar	0.061	0.000	0.055	0.000	0.011	0.019	0.019	0.000	0.121	0.000
AvrPop	0.122	0.000	0.028	0.080	0.080	0.000	0.009	0.000	0.020	0.000
R^2	0.630		0.591		0.543		0.575		0.586	
F	6051.9		1111.2		1132.0		852.5		933.9	
显著性	0.000		0.000		0.000		0.000		0.000	

* 本表中回归系数均为标准化系数。

一是高程(Elev)指标,在"京津"和"冀北厢"次区域系数均为负,与总体回归一致。但在"冀一线"和"冀南厢"这两个地市较为平坦、整体高程较低的次区域,高程的系数显著为正。

二是与地级市及以上中心城区距离(City)指标,在"京津"和"冀一线"这两个经济发展水平和城镇化水平较高的次区域,系数为负,即中心城区对建设用地扩张有明显的牵引作用。而在"冀北厢"和"冀南厢"这两个发展水平滞后的次区域,该系数为正,说明在这两个次区域中心城区的引领作用不足,建设用地呈离心式扩张。

三是与火车站距离(Rail)指标,仅在"京津"次区域系数为正,其他三个次区域系数均为负(与总体模型一致)。这是因为"京津"建成面积较大,在火车站较大范围内的建设用地增长空间都很有限,反而使得距离火车站越远建设用地增长越明显。

四是与高速公路距离(Highway)指标,总体模型中的系数为正,即距离高速公路越远则建设用地增长越明显。但细分到次区域分析之后,发现这一"异常"规律仅存在于"京津"次区域,因为京津大部分为城市地区,高速公路大多避开了建成度较高的城区;而其他三个次区域的该项系数均为负,即高速公路对建设用地增长也起到了引导作用。总体模型结果无法反映这种区域内部的空间差异。

五是邻域建设用地数量(Neibr)指标,"京津"和"冀南厢"两个次区域的系数为正,与京津冀总体的系数符号一致。在"冀一线"和"冀北厢"两个次区域,该系数为负,但系数绝对值很小,且显著性水平不高。因此邻域建设用地数量这项指标影响方向的区域差异可以忽略不计。其余指标的系数符合均与京津冀总体回归结果一致。

其次从各个指标的系数绝对值大小即影响相对强弱来看,4个次区域之间也存在较为明显的差异,这里按照影响强度,列出了各次区域的前5个指标进行比较(表 6-6)。通过比较可知：

坡度指标在各个子区域都起到了非常明显的作用，是京津冀区域网格尺度下建设用地扩张方向的重要影响因素。

与机场距离指标在"京津""冀一线""冀南厢"等次区域具有较强的影响，其中在"京津""冀一线"等次区域的影响确实是来自次区域内自身机场的影响，但"冀南厢"次区域内仅在邯郸有一个机场且规模有限，因此这项指标的影响可能更多是反映了天津、石家庄这两个相邻且拥有机场的中心城市的影响。

是否位于规划重点发展地区指标在"京津""冀一线""冀北厢"等三个次区域具有较强影响，而在"冀南厢"次区域的影响强度并未达到前五名。

与国道省道距离在"京津""冀一线""冀南厢"等三个次区域都有较强的影响，其中在"冀一线"和"冀南厢"这两个发展水平中等、地势较为平坦的次区域的作用相对更为明显。

与中心城区距离指标仅在"京津""冀一线"这两个发展水平较高的次区域具有较强影响，即中心城区拥有较强的引领作用。

其余指标中，极化指数在"冀南厢"和"京津"次区域起到了较大作用，地均人口只在"冀一线"次区域起到了较明显作用，与开发区距离只在"冀北厢"次区域起到了较明显作用，与火车站距离只在"冀南厢"次区域起到较明显作用。

总体而言，从区域内部差异的角度，京津冀区域的建设用地扩张方向驱动力因素呈现出一定的规律性，主要有以下几点：第一，坡度在京津冀区域建设用地扩张中具有普遍的约束作用，而与国道省道距离则起到了普遍的促进作用；第二，政策因素（尤其是规划重点发展地区）在除"冀南厢"次区域以外的地区均有显著作用；第三，与中心城区距离、与机场距离这两项指标，只在"京津""冀一线"这两个发展水平相对较高、中心城区引领作用较强的次区域内具有明显作用；第四，高程指标只在"冀北厢"这个地形以山地为主的次区域内具有明显作用。

六、扩张方向驱动机制分析

综合对京津冀建设用地变化时空特征与扩张方向驱动因素分析结果发现，建设用地扩张方向的主导因子包括坡度、与机场距离、与中心城区距离、地均人口、与国道省道距离、与开发区距离、规划重点发展地区、高程和极化指数。其中，与高速公路距离和与港口距离则对建设用地变化起到了较为明显的负向作用。通过对京津冀整体与各次区域的建设用地扩张方向驱动因素的综合分析与比较，可以发现京津冀区域建设用地扩张方向驱动因素具有空间分异性。与机场距离指标在"京津""冀一线"和"冀南厢"等次区域具有较强的影响，与国道省道距离等指标在"冀一线"和"冀南厢"两个次区域有着更强的作用力。规划重点发展地区指标在"京津""冀一线""冀北厢"等三个次区域具有较强影响。与中心城区距离指标仅在"京津"和"冀一线"这两个发展水平较高的次区域具有较强影响，极化指数在"冀南厢"和"京津"次区域起到了较大作用，地区人口只在"冀一线"次区域起到了较明显作用，与开发区距离只在"冀北厢"次区域起到了较明显作用，与火车站距离只在"冀南厢"次区域起到较明显作用。

本节进一步分析了京津冀建设用地扩张方向主要驱动因素的作用机制，为京津冀协同发展制订合理的政策提供参考。

（1）高程与坡度因素。高程和坡度反映了地形条件，对建设用地的空间选址具有重要影响。一方面高程和坡度直接影响了开发建设的成本，不管是城市还是农村的大规模建设活动大多数会选择在高程较低和地势平缓的地区。另一方面，在城市规划建设中，对土地的自然环境进行土地使用功能和工程适宜程度评价，其是作为城市用地选择和用地布局的科学依据。在京津冀区域，高程与坡度因素对建设用地扩张方向的影响符合预期。

（2）与中心城区距离因素。中心城区是城市政治、经济、文化中心，为城市和城市所在区域集中提供经济、政治、文化社会等活动的社会和服务空间，具有一定集聚效应，并对周边地区产生辐射作用。因而，距离中心城区越近，辐射程度越高，土地转化为建设用地的概率越高。此外，这种辐射带动作用也因中心城区的等级大小而具有差异性。在京津冀区域，对建设用地扩张方向的作用，与中心城区距离因素仅在"京津"和"冀一线"这两个发展水平较高的次区域具有较强影响。

（3）规划重点发展地区因素。城市规划作为一种重要的政策工具，对于城乡空间发展、土地利用配置等作出的空间安排，既包括促进开发型，也包括限制开发型，会对建设用地变化起到关键性作用。因而，位于规划重点发展地区的土地有着较高的优先度转化为建设用地。在京津冀区域，规划重点发展地区指标在总体及各阶段的回归系数均显著为正，即重点发展地区的建设用地增长可能性更高，并且本指标的系数值在所有指标中均为较大值。

（4）与开发区距离因素。开发区作为一种重要的区位导向性政策，往往集中了政府财政投资、基础设施建设和税收优惠等多种要素。一方面集中了政府主导的大规模土地开发，另一方面吸引着大量企业的投资集聚，是建设用地扩张的重点区域。然而，由于开发区规划范围往往比较大，很难在一段时期内开发建设饱和，在此之前临近开发区的土地往往更难转为建设用地。在京津冀区域，与开发区距离只在"冀北厢"次区域起到了较明显作用。

（5）极化指数因素。极化指数主要反映建设用地的扩张是否发生在具有一定规模的建成区域附近，可以反映微观尺度下建设用地集聚发展的驱动力。一

第六章　京津冀建设用地变化驱动力研究

般认为在建成度较高的地区,发生建设用地增长的可能性更大。在京津冀区域,极化指数在"冀南厢"和"京津"次区域的建设用地扩张方向方面都起到了较大作用。

第四节　本章小结

通过对京津冀区域整体以及次区域的建设用地数量变化驱动因素的综合分析与比较,可以得出在区县尺度下,京津冀区域建设用地数量变化驱动力的共性与差异性。在区域共有的驱动力方面,GDP、常住人口、城镇化率、规划重点发展地区等4项指标在京津冀总体及各次区域的建设用地增长中都起到了显著的促进作用。在差异化的驱动力方面,三产比例在经济最发达的"京津"次区域具有显著作用,而二产比例则在经济发展水平居中、工业化依赖程度较高的"冀一线"和"冀南厢"次区域较为重要,但两者在经济发展水平最低的"冀北厢"次区域同时不显著。开发区因素在国家级和省级开发区设立最少的"冀北厢"次区域无显著作用,但在其他次区域的作用均显著。固定资产投资和公路里程两项基础设施建设因素在河北省的三个次区域均具有显著作用,但对于基础设施建设相对完善的京津次区域则并无显著作用;机场和港口两项指标主要在设立有机场和港口的地区具有显著作用;铁路站点虽然在各地区均有设立,但在"冀南厢"次区域的作用并不显著。自然条件因素中,平均坡度指标对大部分次区域的建设用地增长都起到了显著约束作用,但对地势最为平坦的"冀南厢"次区域并不显著,而平均高程仅在地形条件最差的"冀北厢"次区域具有显著约束作用。在区域性中心城市的引领作用方面,也呈现出较明显的空间格局,北京作为最重要的中心城市,对京津冀总体以及除与之相隔较远的"冀南厢"次区域之外其他三个次区域的建设用地增长都具有显著引领作用,相比之下天津和石家庄的区域引领作用则较为有限。

基于空间网格的分析表明,总体来看,对建设用地变化起到较为明显促进作用的指标包括坡度、与机场距离、与中心城区距离、地均人口、与国道省道距离、与开发区距离、规划重点发展地区、高程、极化指数,而与高速公路距离和与港口距离则对建设用地变化起到了较为明显的负向作用。从次区域分异来看,高程指标在"京津"和"冀北厢"次区域系数均为负,而在"冀一线"和"冀南厢"等地势平坦的次区域系数为正。与中心城区距离指标在"京津"和"冀一线"两个次区域系数为负,表明中心城区对建设用地扩张有明显的牵引作用;而在"冀北厢"和"冀南厢"两个次区域系数为正,表明中心城区的引领作用不足,建设用地呈跳跃式扩张。与火车站距离指标系数仅在"京津"次区域为正,其他三个次区域系数均为负。与高速公路距离指标系数仅在"京津"次区域为正,这是由于京津大部分为建设较早的城区。邻域建设用地数量指标在"京津"和"冀南厢"两个次区域的系数为正,而在"冀一线"和"冀北厢"两个次区域为负。

从各指标的作用强度来看,4个次区域之间也存在显著差异。与机场距离指标在"京津""冀一线"和"冀南厢"等次区域具有较强的影响,与国道省道距离等指标在"冀一线"和"冀南厢"两个次区域有着更强的作用力。规划重点发展地区指标在"京津""冀一线""冀北厢"等三个次区域具有较强影响。与中心城区距离指标仅在"京津"和"冀一线"这两个发展水平较高的次区域具有较强影响,极化指数在"冀南厢"和"京津"次区域起到了较大作用,地区人口只在"冀一线"次区域起到了较明显作用,与开发区距离只在"冀北厢"起到了较明显作用,与火车站距离只在"冀南厢"起到较明显作用。

第七章

京津冀土地利用适宜性评价与空间优化

结合京津冀区域土地利用演变特征的分析结果,关注到建设用地对耕地的占用,耕地对生态用地的占用,耕地与生态用地景观破碎化程度上升,分散程度加大等现象。为更好地优化区域土地利用格局,促进用地结构调整,提高空间利用质量,本章重点探索京津冀区域土地利用适宜性评价方法体系。立足充分尊重区域自然环境本底特征的基本前提,分析选取土地利用的主要影响因素与限制因素,分别建立农用地和建设用地适宜性评价体系,完成京津冀区域农用地适宜性等级区划与建设用地适宜性等级区划。并通过 ArcGIS 平台,进行空间叠置分析,得到区域土地利用适宜性类别空间分布。进一步综合区域内多个维度的空间发展区划,为不同地区的土地利用设置差异化优化准则,并与土地利用现状图进行叠置分析,得到区域土地利用空间优化建议。

第一节 区域农用地适宜性评价

一、区域农用地基本情况

2015 年,京津冀区域仍分布有十分广泛的农用地,共占土地总面积的 46.99%,农用地变化对于整个区域的土地利用格局具有重要影响。对比分析 2015 年各城市的农用地面积与农业产值,可以发现,各城市拥有的农用地规模差距较大,农用地产出效率也存在显著的分异特征。产出效率较高的城市主要是石家庄与唐山,农用地地均产值分别为 706.75 万元/km^2 和 693.40 万元/km^2;产出效率最低的城市为张家口,农用地地均产值为 127.69 万元/km^2。然而,从农用地规模来看,石家庄的农用地规模是张家口农用地规模的 40.95%,唐山的农用地规模是张家口农用地规模的 41.64%。一定程度上,反映出区域内农用地质量分布较不均衡(图 7-1)。

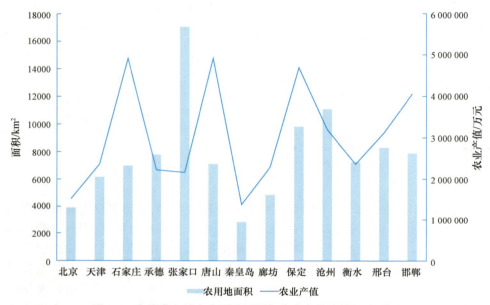

图 7-1　京津冀各城市农用地面积与农业产值比较(2015 年)

二、评价指标选取

通过文献梳理,可以发现影响农用地适宜性的因子非常多,归纳起来主要涵盖以下 5 类:第一是水文条件,常见因素包括水质、水量、水源类型等。第二是气候条件,常见因素包括一月七月平均气温、$\geqslant 0℃$ 和 $\geqslant 10℃$ 积温、降水量、无霜期等。第三是土壤条件,常见因素包括土壤类型、土壤表层有机质含量、表层土壤质地、有效土层厚度、土壤盐碱状况、剖面构型、障碍层特征、土壤侵蚀状况、土壤污染状况、土壤保水供水状况、土壤中砾石含量等。第四是地貌条件,常见因素包括地貌类型、海拔、坡度、坡向、坡型、地形部位等。第五是农田基本建设,常见因素包括排水条件、灌溉保证率、平整度及破碎程度等。

农用地适宜性评价的常用指标及指标说明如表 7-1 所示。

第七章　京津冀土地利用适宜性评价与空间优化

表 7-1　农用地适宜性评价的常见指标梳理

指　标	指标说明
有效土层厚度	土壤是农作物生长的基础环境,是农作物所需水分、养分、空气等营养物质的来源。有效土层厚度是指经耕种熟化的土层,关系着有效水分含蓄量和土壤养分的储存量,直接影响植物根系的活动范围和在土地上的固着能力,有效土层厚度越高,越利于农产品耕种
表层土壤质地	表层土壤质地一般指耕层土壤的质地,它关系到土壤通气、保肥、保水的状况以及耕作的难易程度,对于农产品耕种来说,土壤质地的适宜度为壤土＞黏土＞砂土＞砾质土
剖面构型	剖面构型是指土壤剖面中不同质地的土层的排列次序,包括均质质地剖面构型、夹层质地剖面构型及体(垫)层质地剖面构型,适宜农产品耕种的土地剖面构型主要有通体壤、壤/黏/壤、壤/黏、壤/砂/壤、砂/黏、黏/砂/黏、通体黏等
障碍层距地表深度	土壤障碍层指在耕层以下出现白浆层、石灰姜石层、砾石层、黏土磐和铁磐等阻碍耕系伸展或影响水分渗透的层次,障碍层距地表越浅,越阻碍农产品耕种,如果这些障碍层次在距地表≥90cm 处出现,则不算作障碍层次
地形坡度	坡度的陡缓,影响降水的径流和保蓄,影响着水土流失的强弱,同时对农业机械化作业条件也有着重要影响。一般而言,坡度越高,越不利于农作物耕种
盐渍化程度	土壤盐渍化程度由表层土壤含盐量决定,可分为无盐化、微度盐化、轻度盐化、中度盐化和强盐化 5 个区间,盐渍化程度越高,农作物由盐渍化造成的作物缺苗越严重,因此也越不利于农作物耕种
土壤有机质含量	土壤有机质是植物营养的主要来源之一,能促进植物的生长发育,改善土壤的物理性质,促进微生物和土壤生物的活动,同时能够促进重金属的吸收和转化,提高土壤的净化能力。一般而言土壤有机质含量越高,越利于农作物耕种
土壤酸碱度	土壤酸碱度由氢离子和氢氧根离子在土壤溶液中的浓度决定,以 pH 表示,不同的农作物有其最适宜的土壤酸碱度环境,过酸或过碱都会对农作物生长造成不利影响
积温情况	土壤的积温主要由海拔影响,通常随着海拔高度的增加,温度降低,积温减少,生物生长期缩短。当海拔达到一定高度以后,即达到作物的生长上限,不再适宜于农作物耕种
地表岩石露头度	地表岩石露头度是指基岩出露地面占地面的百分比,基岩裸露越高,对耕作的干扰程度就越大,也越不利于农作物耕种
排水条件	排水条件是指受地形和排水体系共同影响的雨后(或灌溉后)地表积水情况,排水条件越好,越不容易产生内涝,也越适宜农作物耕种
灌溉条件	灌溉条件反映了农业生产的水源保证情况,水是农作物生长必不可少的条件之一,灌溉条件越好,越适宜农作物耕种
区位交通	交通条件是经济发展的重要因素,是地区物资产品与外界进行交换的通道,对土地利用起着至关重要的作用。在农作物耕种方面,交通条件也决定着农业生产的便利程度

对京津冀区域而言,由于本底条件差异较大,评价指标的选取应该尽量全面,以适用于现实条件有所差异的不同地区。同时为了避免烦琐,也要考虑指标数量适中,应当重点聚焦那些对农用地利用有直接影响的因素。参考已有研究的指标选取经验,提出以下4点指标选取原则:

(1) 差异性:为了体现土地适宜程度的空间差异,在区域内基本一致的因素不应作为评价指标(武强等,2001)。

(2) 主导性:在众多的土地质量因子中,应选取对某种土地用途具有长期和主导作用的因子。

(3) 相互独立性:为了保证每个参评因子有效,当出现强相关的因子时,可根据获得数据的难易程度选取其中一个;例如,海拔高度与热量条件之间,存在较显著的相关性,但因前者的数据更容易获取,故仅选择前者作为评价指标(陈松林等,2002)。

(4) 现实性:综合考虑到各种数据能否获得,遵循国家当前的土地利用政策,及相关技术规程要求。

在参考《农用地质量分等规程》(GB/T 28407—2012)及相关文献的基础上,结合研究区域自然条件,因地制宜地对相关指标进行筛选与调整,以更适用于京津冀区域的实际需求。以农用地适宜性等级为目标层,以影响农用地适宜性等级的因素作为准则层,以影响准则层中各元素的指标作为指标层,构建起京津冀农用地适宜性评价指标体系(表7-2)。由于在此处以地面高程代表积温,将其归于理化性状的准则层下。同时,京津冀农业生产用水主要来源于地表水和浅层地下水,考虑到数据的可获得性,灌溉条件以水体距离和年均降水量为代表。

表7-2 京津冀农用地适宜性评价指标体系

目标层	准则层	指标层
农用地适宜性等级	立地条件	有效土层厚度/cm
		表层土壤质地
		地形坡度/(°)
	理化性状	盐渍化程度/(%)
		土壤有机质含量/(g·kg^{-1})
		土壤酸碱度/pH
		积温情况(地面高程/m)
	灌溉条件	水体距离/km
		年均降水量/mm

三、指标定量分级

由于指标性质不同、量纲不一且值域相差很大,为便于后文计算,需要对各指标属性值进行分级标准化处理。参考《农用地质量分等规程》(GB/T 28407—2012),结合京津冀区域的自然地理特征,对影响京津冀农用地适宜性的各项指标进行等级划分,共分为5级,其中1代表最适宜,5代表最不适宜(表7-3),并对不同等级赋予相应的分数(表7-4)。

表 7-3 京津冀农用地适宜性评价指标的等级划分

准则层	指标层	指标分级				
		1	2	3	4	5
立地条件	有效土层厚度/cm	≥80	60~80	40~60	25~40	<25
	表层土壤质地	壤土	黏土、黏壤	粉砂壤	砂壤	砂土
	地形坡度/(°)	<3	3~5	5~15	15~25	≥25
理化性状	盐渍化程度	无盐化	微度盐化	轻度盐化	中度盐化	重度盐化
	土壤有机质含量/(g·kg^{-1})	≥40	30~40	20~30	10~20	<10
	土壤酸碱度(pH)	5.5~8	5.0~5.5,8~8.5	4.5~5.0,8.5~9.0	<4.5,9.0~9.5	≥9.5
灌溉条件	积温情况(地面高程/m)	<300	300~500	500~800	800~1000	≥1000
	水体距离/km	<2.5	2.5~5.0	5.0~7.5	7.5~10	≥10
	年均降水量/mm	≥650	550~650	450~550	350~450	<350

表 7-4 指标不同等级对应的分值

指标级别	1	2	3	4	5
指标分值	100	80	60	40	20

指标的获得方式和分级说明具体如下。

(一)有效土层厚度

有效土层厚度是指土壤层和松散的母质层之和,相关数据来源于1∶1 000 000土壤类型、土壤剖面属性数据,根据土壤代码建立关联而得到。考虑京津冀区域主要的农作物为小麦、玉米、棉花、大豆,种植的最佳土层厚度为50~75 cm(周立三,1993)。参考此标准将区域有效土层厚度的最适宜厚度界限定为80 cm,并将有效土层厚度分为5个等级(表7-3)。

(二)表层土壤质地

表层土壤质地,一般指耕层土壤的质地,不同质地土壤的水、气、肥、热等形状差异较大,进而会造成土壤耕性、吸收性和通透性的差异,影响作物根系发育。研究区域的土壤质地信息,主要从1∶1 000 000中国土地资源图数字化数据中提取获得。通常情况下,表层土壤质地分为砂土、壤土、黏土和砾质土4种,其中砂土的通气性和透水性较好,但保蓄力弱、水分含量少、肥力差,比较适合花生、马铃薯和甘薯等块根类作物生长。黏土保水、保肥能力强,但通气性和透水性差,较适宜小麦、玉米和水稻等谷物种植。壤土介于砂土和黏土之间,兼有两者的优点,是农业生产较为理想的土壤。根据研究区域的主要农作物类别,将表层土壤质地分为5个等级(表7-3)。

(三)地形坡度

坡度对于耕作适宜性和农业机械化作业条件有显著影响,研究区域的地形坡度由DEM数字高程数据进行计算。一般来说,3°以下为平地,是理想的农机化作业区域;3°~5°为平缓地,是机械化作业的有利区域;5°~15°为缓坡地,机械化作业受到限制;当坡度大于15°时,作业条件变坏,机械稳定性受到影响,机械容易翻倒(吴良林等,2007)。其中,15°~25°的斜坡地上,侵蚀比较剧烈,水土流失加重,已不宜进行耕地开垦;而25°以上的陡坡区,侵蚀强烈,水土流失严重,是坡地开垦的限制坡度。据此,将研究区域的地形坡度分为5个等级(表7-3)。

(四)盐渍化程度

研究区域的土壤盐渍化数据来自1∶1 000 000中国土地资源图数字化数据。气候干旱、地面蒸发强烈、地势低洼、含盐地下潜水位高等条件的共同作用,会导致土壤表层或土体中积聚过多的可溶性盐类,造成土壤盐渍化。土壤中含盐比例越高,因盐渍化而产生的缺苗断垄现象就越严重。根据土壤中可溶性盐(易溶盐以氯化物为主)占比可将盐渍化等级划分为5个等级(表7-3)。

(五)土壤有机质含量

研究区域的土壤有机质含量从1∶1 000 000中国土地资源图数字化数据中获得。土壤有机质作为土壤肥力的重要组成部分,可改善土壤结构、调节土壤理化性状、提高土壤的稳定性,促进重金属的吸收和转化,有益于土壤的净化能力。研究区自然条件复杂,地貌类型的变化使得气候、植被和土壤存在垂直分异,造成了复杂多样的有机质积累和分解状况。一般而言土壤有机质含量越高,越利于农作物耕种。根据研究区域的土壤有机质含量分布概况,将其分为5个等级(表7-3)。

(六)土壤酸碱度(pH)

研究区域的土壤酸碱度(pH)由1∶1 000 000中国土地资源图数字化数据获得。由于京津冀区域的主要农作物为小麦、玉米、棉花和花生,其最为适宜的土壤酸碱度在5.5~8,过酸或过碱都会对农作物生长造成不利影响。因此按照土壤pH对农作物生长的影响程度分为5个等级,分级界限下含上不含(表7-3)。

(七)积温情况(地面高程)

研究区域的地面高程由DEM数字高程数据进行计算。海拔高度与作物的

第七章　京津冀土地利用适宜性评价与空间优化

生长有着密切联系,通常随着海拔增加,温度降低、积温减少,农作物的生长期随之缩短。宜生作物或同种作物的适宜品种会随着海拔高度的增加而发生明显变化,到达一定高度后即达到作物生长上限。北京市 1 km² 网格点的年平均气候资料显示,灵山下部 1020 m 处年平均温度为 5.3℃,按照京津冀区域主要农作物的生长最低温度要求,年均温度 5℃ 以下区域,大多数作物的生长发育会受到严重影响。因此,将海拔 1000 m 设置为不适宜农作物耕种的阈值,研究区域的地面高程可分为 5 个等级(表 7-3)。

(八)水体距离

研究区域灌溉条件的好坏与水资源分布情况、灌溉基础设施的配套程度、农田与水系或干渠之间的高差等因素都有一定关系。考虑到数据获得的可能性及研究尺度,研究区域的灌溉条件,通过"与水体的距离"及"年均降水量"来衡量。其中,"与水体的距离"由 1∶1 000 000 的水系数据计算得到。根据与水体距离的远近,同样将指标分为 5 个等级(表 7-3)。

(九)年均降水量

研究区域的年均降水量由中国科学院资源环境科学数据中心提供的"中国气象背景——年平均降水量"数据得到,年均降水量越高,该地区可用于灌溉的水量也相对越多。根据京津冀区域的降水情况,从地区间的相对差异出发,将年均降水量分为 5 个等级(表 7-3)。

四、评价指标权重确定

权重可通过主客观两种方式确定:一是主观法,结合评价目的,根据经验为不同指标赋权的方法为主观法,层次分析法属于此类;二是客观法,根据一定规则为指标赋权为客观法,主成分分析法、因子分析法等属于此类。层次分析法(Analytic Hierarchy Process)的本质是一种决策思维方式,把决策规划过程中定性分析与定量分析有机结合起来,用一种统一方式进行优化处理。这种方法体现了人类运用过去已有的知识与经验,对客观事物进行分解、判断、综合,并据此求得最佳规划方案。因此,本研究选取该方法来确定评价因子的权重。层次分析法的原理不再赘述,基本操作步骤如下:

(1)为研究问题建立层次体系模型。此模型包括评价目标,所需评价的指标及决定指标重要性的相关因素。不同的指标相互独立,根据指标之间的相互从属关系将指标组织为若干层级,最后得到的指标层次体系见表 7-2。

(2)通过成对比较指标,确立层次体系中各指标的优先级,并形成判断矩阵。依据相关标准规范及案例,将优先级分 9 级。本研究准则层判断矩阵见表 7-5,下一级指标层的判断矩阵也可以采用该方法排序。

表 7-5 准则层判断矩阵

指标	立地条件	理化性状	灌溉条件
立地条件	1	a	b
理化性状	$1/a$	1	c
灌溉条件	$1/b$	$1/c$	1

（3）用方根法得到含有每个指标的权重值的特征向量，通过特征向量计算最大特征根，并进行一致性检验，n 阶判断矩阵的随机一致性比率计算公式为

$$CR = \frac{CI}{RI}$$

$$CI = \frac{\lambda_{\max} - n}{n - 1}$$

其中，CR 为随机一致性比率，CI 为一致性指标结果，RI 为平均随机一致性指标，数值见表 7-6，$\lambda_{\max}$ 为最大特征根。

表 7-6 平均随机一致性指标

n	1	2	3	4	5	6	7	8	9
RI	0	0	0.52	0.89	1.12	1.26	1.36	1.41	1.46

一致性检验的通过标准为 $CR<0.1$。调整各指标的优先级，直到通过以上检验。

（4）对整个阶层体系中所有层次的判断矩阵重复以上 3 个步骤。

（5）计算得到基于层次分析法的京津冀区域农用地适宜性评价指标权重，结果如表 7-7 所示。

表 7-7 基于层次分析法的京津冀农用地适宜性评价指标权重

目标层	准则层		指标层		层次分析法综合权重
	内容	权重	内容	权重	
农用地适宜性评价	立地条件	0.318	有效土层厚度	0.302	0.096
			表层土壤质地	0.236	0.075
			地形坡度	0.462	0.147
	理化性状	0.499	盐渍化程度	0.285	0.142
			土壤有机质含量	0.143	0.071
			土壤酸碱度	0.354	0.177
			积温情况	0.218	0.109
	灌溉条件	0.183	水体距离	0.400	0.073
			年均降水量	0.600	0.110

五、评价方法

考虑到京津冀区域空间范围较大以及各种相关数据的分辨率，本研究采用 500 m×500 m 的栅格单元对数据进行处理与分析。

由于农用地适宜性的影响因素较多，采用操作性较强、综合因素考虑较全面、与 GIS 平台结合紧密的多因子综合评价模型，对京津冀区域农用地适宜性进行评价，其综合评价模型（n 个因子）的表达式为

$$y = \sum_{i=1}^{n} x_i w_i$$

其中，y 为土地适宜性评价综合值，x 和 w 分别为各个评价因子的定量化值及相应的权重值，n 为选取的评价因子的个数。研究过程中的综合评价采用 ArcGIS 中栅格数据的"加权叠加"（weighted overlay）分析工具，通过对权重大小不一的各个评价因子栅格图层进行叠加，获取农用地的适宜性评价综合值空间分布图。

农用地适宜性级别的划分是运用 ArcGIS 的自然分级（natural break）功能，将农用地适宜性评价单元综合得分情况进行等级划分，划定为适宜、较适宜、较不适宜和不适宜 4 级。确定级别划分标准后，在 ArcGIS 中根据分值，利用"创建专题地图"功能初步划分农用地适宜性级别。

六、单因子评价结果分析

在 ArcGIS 10.3 平台支持下，建立基础空间数据库，进行单因子评价并形成单因子适宜性评价图。

（一）立地条件适宜性分析

立地条件适宜性分析中，通过 GIS 平台从 1∶1 000 000 中国土地资源图数字化数据和 DEM 数据中提取各因子的指标值，得到有效土层厚度、表层土壤质地和地形坡度的单因子评价结果，并根据上文的指标量化分级标准进行评价。

由图 7-2a 可知，京津冀整体有效土层厚度较高，适宜农作物耕种。其中，东南部平原的有效土层厚度最高，由东南向西北逐渐降低，燕山-太行山山地地区的有效土层厚度最低；随地貌类型由山地向坝上高原转变，有效土层厚度又逐渐升高。这是由于，受土壤物质由高向低流动和累积作用的影响，平原地区土层较厚，利于作物生长；而山地由于坡度、坡向等因素的影响，不利于保持水土以致土层较薄。

表层土壤质地根据表层土壤的类型可划分为 5 个等级（如图 7-2b），其中一级为壤土，在研究区域内分布较为均匀，主要分布在京津冀东南部华北平原及西北部坝上高原；二级为黏土、黏壤，三级为粉砂壤，这二者在研究区域内的分布范

围较小;四级为砂壤,主要分布在燕山-太行山山地地区以及山地与平原的交界处;五级砂土则零星分布在西北部山地地区。

坡度的变化与有效土层厚度的变化相对一致,大部分区域低于15°,表现为东南部平原和内蒙古高原坡度较低,燕山-太行山山地区域坡度较高,坡度最高的位置集中在太行山附近,可达到80°左右。其中15°~25°的斜坡地已不宜进行耕地开垦,比较适宜种植经济林和果树;而25°以上的陡坡区应退耕还林或还草,限制开垦以维护其自然状态(如图7-2c)。

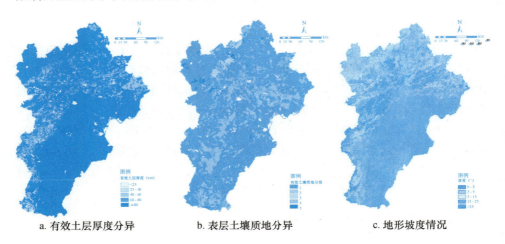

a. 有效土层厚度分异　　b. 表层土壤质地分异　　c. 地形坡度情况

图7-2　立地条件适宜性分析的单因子评价结果

(二) 理化性状适宜性分析

理化性状适宜性分析中,通过GIS平台从1∶1 000 000中国土地资源图数字化数据和DEM数据中提取各因子的指标值,得到盐渍化程度、土壤有机质含量、土壤酸碱度及地面高程等单因子评价结果,并根据上文的指标量化分级标准进行评价。

由图7-3a可知,京津冀以中性土壤和碱性土壤为主,酸性土壤占比较小。其中,酸性土壤主要集中分布在研究区域北部的燕山山地,中性土壤主要分布在山地与平原及高原的过渡区域,而碱性土壤则分布在京津冀东南部华北平原及西北部坝上高原。沧州市因地处近海区域,且地下水埋深较浅、矿化度高,分布有少量强碱性土壤(pH大于9)。

京津冀整体土壤有机质含量处于较低水平,大部分地区的土壤有机质含量低于30 g/kg,山地土壤有机质含量整体上高于平原和高原地区,从山区到平原,地势由高到低,有机质含量整体呈现下降趋势(如图7-3b)。山地地区因受人类

第七章 京津冀土地利用适宜性评价与空间优化

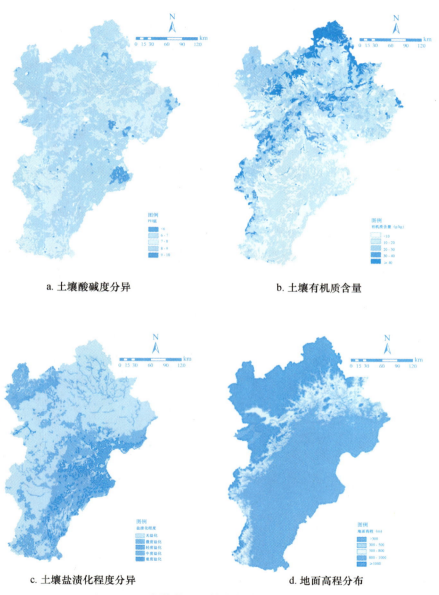

a. 土壤酸碱度分异

b. 土壤有机质含量

c. 土壤盐渍化程度分异

d. 地面高程分布

图 7-3 理化性状适宜性分析的单因子评价结果

活动影响程度弱于平原地区,加上植被保存状况良好,有机质含量较高。而在平原地区,常年耕作存在一定"重用轻养"的现象,有机质含量明显低于山地地区。同时,在一些经济较发达的城镇地区,产业结构中农业占比较小,农业投入水平低，也可能导致土壤有机质含量较低。

京津冀土壤含盐量总体上呈现片状、斑块状分布，大部分地区土壤盐渍化程度较低，海积平原区由于地势低洼易造成积水和排水不畅，地下水埋深浅，同时易受海潮影响，土地盐渍化程度较高。在山前平原与山地的交界处，山地较平原地势高，因而收水少，蒸发多，造成平原的水分向山地转移，盐分在山地聚集形成盐斑，此区域的盐渍化程度也较高（如图7-3-c）。

京津冀区域的高程从华北平原向燕山-太行山山地逐渐增加，到坝上高原一带高程达到1000 m以上（如图7-3d）。随着地面高程的增加，温度降低、积温减少，对农作物生长有不良影响。根据年平均气候资料，北京灵山下部海拔1020 m的年均温为5.3℃，而研究表明年均温度5℃以下即不适宜种植大田作物。仅考虑温度条件情况下，研究区域西北部山地和高原地区不适宜农作物的耕种。

（三）灌溉条件适宜性分析

灌溉条件适宜性分析中，水体距离和年均降水量的单因子评价，通过GIS平台由1∶1 000 000水系数据和中国气象背景——年平均降水量数据进行处理，提取各因子的指标值，并根据上文的指标量化分级标准进行评价。

由图7-4a与图7-4b可知，京津冀区域年均降水量整体偏低，降水较多的区域主要分布在东部沿海区域，其中秦皇岛市和唐山市部分地区年均降水量可达

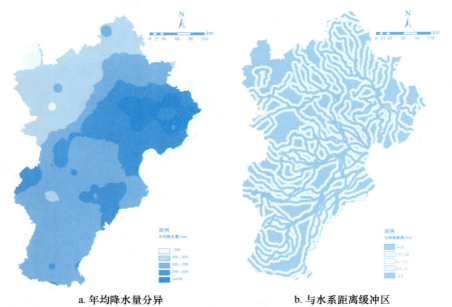

a. 年均降水量分异　　　　　　　　b. 与水系距离缓冲区

图7-4　灌溉条件适宜性分析的单因子评价结果

到 650 mm 以上，由东南至西北方向年均降水量逐渐减少至 350 mm 以下。研究区域内水系分布较为均匀，相对而言东部平原地区水系密度较大，西北部山地及高原地区水系密度较小，降水量及距河流的距离会在一定程度上对区域农用地的灌溉条件产生影响。京津冀东部部分地区靠近渤海，离海越近，矿化度越高，通过河流缓冲区不易体现该情况，在综合评价中通过与土壤盐渍化程度结合而进行体现。

七、综合评价结果分析

根据各因子分值和基于层次分析法得到的农用地适宜性评价指标权重，计算京津冀区域农用地适宜性综合得分，并通过 ArcGIS 的自然断裂功能（natural break）将农用地适宜性评价单元综合得分情况进行等级划分，划定为适宜、较适宜、较不适宜和不适宜 4 级，各等级在研究区域内的分布如图 7-5 所示。

图 7-5　京津冀区域农用地适宜性等级

从空间分布上看,农用地适宜性最高的区域主要分布在京津冀区域东南部华北平原,集中在唐山市、沧州市、廊坊市、衡水市、石家庄市、邢台市和北京城区周边。这些地区靠近河流、降水相对丰富、水质矿化度较低、有效土层较厚、表层土壤质地较好、地形和温度条件适宜农作物耕种,现状也多为耕地,占京津冀区域总用地面积的 42.98%。

较适宜的农用地面积占京津冀区域总用地面积的 26.29%,在各个城市内均有分布,保定市、天津市和承德市较为丰富,这些区域拥有相对较好的自然条件,是未来农业发展的重要潜力区。较不适宜农用地的面积占京津冀区域总用地面积的 18.05%,主要分布在山地与平原交界处以及部分坝上高原区域。不适宜农用的土地占 12.69%,主要分布在张家口市、承德市以及盐渍化程度较严重的部分沿海区域,这部分土地坡度较高、积温条件较差、降水量偏少、盐渍化程度严重,不利于农作物生产,可因地制宜发展林牧业,营造良好的生态体系(表 7-8)。

表 7-8 京津冀区域农用地适宜性分级汇总

级别	分值区间	面积/km²	比例/(%)
不适宜	<65	27 214.5	12.69
较不适宜	65~70	38 704.8	18.05
较适宜	70~77	56 380.8	26.29
适宜	≥77	92 184.8	42.98

第二节 区域建设用地适宜性评价

一、区域建设用地基本情况

2015 年,建设用地占区域用地总面积的 12.38%。虽然建设用地不是京津冀区域规模最大土地利用类型,但根据土地利用区位分析,建设用地在研究区域内 10 个城市中都具有区位意义,是区域内十分重要的用地类型。建设用地主要分布在北京市、天津市、保定市和唐山市,这 4 座城市拥有整个京津冀区域内将近一半的建设用地。从 1980 年的 14 141.65 km² 增长到 2015 年的 27 164.95 km²,在总用地面积中占比几乎翻倍。土地利用转移数据表明,1980—2015 年,建设用地增长的主要来源为耕地,达到 85.04%,草地、水域和林地的比例依次降低,分别为 6.54%、3.89% 和 3.63%。

此外,用地集约程度一般采用分析单位面积土地上投入与产出匹配情况的方法，但也有部分指标可以直观反映区域用地集约程度的相对差异。在此选取地均固定资产投资、地均 GDP、城镇人口密度等指标来衡量京津冀区域的建设用地集约利用程度。在京津冀区域内，北京市的地均 GDP 和城镇人口密度均为最高，天津市的地均固定资产投资最高，次于二者的是石家庄市，说明这三座城市的建设用地集约利用程度最高。张家口市、保定市、衡水市和邢台市的地均固定资产投资、地均 GDP 和城镇人口密度均处于较低水平，说明这几座城市的建设用地利用较为粗放，建设用地集约利用程度有待提高（表 7-9）。

表 7-9　2015 年京津冀地级市建设用地集约程度

城市	地均固定资产 /(亿元·km^{-2})	地均 GDP /(亿元·km^{-2})	城镇人口密度 /(万人·km^{-2})
北京	2.33	6.72	0.55
天津	4.13	5.22	0.40
石家庄	2.55	2.42	0.28
承德	1.74	1.54	0.19
张家口	0.96	0.83	0.14
秦皇岛	1.04	1.46	0.19
唐山	1.58	2.09	0.16
廊坊	1.60	1.82	0.18
保定	0.89	1.07	0.18
沧州	1.49	1.56	0.17
衡水	0.77	0.84	0.14
邢台	0.96	0.90	0.18
邯郸	1.74	1.55	0.24

二、评价指标选取

建设用地适宜性评价是对土地是否适于用作建设用地所作的评价，是在可持续发展理念的指导下，根据建设用地利用的特点和机制，选取一定的指标，针对一定的评价单元，从不同角度定性、定量分析衡量土地作为建设用地的适宜程度。影响适宜性的因素非常多，归纳起来主要有以下几种。

（1）自然地理条件，包括：地基承载力、岩土类型、断裂带、地震活动情况、地震烈度、地面沉降与塌陷、泥石流等地质环境类要素；高程、坡度、坡向、地貌类型、地形起伏度、地表破碎度等地形地貌类要素；地下水位埋深、洪水淹没线、洪涝风险等水文类要素；土壤侵蚀、表土质地、土层厚度、土壤透水性等土壤要素。

(2) 生态环境条件，包括：植被覆盖度、地表覆被类型、水域、自然保护区等地表生态系统要素；生态重要性、脆弱性、敏感性、水土流失与土壤侵蚀面积、自然保护区面积等区域整体生态特征要素；水气环境功能、水资源量、水体通达度等环境容量类要素。

(3) 社会经济条件，包括：历史文化名村、自然遗产或文化遗产保留地、历史文化街区等景观价值类要素；交通可达性、交通优势度，到城镇中心或高等级城市的距离，到国道省道、高速公路、港口等交通设施的距离，到学校、医院等公共服务设施的距离等区位交通要素；人均GDP、城镇化率、产业结构、投资规模、建设用地非农产出率、财政收入、就业人口比例、工业产值增长率等社会经济属性要素。

在具体评价中，学者们往往根据研究区范围和研究视角的差异而有所侧重，构建的指标体系也有明显差异。在参考《城市规划原理》《城乡用地评定标准》(CJJ132—2009)及相关文献的基础上，整理出建设用地适宜性评价常用指标和指标说明，如表7-10所示。

表 7-10　建设用地适宜性评价常用指标及指标说明

指标类别	指标	指标说明
工程地质	地质灾害	地质灾害指的是因特殊地质组成而造成的断裂、泥石流、滑坡、崩塌、岩溶塌陷以及因人为影响而造成的地基失效、地下水开采过度而带来的地面沉降等，破坏性极大，应尽量避免在地质灾害严重的区域进行开发建设
	矿藏	矿藏是地质条件之一，也是一种资源，它的分布和开采影响着建设用地的选择。同时因矿藏的开掘所形成的地下采空区会波及地面，容易致使地面塌陷，对地面建筑设施的荷载带来限制
	地震基本烈度	地震基本烈度是指未来50年，一般场地条件下，超越概率10%的地震烈度对建设用地选择、规划布局、建筑布置、抗震设防等都有一定影响。一般而言，地震设防烈度越高，对应的抗震设防设施工程就越复杂，所需要的人力物力也越多
	地基承载力	地基承载力为充分利用浅基础地基提供了可靠依据，是反映地基土层的压缩性和剪切强度指标，建设用地内各项工程建设都由地基来承载，不同的建筑体对地基承载力有不同的要求
	土壤侵蚀程度	土壤侵蚀是指土壤或其他地面组成物质在自然营力作用下或在自然营力与人类活动的综合作用下被剥蚀、破坏、分离、搬运和沉积的过程，土壤侵蚀程度越高，说明该地区越不适宜作为建设用地
	地下水埋深	地下水埋深、流动快慢以及水质成分都会不同程度地影响建设用地的利用方向与处理对策，其中地下水埋深直接影响场地建筑、地基稳定性与处理的难易程度，地下水埋深越浅，越不适宜作为建设用地

第七章　京津冀土地利用适宜性评价与空间优化

（续表）

指标类别	指标	指标说明
地形地貌	地面坡度	地面坡度大小直接影响建筑施工及土方工程量、地基处理费用。坡度过大不利于基础设施的建设和建筑空间布局，坡度过小（<0.3%）则不利于地面水的汇集和排除
	地面坡向	坡向对于山地生态有较大的作用，影响着日照时数和太阳辐射强度。对于北半球而言，辐射收入南坡最多，其次为东南坡和西南坡，再次为东坡与西坡及东北坡和西北坡，最少为北坡
	地貌类型	在城镇建设过程中，地形地貌影响着城镇地理位置和城镇建设的规划布局，不同地貌类型对建设用地布局有不同影响
	地形起伏度	地形起伏度是指在一个特定的区域内，最高点海拔与最低点海拔高度的差值，是描述区域地形特征的宏观指标，同时也是划分地貌类型的重要指标，因此在建设用地适宜性评价中可选取地形起伏度和地貌类型中的一个进行评价
水文条件	洪水淹没程度	沿江沿河的城市常受洪水威胁，因而必须考虑洪水期可能带来的淹没及雨季时积水对低洼地建筑物的浸泡，在建设用地选择时，应避开洼地和滞洪区等部位
	地表水水质	地表水不但可以作为城市水源，同时还在水运交通、改善气候、稀释污水、排除雨水及美化环境等方面发挥作用，地表水水质对建设用地布局也有一定的影响，一般选择水质较好的区域进行开发建设
	最大冻土深度	最大冻土深度为历年冻土深度中的最大值，冻土的流变性使得在冻土区修建工程构筑物面临着巨大的危险，融冻扰动一般发生在多年冻土的活动层内
	行洪蓄滞洪区	行洪通道及蓄滞洪区指河堤外洪水临时储存的低洼地区及湖泊等，是江河防洪体系中的重要组成部分，是保障重点防洪安全、减轻灾害的有效措施。重要的行洪通道和蓄滞洪区应受到严格保护，不被用作其他用途
自然生态	距自然保护区距离	自然保护区是对有代表性的自然生态系统、珍稀濒危野生动植物物种的天然集中分布区以及有特殊意义的自然遗迹等保护对象所在的陆地、水体或者海域，依法划出一定面积予以特殊保护和管理的区域，不适宜进行其他用途的开发建设
	植被覆盖度	植被覆盖度指某一地域植物垂直投影面积与该地域面积之比，是衡量地表植被状况的一个重要指标，是描述生态系统的重要基础数据，建设用地的选取应尽量避免破坏现有的生态环境
	距面状水域距离	面状水域包括湖泊和水库坑塘，是生态保护体系中非常关键的一环，应保留其自然资源的完整性，包括水域周边的植被和水域内部的生物，不宜在面状水域附近布置建设用地
区位交通	距城镇距离	城镇具有较好的基础设施、社会服务设施，与现有城镇的距离影响着土地的开发建设，在其他条件相同时，距离城镇越近，越适宜开发建设
	距主干道距离	交通条件对城市建设的导向性较强，交通便捷度高、可达性较好的区位更容易转化为建设用地，一般以距主干道距离代表交通便捷度的好坏

京津冀区域北部和西部为燕山及太行山山地,由中山、低山、丘陵和山间盆地组成,发育有尚义—平泉深断裂等几组深大断裂构造。研究区地层出露从太古界至新生界都有分布,裂隙发育、易风化且强度低,第四系松散地层广布于平原盆地表面。区域内春季的大风沙、冬季的干燥低温、夏季高温多降水等独特气候条件加快了岩土风化速度。有明显的雨季,夏季覆盖了全年八成的降水,主要集中在七月中至八月中,部分地区如燕山南麓和太行山东麓的降水量显著多于其他地区。降水集中,通常一周左右可完成全年七成降水量,这种自然条件下区域内较容易发生地质灾害(孟晖等,2017)。京津冀区域的主要地质问题及其影响如表 7-11 所示。

表 7-11 京津冀区域主要地质问题及影响

地质问题	主要影响
活动断裂	直接威胁城市和重要工程设施
地面沉降	造成建筑物地基下沉、房屋开裂、地下管道破损、井管抬升、洪涝及风暴潮灾害加剧等一系列问题,影响部分高铁线路和南水北调工程
地裂缝	影响建筑物和构筑物安全
崩滑流和地面塌陷	造成人员伤亡,破坏城镇、矿山、铁路、公路等工程设施;破坏国土资源和流域生态环境,加剧水土流失以及洪水、干旱等自然灾害活动

本研究以区域土地自然本底条件为主,主要考量评价单元的土地利用状况是否符合其自然条件。考虑到京津冀区域存在一些对城镇发展和区域重要基础设施建设有重大影响的因素,从建设开发可行性方面考虑,应设立部分刚性指标,满足研究区域建设用地评价的工作要求。同时根据数据的可获得性和工程地质、地形地貌、水文条件、自然生态等因素对研究区域建设用地适宜性的影响,选取这 4 个层面的因素进行分析(表 7-12)。相较于《城乡用地评定标准》,指标体系更为简练,对于京津冀区域更为适用,同时也更具有针对性和可操作性。

表 7-12 京津冀区域建设用地适宜性评价指标选取

影响因素	选择原因
工程地质	工程地质条件直接影响建筑工程的成本和安全程度,是建设用地选址必须考虑的因素
地形地貌	地形地貌是影响建设用地适宜性最直接和最重要的因素,对建筑施工和土方工程测量具有直接影响
水文条件	水文条件对建设用地安全性、给水工程等具有重要影响,须考虑洪水期可能带来的淹没及雨季时积水对低洼地建筑物的浸泡等情况
自然生态	京津冀区域的生态环境具有敏感性和脆弱性,一旦遭受破坏将很难恢复,因此自然生态条件是该地区建设用地评价不可忽略的因素

为了能更准确体现出京津冀区域建设用地的地质地形重要性、水文条件敏感性和自然生态敏感性，本研究使用具有层次结构的指标体系。根据特殊与基本共存的原则，区分出特殊指标和基本指标。特殊指标是对京津冀区域建设用地有突出影响的自然环境要素，对适宜性评价有特殊的限制，如极限坡度、洪水淹没范围等；基本指标作为适宜性评价的基础，包括了建设用地评价中相对普遍的条件。以科学合理的原则，同时体现研究区域的独特性，选取10个评价因子组成指标层，构成特殊指标和基本指标的下一层级，其中前者包含2个从属因子，后者包含8个从属因子，具体如表7-13所示。

表7-13 京津冀区域建设用地评价指标体系

目标层	因素层		指标层	影响效应（＋／－）
建设用地适宜性评价	特殊指标	地形地貌	极限坡度	－
		水文条件	洪水淹没范围	－
	基本指标	工程地质	地震基本烈度	－
			土壤侵蚀强度	－
			突发地质灾害	－
		地形地貌	地面坡度	－
			地形起伏度	－
			植被覆盖度	－
		自然生态	距自然保护区距离	＋
			距面状水域距离	＋

目标层——评价建设用地适宜性等级。

因素层——对建设用地适宜性程度产生影响的因素，根据普遍性区分出特殊指标及基本指标，包括工程地质因素、地形地貌因素、水文条件因素、自然生态因素。

指标层——影响因素层的指标。

评价因子可根据其对目标的影响效应分两类：一类是正向因子，因子数值或影响显著性与建设用地适宜性程度的变化方向一致，例如距自然保护区距离、距面状水域距离等；另一类是负向因子，与正向因子相反，因子对建设用地适宜性有逆向作用，如地面坡度、土壤侵蚀强度等。其中，特殊指标对评价目标总是产生负向的影响。

三、指标的定性分级和定量标准

特殊指标对建设用地评价结果存在刚性影响，为体现此刚性影响，本研究将特殊指标进行0和1赋值。如果存在任意一项特殊指标的分值为0，则说明该评价单位绝对不适合建设。本研究中的基本指标首先定性分级成 4 类：适宜级、较适宜级、适宜性差级和不适宜级，参考《城乡用地评定标准》定量分值与定性分级对应设置，分别为 10 分、6 分、3 分和 1 分（表 7-14）。

表 7-14　建设用地评级指标的定量标准

指标类型	定性分级	定量分值	评定取向
特殊指标	无影响	1 分	以大分值为优
	有影响	0 分	
基本指标	适宜	10 分	以大分值为优
	较适宜	6 分	
	适宜性差	3 分	
	不适宜	1 分	

根据分析整理相关资料及文献，结合专家咨询意见，得到特殊指标和基本指标的定性分级和定量标准，如表 7-15 和表 7-16 所示。

表 7-15　建设用地适宜性特殊指标定量标准

序号	一级指标	二级指标	定量标准	
			有影响（0 分）	无影响（1 分）
1	地形地貌	极限坡度	≥45°（100%）	<45°（100%）
2	水文条件	洪水淹没范围	洪水淹没范围	其他

表 7-16　建设用地适宜性基本指标定量标准

序号	一级指标	二级指标	定量标准			
			不适宜级（1 分）	适宜性差级（3 分）	较适宜级（6 分）	适宜级（10 分）
1	工程地质	地震基本烈度	≥Ⅸ度区	Ⅷ度区	Ⅵ、Ⅶ度区	<Ⅵ度区
2		土壤侵蚀强度	强度侵蚀	中度侵蚀	轻度侵蚀	微度侵蚀
3		突发地质灾害	高易发区	中易发区	低易发区	无地质灾害风险
4	地形地貌	地面坡度/(°)	≥25	15～25	7～15	<7
5		地形起伏度/m	≥100	60～100	30～60	<30
6	自然生态	植被覆盖度/(%)	≥75	60～75	45～60	<45
7		距自然保护区距离/km	≤1	1～2	2～3	>3
8		距面状水域距离/km	≤1	1～2	2～3	>3

四、评价指标权重确定

某个指标的权重是相对于其他指标而言的，代表着该指标对评价结果的影响程度。而对指标进行权重分配,意味着将适宜性评价研究中的所有参评指标的相对重要程度进行归一化的定量分配,以量化方法对参评指标对总体评价结果的影响程度进行区分。

建设用地适宜性评价指标包括刚性指标和基本指标,其中基本指标需要进行权重分配。参考《城乡用地评定标准》、相关文献和京津冀区域的现状特征,本研究沿用上文的层次分析法对京津冀区域建设用地适宜性的基本指标进行权重分配,分配结果如表 7-17 所示。

表 7-17　基于层次分析法的京津冀建设用地适宜性评价指标权重

目标层	准则层		指标层		层次分析法综合权重
	内容	权重	内容	权重	
建设用地适宜性评价	工程地质	0.546	地震基本烈度	0.233	0.127
			土壤侵蚀强度	0.305	0.167
			突发地质灾害	0.462	0.252
	地形地貌	0.269	地面坡度	0.600	0.161
			地形起伏度	0.400	0.107
	自然生态	0.185	植被覆盖度	0.313	0.058
			距自然保护区距离	0.366	0.068
			距面状水域距离	0.321	0.059

五、评价方法

考虑到京津冀区域的尺度以及各种相关数据的分辨率,本研究采用 500 m×500 m 的栅格单元对数据进行处理和操作。以多因子综合评价模型为原型,结合定性分析与定量计算,构建京津冀区域的建设用地评价的综合模型。再采用加权叠加分析工具获得基本指标,同时引入特殊指标,通过以上模型得到评价分值。采用限制系数法的综合评价模型表达式为

$$Y = \prod_{j=1}^{m} F_j \times \sum_{i=1}^{n} x_i w_i$$

其中,Y 为土地适宜性评价综合值,数值越大,适宜程度越高;i 为基本指标评价因子序号;n 为选取的基本指标评价因子的个数;w_i 为第 i 项基本指标的权重值;x_i 为第 i 项基本指标的定量分值;m 为特殊指标的因子个数;j 为特殊指标的因子序号;F_j 为第 j 项特殊指标的定量分值。

这个模型的特点是引入了具有刚性特点的特殊指标,模型的实际含义为:
(1) 当特殊指标至少出现一个"有影响"(0 分)级的二级指标,即划定为不可

建设用地,其建设用地适宜性分值为 0;

(2)当评价单元不存在特殊指标的影响时,只需要考虑基本指标,将基本指标进行加权计算即可得到评价单元的适宜性分值。

研究过程中的综合评价采用的是 ArcGIS 中 Arc toolbox 的栅格数据的"加权叠加"(weighted overlay)和"栅格计算器"(raster calculator)工具。通过对权重大小不一的各个评价因子栅格图层进行叠加,再于栅格计算器中与特殊指标进行连乘,从而获取建设用地的适宜性综合得分空间分布图。

适宜性等级的划分是为了确定建设用地的适宜性等级和名称,为之后的土地利用优化提供参考。目前,各专业书籍和标准中对建设用地的等级划分和名称有以下几种(表 7-18)。

表 7-18 建设用地适宜性等级划分一览表

等级类别来源	等级类别数量	等级类别名
同济大学编著教材《城市规划原理》	三类	一类用地:可用于建设的用地;二类用地:改善条件后才能修建的用地;三类用地:不适于修建的用地
全国注册城市规划师考试指定用书《城市规划原理》	三类	一类用地:适于修建的用地;二类用地:基本上可以修建的用地;三类用地:不适于修建的用地
《中国大百科全书建筑·园林·城市规划》	四类	一类:适宜修建的用地;二类:需要采取工程措施,条件改善后才能进行修建的用地;三类:不宜修建的用地;四类:完全或基本上不能用作城市建设的用地
《城乡用地评价标准》(CJJ 132—2009)	四类	一类:适宜建设用地;二类:可建设用地;三类:不宜建设用地;四类:不可建设用地

参照《城乡用地评价标准》(CJJ 132—2009),在综合京津冀区域建设用地适宜性评价影响因素的基础上,考虑与农用地适宜性分类的匹配关系。本研究将建设用地适宜程度分为四大类:第一类为适宜建设,这类地区有良好的自然、地形、地质条件,无需或仅需少量工程改造即可满足建设要求,无生态及人为因素限制。第二类为较适宜建设,这类地区有较好的自然、地形、地质条件,需要工程改造以满足建设要求,无生态及人为因素限制。第三类为较不适宜建设,这类地区自然、地形、地质条件较差,需特殊工程改造以满足建设要求或有较强生态及人为因素限制。第四类为不适宜建设,这类地区自然、地形、地质条件极差,完全或基本不能满足建设要求或有很强生态及人为因素限制,应避免在这些地区选址。

建设用地适宜性级别的划分标准应结合区域内土地利用情况,并根据所得的评价分值的统计规律及空间分布确定,使得同一级的评价分值分布尽量集中,以与相邻两级显著区分。本研究采用ArcGIS里的自然分级(natural break)功能对京津冀区域土地资源评价单元建设用地适宜性分级,将建设用地适宜性评价单元划定为适宜、较适宜、较不适宜和不适宜四级。

六、单因子评价结果分析

在ArcGIS 10.3平台支持下,建立GIS基础空间数据库,进行单因子评价并形成单因子适宜性评价图。

(一)工程地质适宜性分析

工程地质适宜性分析中涉及地震烈度、土壤侵蚀强度、地质灾害易发程度单因子评价,其中土壤侵蚀强度从中国科学院资源环境科学数据中心提供的中国土壤侵蚀空间分布数据中提取获得,地震烈度分区数据来源于中国地质科学院水文地质环境地质研究所,源数据以MapGIS67文件格式存在,先使用MapGIS k9将其以MapGIS67的格式导入,转换为k9格式,再进行批量重投影处理至西安80坐标系,最后将其导出为shp格式,再进行矢量栅格化处理、重投影及重采样处理、掩膜提取处理之后得到最终数据。地质灾害易发程度由原国土资源部发布的《全国地质灾害防治"十三五"规划》相关内容进行GIS矢量化而成,并根据前文的指标定量标准进行等级划分。

京津冀区域的地震基本烈度分布有明显的区域差异,其中西北部坝上高原地区地震基本烈度最低,小于6度。大部分地区的地震基本烈度为6度和7度,从西北向东南有逐渐升高的趋势,其中北京市东南部、北京市与张家口市交界处、天津市与唐山市交界处最高,为8度,说明这些区域发生较高烈度地震的概率更大(如图7-6a)。研究区域内的土壤侵蚀类型包括水力侵蚀和风力侵蚀,以水力侵蚀为主。其中平原地区土壤侵蚀程度很低,大部分为微度侵蚀,坝上高原部分土壤侵蚀程度较平原地区稍高一些,大部分为轻度侵蚀。土壤中度侵蚀和强度侵蚀地区主要分布在燕山-太行山山地区域,以中度侵蚀为主(如图7-6b)。

图7-6c中的地质灾害主要包括崩塌滑坡、泥石流和地面塌陷,由图可知,京津冀区域的地质灾害分布较为密集,其中地质灾害高易发区集中在北京市、唐山市、秦皇岛市、承德市、张家口市、保定市、石家庄市、邢台市和邯郸市的山地区域,中易发区主要集中在北京市北部、承德市南部、张家口东南部和保定市西北部,呈连片状分布,低易发区主要集中在北京市、唐山市的平原区域和张家口市、承德市的高原区域。地质灾害易发程度越高,该区域越不适宜作为建设用地。

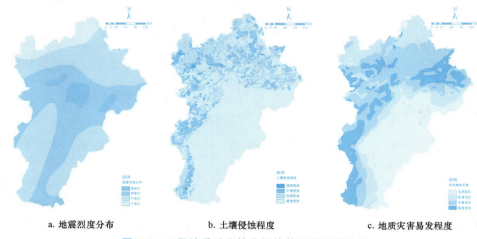

a. 地震烈度分布　　　　b. 土壤侵蚀程度　　　　c. 地质灾害易发程度

图 7-6　工程地质适宜性分析的单因子评价结果

（二）地形地貌适宜性分析

地形地貌适宜性分析中的地面坡度、地形起伏度通过 DEM 数据进行处理而获得。地面坡度在上文的农用地适宜性单因子评价中已进行分析，在此不再赘述。地形起伏度代表了单位面积内的最大相对高程差，也叫作地势起伏度、相对地势或相对高度，一般而言，地形起伏度越低，说明该区域的土地越平整，越适宜进行开发建设。

由图 7-7 可知，在以 500 m×500 m 的栅格为评价单元时，京津冀区域内的地形起伏度最高为 585 m，最低为 0 m。其中高地形起伏度地区主要分布在太行山山脉和燕山山脉附近，其地貌类型为山地；中地形起伏度地区主要分布在京津冀北部，其地貌类型为山地和丘陵；低地形起伏度地区主要分布在京津冀东南部和张家口市西北部，占京津冀区域总面积的一半以上，其地貌类型为平原和台地，较之高地形起伏度地区和中地形起伏度地区更适宜作为建设用地。

（三）自然生态适宜性分析

自然生态适宜性中的植被覆盖度由 NDVI 植被指数根据公式进行估算，距自然保护区距离和距面状水域距离在 GIS 平台中应用距离（Distance）分析工具进行分析，并根据前文的指标定量标准进行等级划分。

由图 7-8 可知，京津冀区域整体植被覆盖度较高，大部分地区的植被覆盖度在 60% 以上，植被覆盖度越高，说明植被覆盖状况越好。植被覆盖度较低的地区主要分布在京津冀区域东部沿海的滩地坑塘、西北部坝上高原以及人口和经济活动较为密集的城镇区域，为保持整个区域的良好生态状况，应尽量减少在植被覆盖度较高的地方进行开发建设。

图 7-7　地形起伏度评价结果

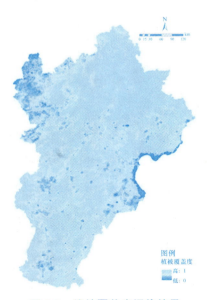

图 7-8　植被覆盖度评价结果

七、综合评价结果分析

根据各因子分值和基于层次分析法得到的建设用地适宜性评价指标权重,通过综合评价模型计算京津冀区域建设用地适宜性的综合得分。进而对建设用地适宜性评价单元综合评价分值分级,划定为适宜、较适宜、较不适宜和不适宜4级。适宜性等级的划分客观反映了将土地用途规划为建设用地的适宜性等级,在研究区域内的分布如图7-9所示。

图7-9 京津冀区域建设用地适宜性等级

表7-19 京津冀区域建设用地适宜性分级汇总表

级别	分值区间	面积/km²	比例/(%)
不适宜	<5	76 185	35.44
较不适宜	5~6.5	36 587	17.02
较适宜	6.5~7.5	18 660	8.68
适宜	≥7.5	83 551	38.86

从空间分布上看，建设用地适宜性最高的区域主要分布在京津冀东南部平原地区，集中在天津市、沧州市、衡水市、廊坊市、北京市东南部、唐山市南部及保定市、石家庄市、邢台市、邯郸市这四座城市的东部地区。这些地区地貌类型以平原为主，地形起伏不大，土壤侵蚀、地震和其他地质灾害危险程度很低，自然生态限制条件很少，现状多为建设用地和农用地，占京津冀区域总用地面积的38.86%。

建设用地适宜性较高的区域主要分布在华北平原与燕山-太行山山地的交界处，集中在北京市、唐山市北部、张家口市南部及石家庄市、邢台市、邯郸市这三座城市的中西部地区。这些区域拥有相对较好的地形条件，土壤侵蚀、地震和其他地质灾害危险程度较低，自然生态限制条件较少，现状多为农用地和建设用地，占京津冀区域总用地面积的8.68%。

较不适宜和不适宜作为建设用地的土地面积占总用地面积的52.46%，在京津冀区域范围内分布较为连续，主要分布在燕山-太行山山地、坝上高原及水库坑塘分布较为密集的部分沿海区域，集中在承德市、张家口市及北京市、秦皇岛市、保定市、石家庄市、邢台市和邯郸市的山地区域。这部分土地地形条件较差、土壤侵蚀严重、地质灾害危险程度较高，自然生态限制条件较多，不利于发展建设用地，可作为生态用地进行修复和保护。

第三节 区域土地利用适宜类别空间分布

土地利用结构优化目的是为了最大化土地所产生的经济、社会和生态效益，提高土地利用效率。为了实现这一目的，需要结合土地特性来对区域内土地利用类型在数量结构上和空间分布上进行调整（张薇等，2014）。立足京津冀区域土地利用空间优化配置的需求，基于土地资源的空间异质性及空间单元对不同土地利用类型的适宜性程度，将研究单元配置给适宜性较高的用地类型以取得土地利用最佳效益。在研究区域土地空间优化配置的过程中，要考虑到土地利用可能存在多个目标，同时需要将不同土地类型的竞争关系纳入考量范围。

以土地适宜性评价结果作为空间配置的根本依据，进一步通过空间叠置得到土地利用适宜类别空间布局，在此基础上划分土地利用优化区并制订相应的优化原则。以京津冀区域土地利用现状为基础，叠加土地利用适宜类别空间布局，依据不同的优化原则，应用 GIS（地理信息系统）技术将土地利用优化结果配置到空间上。为便于叠加分析与优化选择，在此将林地、草地、水域三类土地利用合并为生态用地,基于耕地、建设用地、生态用地、未利用地四大类土地展开分析。

土地资源存在多宜性,若某地块适宜唯一一种特定利用方式,则理性人必然以此方式利用土地;但当该地块同时适宜多种利用方式,外部需求将造成不同利用方式的竞争,从而形成土地利用冲突(王秋兵,2012)。将研究单元的农用地适宜性等级、建设用地适宜性等级进行叠加,每一个评价单元都具有两种不同适宜性程度的属性,可得到研究区域的土地利用适宜类别空间布局,其比较判别矩阵如表 7-20 所示。

表 7-20　农用地及建设用地适宜性比较判别矩阵

土地利用适宜类别		农用地适宜性			
		1 适宜	2 较适宜	3 较不适宜	4 不适宜
建设用地适宜性	1 适宜	潜力区	建设用地	建设用地	建设用地
	2 较适宜	耕地	潜力区	建设用地	建设用地
	3 不宜	耕地	耕地	生态用地	生态用地
	4 禁止	耕地	耕地	生态用地	生态用地

其中,当农用地适宜等级为"适宜"或者"较适宜",且农用地适宜性等级高于建设用地适宜性等级时,说明该研究单元更适宜作为耕地;当建设用地等级为"适宜"或者"较适宜",且建设用地适宜性等级高于农用地适宜性等级时,说明该研究单元更适宜作为建设用地;当农用地适宜性等级和建设用地适宜性等级为"较不适宜"和"不适宜"时,说明该研究单元既不适合农用,也不宜进行建设开发,应作为生态用地进行保护和修复;当农用地适宜性等级和建设用地适宜性等级为"适宜"和"较适宜",且二者适宜性等级相等时,说明该研究单元既适合作为耕地,也适合作为建设用地,该部分土地命名为"潜力区",代表它的多宜性。

将京津冀区域农用地适宜性等级图与建设用地适宜性等级图进行空间叠置,并依据适宜性比较判别矩阵进行重分类赋值,得到结果如图 7-10 所示。由图 7-10 可知,宜建设用地和潜力区的分布规则较为相似,主要分布于京津冀区域华北平原,在天津市、廊坊市、沧州市、保定市、石家庄市、衡水市、邢台市和邯郸市均有较多分布;宜耕区主要分布于燕山-太行山山地与华北平原的过渡区,集中在承德市、秦皇岛市、唐山市、北京市、保定市、石家庄市、邢台市及邯郸市,呈连片分布;宜生态用地主要分布在燕山-太行山山地区域和小部分沿海区域,集中在张家口市和承德市(表 7-21)。

第七章 京津冀土地利用适宜性评价与空间优化

图 7-10　京津冀区域土地利用适宜类别空间分布

表 7-21　京津冀区域土地利用适宜类别汇总表

类　　别	面积/km²	比例/(%)
宜建设用地	29 672.5	13.85
宜耕地	67 480.3	31.49
宜生态用地	54 889.0	25.62
潜力区	62 221.5	29.04

第四节 区域土地利用空间优化建议

一、京津冀区域现有分区方案梳理

目前京津冀土地资源开发利用缺乏区域协调和统筹，土地资源空间配置不尽合理，土地利用效率不高。通过对整体区域进行土地利用适宜性评价和分区以及建设用地的配置研究，可以使区域空间格局优化，达到土地资源的合理和高效利用。目前，区域内已出台的京津冀区域的分区管控政策主要有以下四大类。

（一）区域协同发展战略的空间布局

2015年4月，中央政府审议通过了《京津冀协同发展规划纲要》（下文简称纲要），作为推动京津冀协同发展战略的纲领性文件。纲要中明确了未来区域发展的空间布局，提出了"一核、双城、三轴、四区、多节点"的骨架结构，推动形成以重要城市为支点，以战略性功能区平台为载体，以交通干线、生态廊道为纽带的网络型空间格局。其中，"一核"指的是北京，"双城"指的是北京、天津，要求强化京津双城联动，成为区域发展新引擎，共同引领高端功能发展。"三轴"指的是京津、京保石、京唐秦三条产业发展带和城镇聚集轴，作为支撑京津冀协同发展的主体框架。"四区"分别是中部核心功能区、东部滨海发展区、南部功能拓展区和西北部生态涵养区。中部核心功能区包括北京、天津、保定、廊坊，东部滨海发展区包括秦皇岛、唐山、沧州，西北部生态涵养区包括张家口、承德，南部功能拓展区包括石家庄、衡水、邢台、邯郸。

（二）区域协同发展的土地利用管控分区

2016年，国家发展和改革委员会与国土资源部联合印发了《京津冀协同发展土地利用总体规划（2015—2020年）》[①]。为切实优化区域空间开发格局，以区县为单位，结合国土空间开发利用现状与资源环境承载情况，立足严格保护优质耕地和生态环境的前提，将区域划分为减量优化区、存量挖潜区、增量控制区和适度发展区，并分别制定各分区内的土地利用原则与导向。其中，减量优化区要求对建设用地进行"减量瘦身"，原则上不安排新增建设用地，并鼓励建设用地还原为生态用地，支撑城市发展转型升级。存量挖潜区内谨慎进行高强度大规模建设活动，主要通过调整存量建设用地结构和布局，满足建设需求。增量控制区优先重点保障基础设施和公共服务用地，对新增建设用地采用控制态度，不鼓励

---

① 相关资料来源于土流网，解读《京津冀协同发展土地利用总体规划》，https://www.tuliu.com/read-28779.html，2016-05-10。

第七章　京津冀土地利用适宜性评价与空间优化

大规模建设。适度发展区是未来非首都功能疏解与产业转移的主要承接地,允许新增建设用地适度发展,以支撑各类生产要素集聚。公开资料中,未公布四类分区的具体范围,但总体上提供了未来区域内土地利用差异化管控的四种核心思路,值得借鉴。

(三)河北省战略功能区

河北省为了实施主体功能区战略,响应《京津冀协同发展规划纲要》提出的空间布局,在《河北省国民经济和社会发展第十三个五年规划纲要》中提出了四个战略功能区,各分区空间范围见表7-22。要求在主体功能约束下,引导要素流动、公共服务均等化发展、优化资源环境承载格局。其中,环京津核心功能区,要求加快北京非首都功能承接平台的建设。沿海率先发展区,将成为省内率先发展区,主攻发展钢铁、高端装备制造、石油化工、生物医药等制造业和现代物流、休闲旅游、健康养生等现代服务业。冀中南功能拓展区,主要依托石家庄省会功能提升和正定新区建设机遇,培育区域南部中心城市,并将邯郸打造成为京津冀南部门户,将邢台、衡水发展为区域重要节点城市。冀西北生态涵养区的主要任务是发挥生态保障、水源涵养等生态服务功能,打造全国生态文明先行示范区。

表 7-22　河北战略功能区规划方案

分区名称	空间范围	战略定位
环京津核心功能区	保定、廊坊	加快北京非首都功能承接平台的建设
沿海率先发展区	唐山、沧州、秦皇岛	大力发展制造业和现代服务业
冀中南功能拓展区	石家庄、邯郸、邢台、衡水	提升石家庄市省会功能,打造京津冀城市群南部中心城市群
冀西北生态涵养区	承德、张家口	打造全国生态文明先行示范区

(四)各省(直辖市)的主体功能区布局

北京、天津与河北根据自身资源环境承载能力、现有开发强度和发展潜力,统筹谋划人口分布、经济布局、国土利用和城镇化格局,确定了各自的主体功能区布局。

根据《北京市主体功能区规划》(2012年),北京将国土空间划分为四类功能区域和禁止开发区域。四类功能区域分别是首都核心功能区、城市功能拓展区、城市发展新区和生态涵养发展区,各分区范围见表7-23。其中,首都功能核心区,属于完全城市化地区,主体功能为优化开发,要求限制与核心区不匹配的相关功能。城市功能拓展区,已具有较高的开发强度,主体功能是重点开发,要求坚持产业优化升级发展。城市发展新区,主体功能是重点开发,仍具有较大的开发潜力。生态涵养发展区,作为保障北京生态安全和水资源涵养的重要区域,主体功能是限制开发,要求限制大规模、高强度的开发建设活动。禁止开发区域分散分布于上述四类功能区域内,主要是一些世界自然文化遗产、自然保护区、风景名胜区、森林公园、地质公园和重要水源保护区所在区域。禁止开发区域总面积约为 3023 km²,占市域总面积的 18.4%。

表 7-23　北京市主体功能区划分(2012 年)

功能区域	区县	街道、镇、乡	土地面积/km²
首都功能核心区	东城区 西城区	32 个街道	92.4
城市功能拓展区	朝阳区 海淀区 丰台区 石景山区	70 个街道、7 个镇、24 个乡	1275.9
城市发展新区	通州区 顺义区 大兴区 昌平区(平原) 房山区(平原)	24 个街道、56 个镇、1 个乡	3782.9
生态涵养发展区	昌平区(山区) 房山区(山区) 门头沟区 平谷区 怀柔区 密云县 延庆县	14 个街道、79 个镇、15 个乡	11 259.3

2012 年的《天津市主体功能区规划》,根据优化结构、集约开发、统筹发展、陆海协调的开发原则,将市域划分为优化发展区域、重点开发区域、生态涵养发展区域、禁止开发区域四类主体功能开发格局,各类区域的空间范围见表 7-24。其中,优化发展区域内土地开发强度较高,资源环境承载力相对较弱。要求提升产业发展水平,优化城市环境,作为城市功能提升、空间拓展、服务周边的重要区域。重点开发区域内经济基础条件较好,资源环境承载能力亦较强,因此具有较好的发展潜力。该区域是天津未来发展重要的增长极,要求围绕滨海新区的开放发展,着力提升产业核心竞争力、优化结构,并推动产业绿色化发展。生态涵养发展区域在市域生态安全格局中发挥重要作用,农业生产条件较好,要求打造成为人与自然和谐相处示范区,以生态建设和环境保护为主要任务。禁止开发区域主要包含各类依法设立的自然、文化资源保护区,也包含部分点状分布的重

点生态功能区。这类区域依法受到强制性保护,严禁不符合主体功能的各类开发活动,并要求加强生态修复与资源养护。

表 7-24 天津市主体功能区划分(2012 年)

主体功能区	空间范围
优化发展区域	和平区、河东区、河西区、南开区、河北区、红桥区、东丽区、西青区、津南区、北辰区、武清区、宝坻区、静海县(不包括纳入重点开发区域部分)
重点开发区域	滨海新区,9 个国家级经济开发区,子牙循环经济产业区,海河教育园区
生态涵养发展区域	蓟县、宁河县
禁止开发区域	市级以上自然保护区、水源保护区、风景名胜区、森林公园、地质公园、湿地公园等自然文化资源保护区域

根据《河北省主体功能区规划》,依据是否适宜或者如何进行大规模高强度工业化城镇化开发为基准,河北省将省域内各区县划分为优化开发区域、重点开发区域、限制开发区域和禁止开发区域四类主体功能区。同时,依据国土空间开发内容,将河北省省域划分为城市化地区、农产品主产区、重点生态功能区三大类。其中,优化开发区域和重点开发区域都属于城市化地区。但优化开发区域面临的资源环境矛盾更突出,城市化发展路径迫切需要优化升级。而重点开发区域已积累了一定的经济基础,资源环境承载能力也更强,所以潜力更大。限制开发区域可以进一步划分为农产品主产区和重点生态功能区。前者耕地资源多,发展农业条件好,为保障粮食安全,将农业综合生产作为首要任务。后者因生态系统脆弱,主要任务在于增强生态产品供给,恢复生态能力。禁止开发区域,则主要指的是依法设立的各级各类自然文化资源保护区域,或根据其他要求需要确立的禁止开发区域。

结合《全国主体功能区规划》方案,河北省将国家优化开发区域同样划为全省优化开发区域,作为环渤海地区新兴增长区域,作为京津城市功能拓展和产业转移的主要承接地。重点开发区域内,将冀中南地区划为国家级重点开发区域,其余作为省级重点开发区域。要求加大国土空间资源整合力度,调整产业布局、优化城镇结构、加速人口集聚、完善基础设施,兼顾生态环境保护与发展质量提升,并有序安排开发时序。其中,国家重点开发区域是全省人口、经济和城市的重要聚集区,省级重点开发区域则是县域特色产业发展示范区及沿海、山前平原产业与城市的延展空间。限制开发区域分为重点生态功能区和农产品主产区,其中重点生态功能区又进一步分为国家级和省级。国家级重点生态功能区,主要是国家浑善达克沙漠化防治生态功能区的一部分。省级重点生态功能区是省域内各次级区域的重要生态屏障,要求增强生态建设,构建环境友好型产业结构,合理布局低密度的人口与城镇发展。而限制开发区域中的农产品主产区,主要是国家黄淮海平原农产品主产区的重要组成部分,要求控制开发强度、加强耕地保护、改善农业生态环境,推动现代农业发展与新农村建设。上述各类主题功能区范围见图 7-11。

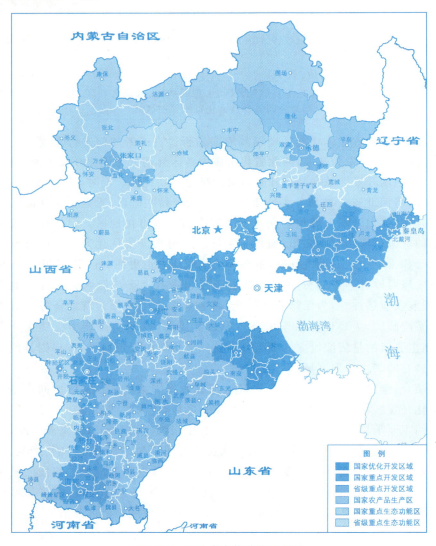

图 7-11　河北省主体功能区规划

二、京津冀土地优化利用分区及空间优化准则

参考上述区域内的分区方案，本研究将京津冀区域划分成四个不同的土地优化类型区(图7-12)。其中生态优先区包括张家口市、承德市全域及邢台市、唐山市、石家庄市、秦皇岛市、邯郸市、北京市、保定市的部分区县，大部分的宜生态用地位于这些地区。作为整个京津冀区域的绿色生态屏障和畜牧业产业基地，该区域应调整农业结构，适当减少耕地数量，退耕还林、还草，提高地表植被覆盖度，增加自然生态系统的面积。充分考虑土地利用现状并尽量减少土地利用类型调整面积的前提下，该区域的土地利用优化方向主要为：保留所有现状生态用地，现状为生态用地以外的，土地利用适宜类别中的宜生态用地、潜力区以及用地现状中的未利用地，均调整为生态用地(表7-25)。

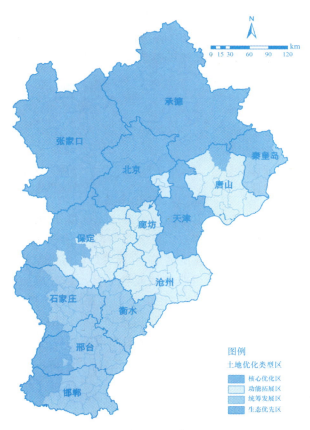

图7-12 京津冀区域土地利用优化分区

表 7-25　生态优先区土地利用空间优化准则

类别/现状	建设用地	耕地	生态用地	未利用地
建设用地	建设用地	耕地	生态用地	生态用地
耕地	建设用地	耕地	生态用地	生态用地
生态用地	生态用地	生态用地	生态用地	生态用地
潜力区	生态用地	生态用地	生态用地	生态用地

核心优化区包括北京市内除生态优先区以外的区县和天津市全域，作为我国的直辖市和京津冀区域的核心城市，这两座城市对于整个研究区域的核心驱动效应不言而喻。根据上文分析，该区域建设用地面积明显增长，且近年来建设用地随中心蔓延的情况愈发严重，应严格控制建设规模，由外延扩展转向调整优化内部结构，同时需保留足够的自然生态开敞空间。在充分考虑土地利用现状并尽量减少土地利用类型调整面积的前提下，该区域的土地利用优化方向主要为：保留所有现状建设用地和生态用地，除此之外，土地利用适宜类别中的宜生态用地及用地现状中的未利用地，均调整为生态用地（表 7-26）。

表 7-26　核心优化区土地利用空间优化准则

类别/现状	建设用地	耕地	生态用地	未利用地
建设用地	建设用地	耕地	生态用地	生态用地
耕地	建设用地	耕地	生态用地	生态用地
生态用地	建设用地	生态用地	生态用地	生态用地
潜力区	建设用地	耕地	生态用地	生态用地

功能拓展区包括唐山市、保定市内除生态优先区以外的区县和廊坊市、沧州市全域，这四座城市紧密围绕在核心优化区周围，并拥有较多宜建设用地和潜力区，未来可承接中心城市的开发建设需求，形成良好的等级结构。应充分利用现有建设用地和空闲土地，优先利用非耕地或者中低产田开展城镇建设。在充分考虑土地利用现状并尽量减少土地利用类型调整面积的前提下，该区域的土地利用优化方向主要为：保留所有现状建设用地和生态用地，除此之外，土地利用适宜类别中的宜建设用地（除适宜类别为生态用地外），均调整为建设用地，用地现状中未利用地的调整方向与土地利用适宜类别一致，潜力区调整为建设用地（表 7-27）。

表 7-27　功能拓展区土地利用空间优化准则

类别/现状	建设用地	耕地	生态用地	未利用地
建设用地	建设用地	建设用地	生态用地	建设用地
耕地	建设用地	耕地	生态用地	耕地
生态用地	建设用地	耕地	生态用地	生态用地
潜力区	建设用地	耕地	生态用地	建设用地

统筹发展区包括秦皇岛市、石家庄市、邢台市、邯郸市内除生态优先区以外的区县及衡水市全域,大部分的宜耕地分布在这些城市,优质农田比例较高。为实现研究区域内整体的"耕地总量动态平衡",应严格保护该区域内的耕地,开垦废弃撂荒土地,通过土地整理等方式将零星农地转化为农业生产地。在充分考虑土地利用现状并尽量减少土地利用类型调整面积的前提下,该区域的土地利用优化方向主要为:保留所有现状建设用地和耕地,除此之外,土地利用适宜类别中的宜耕地,均调整为耕地,用地现状中未利用地的调整方向与土地利用适宜类别一致,潜力区调整为耕地(表 7-28)。

表 7-28　统筹发展区土地利用空间优化准则

类别/现状	建设用地	耕地	生态用地	未利用地
建设用地	建设用地	耕地	生态用地	建设用地
耕地	建设用地	耕地	耕地	耕地
生态用地	建设用地	耕地	生态用地	生态用地
潜力区	建设用地	耕地	生态用地	耕地

三、土地利用空间优化建议

根据不同土地优化类型区的土地利用空间优化准则,将京津冀区域土地利用适宜类别与土地利用现状(2015 年 TM 遥感影像解译数据)进行空间叠置分析,得到土地利用空间优化结果图。使用 ArcGIS 空间分析工具中的栅格计算器(Raster Calculator),对土地利用现状与土地利用适宜类别空间格局两个图层进行加和运算,并根据唯一的加和结果判断该研究单元的土地利用调整方向,最终得到的土地利用空间优化结果如图 7-13 所示。与土地利用现状相比,生态用地的分布更广、自然生态系统面积增加;耕地面积在统筹发展区内有所增加,在其他优化区内则有不同程度的减少趋势。在保持耕地规模的前提下,应增大单位耕地面积资金和劳动力的投入,提高耕地的土地利用节约集约度,同时对零星闲散土地和形状不规则耕地进行土地整理工作;建设用地集中分布在核心优化区和功能拓展区,核心优化区的建设规模不再扩大,应积极进行建设用地存量挖潜工作,功能拓展区可根据现实需要进行针对性地重点建设,逐步承接核心优化区的产业和人口转移。

图 7-13 京津冀区域土地利用空间优化结果

第五节 本章小结

通过构建适宜京津冀区域的农用地和建设用地适宜性评价指标体系,选用多因子综合评价模型计算农用地和建设用地适宜性评价结果。农用地适宜性最高的区域主要分布在京津冀区域东南部华北平原,集中在唐山市、沧州市、廊坊市、衡水市、石家庄市、邢台市和北京城区周边,占京津冀区域总用地面积的42.98%。较适宜的农用地面积占京津冀区域总用地面积的26.29%,在各个城市内均有分布。建设用地适宜性最高的区域同样主要分布在京津冀东南部平原地区,集中在天津市、沧州市、衡水市、廊坊市、北京市东南部、唐山市南部及保定市、石家庄市、邢台市、邯郸市这四座城市的东部地区,占京津冀区域总用地面积的 38.86%。建设用地适宜性较高的区域主要分布在华北平原与燕山-太行山山地的交界处,占总用地面积的 8.68%。

进而通过适宜性评价的空间叠置得到土地利用适宜类别空间布局,可将研究区域内的土地分为"宜建设用地""宜耕地""宜生态用地"和"潜力区"四类。宜建设用地和潜力区的分布规则较为相似,主要分布于京津冀区域华北平原;宜耕区主要分布于燕山-太行山山地与华北平原的过渡区,集中在承德市、秦皇岛市、唐山市、北京市、保定市、石家庄市、邢台市及邯郸市,呈连片分布;宜生态用地主要分布在燕山-太行山山地区域和小部分沿海区域,集中在张家口市和承德市。

根据土地利用适宜类别空间布局、地区社会经济发展现状及相关政策规划文件,可将研究区域划分成四个不同的土地优化类型区。其中生态优先区应适当减少耕地数量,退耕还林、还草,提高地表植被覆盖度,增加自然生态系统的面积。核心优化区应严格控制建设规模,由外延扩展转向调整优化内部结构,同时需保留足够的自然生态开敞空间。功能拓展区应充分利用现有建设用地和空闲土地,优先利用非耕地或者中低产田开展城镇建设。统筹发展区应严格保护该区域内的耕地,开垦废弃撂荒土地,通过土地整理等方式将零星农地转化为农业生产地。最后根据不同土地优化类型区的土地优化准则,将土地利用现状与土地利用适宜类别空间布局进行叠加分析,获得研究区域的土地利用空间优化结果。

第八章

京津冀区域空间治理体系发展特征

区域空间治理体现了区域治理对区域空间的持续建构作用,京津冀区域发展中的空间组织格局、空间增长模式,均与特定社会建构作用有着密切关系。立足前文多维度的区域土地利用演变趋势与特征分析,亦可以发现区域协同发展的战略导向对区域土地利用格局具有持续的、深远的影响作用。2014年以来,随着国家战略地位的巩固,该区域已经进入制度化合作阶段,正朝着更成熟的区域治理模式发展,支撑区域内各类资源要素的优化配置。本章主要聚焦2014年以来,京津冀为了更好地适应区域协同发展需求,所建立起的区域空间治理框架及其运作机制。一方面,这是立足新阶段,区域治理对区域空间发展需求与矛盾的反馈作用;另一方面,也体现了区域空间治理重构区域空间组织方式的内在机制,有助于更好地理解该区域进行土地利用一体化管控需要考虑的特殊制度背景以及可以依托的治理结构。

第一节 京津冀协同发展政策演进

京津冀协同发展是对该区域空间合作的高度概括,早在20世纪70年代,相关部门与地区就已经展开了相关研究。发展过程中,虽也提出了区域合作、区域协调发展、区域一体化、区域协同发展等诸多概念,但从广义上都可以纳入协同发展的历程(张可云,2014)。从一些标志性事件和相关规划来看(表8-1),京津冀协同发展政策经历了三个阶段,即部门合作阶段、规划引导阶段和顶层设计阶段,逐步成为明确的国家重大战略协调发展区域。

表 8-1　京津冀协同发展历程中的标志性事件与相关规划

年份	标志性事件/相关规划
1976	国家计划委员会组织了京津唐国土规划课题研究
1981	华北地区成立了全国最早的区域经济合作组织——华北经济技术协作区
1986	环渤海区域合作问题被重视,出现京津冀区域经济的概念,并设立了环渤海地区经济联合市长联席会
1988	北京与保定、廊坊等六地、市组建环京经济技术协作区,建立了市长、专员联席会制度,设立了日常工作机构
1992	中共河北省委提出两环(环京津、环渤海)开放带动战略
1995	"首都经济"概念被提出,并逐渐演变为北京重点发展"总部经济"
2001	提出"大北京"概念,"大北京"实际上是京津和冀北地区(包括京津唐、京津保两个三角形地区)的简称,2001 年 10 月"京津冀北城乡地区空间发展规划研究"通过建设部审定
2004	由国家发展和改革委员会主持的京津冀区域经济发展战略研讨会在河北廊坊召开,会上京津冀三省、市政府达成"廊坊共识"
2005	亚洲银行提出"环京津贫困带"概念,在京津周边存在着 24 个贫困县
2006	北京市与河北省正式签署《北京市人民政府、河北省人民政府关于加强经济与社会发展合作备忘录》
2006	国家发展和改革委员会提出"京津冀都市圈(2+7)",即以京津为核心,包括河北省的唐山、秦皇岛、承德、张家口、保定、廊坊和沧州 7 个市,后来又加上石家庄,变为"2+8"
2010	河北省提出打造"环首都绿色经济圈"的目标,但在河北提出建设京东、京南、京北三座新城承接北京人口时,北京的"首都经济圈"却将重点放在了自己区域内的卫星城建设上
2011	首都经济圈写入国家"十二五"规划
2012	建设"首都经济圈"、河北省"沿海发展战略"、"太行山、燕山集中连片贫困区开发战略"同时纳入国家"十二五"规划
2014	习近平总书记提出京津冀协同发展的"七点要求",京津冀区域一体化发展规划出台迫在眉睫
2015	中央政治局会议审议通过《京津冀协同发展规划纲要》,明确了有序疏解北京非首都功能是京津冀协同发展战略的核心,明确了京津冀协同发展战略纲要
2016	《京津冀协同发展土地利用总体规划(2015—2020 年)》《京津冀协同发展交通一体化规划》等规划的编制与出台
2017	京津冀能源协同发展行动计划(2017—2020 年)、京津冀人大立法项目协同办法、京津冀人才一体化发展规划(2017—2030 年)、推进京津冀民航协同发展实施意见

资料来源:根据相关政府文件和新闻报道整理。

一、20世纪80年代:部门合作

这一阶段的标志性事件和重大规划主要有两项,一是京津唐国土规划纲要工作,二是地区横向经济技术协作。1981年中共中央书记处第97次会议做出关于加强国土整治工作的决定,国务院批转国家建委关于开展国土整治的报告。根据党中央、国务院的精神,1982年国家计划委员会下达〔82〕建发土字135号文和140号文,正式启动京津唐地区国土规划纲要课题研究工作。在这里,京津唐地区的范围包括现今的北京、天津、唐山、秦皇岛和廊坊市。这一工作包括京津唐地区国土开发整治的综合研究和专题研究,历时近三年,摸清了京津唐地区国土开发整治的情况,提出了京津唐地区发展战略定位、方向、工业和城镇建设的总体布局以及沿海港口、京津高速公路、高速铁路客运专线等基础设施建设框架(胡序威,2006)。

改革开放初期,以地区之间、城乡之间余缺物资调剂和技术、资金协作为主要目的的地区间横向协作兴起。1981年京、津、冀、晋、蒙5省(市、自治区)在呼和浩特成立了全国第一个横向经济技术协作组织——华北地区经济技术协作区。1986年,天津、青岛、大连、秦皇岛、唐山等14座城市成立环渤海地区经济联合市长联席会。1988年,北京与河北环京地区的保定、廊坊、唐山、秦皇岛、张家口、承德等六地、市组成环京经济协作区,建立市长、专员联席会制度。这些地区间横向联合组织促进了京津冀区域的交流与合作。

二、20世纪90年代至2012年:规划引导

这一阶段主要标志性事件和重大规划有四项。

一是"首都经济"战略的提出。1996年北京市主要领导更替后即组织了A、B、C三个版本的首都经济发展战略研究。其中,A版由北京市政府自身研制,B版由肖炼、杨开忠牵头的专家组独立研制,C版侧重数量预测,由李京文院士牵头的中国社会科学院数量与技术经济研究所专家组研究。在研究的基础上,1998年北京市正式提出"首都经济"战略。这一战略的提出标志着北京市经济发展战略的两大突破:① 地方政府真正实质突破了"大工业"思想的限制,明确北京经济的本质是知识经济;② 地方政府初步跳出了自家"一亩三分地",树立开放合作的"区域观",强调首都经济要立足于北京这块土地上的所有条件而非仅仅是北京市所属所管的资源和条件,加强了与在京中央企事业单位的合作。

二是首都圈战略的提出。2000年杨开忠主持完成了北京市哲学社会科学重大项目"北京与周边地区关系研究",出版专著《持续首都——北京新世纪发展战略》,首次对"首都圈"进行了系统的科学界定,提出了建设具有国际竞争力的京津双核心首都圈的战略(谭成文等,2000)。2002年吴良镛主持完成国家自然

科学基金项目,出版《京津冀区域城乡空间发展战略规划》,主张通过"建设世界城市,带动京津冀北(大北京地区)的繁荣和健康发展",受到城乡建设领域的高度重视(吴良镛,2002)。

三是"廊坊共识"的形成。2004年2月,国家发展和改革委员会地区经济司,北京市、天津市、河北省发展和改革委员会在廊坊市召开"京津冀区域经济发展战略研讨会"。会议形成了影响较为深远的"廊坊共识",包括:① 京津冀区域经济发展必须突破合作体制、机制和观念的障碍;② 坚持"市场主导、政府推动,合作基础:平等互利、优势互补、统筹协调、多元发展"的合作原则;③ 建立京津冀发展和改革部门定期协商制度,建立京津冀省(市)长高层定期联席会议制度,联合设立协调机构;④ 启动京津冀区域发展总体规划和重点专项规划;⑤ 选择易于突破的交通、水资源保护和合理利用、生态建设和环境保护、论坛、经贸合作洽谈会及招商引资活动等领域开展合作。这预示着京津冀协同发展从学术界的理论探讨走向政府的实际行动。

四是京津冀都市圈区域规划的编制。按照国家"十一五"规划的部署,国家发展和改革委员会于2004年11月正式启动京津冀都市圈区域规划的编制工作,规划范围包括北京、天津两个直辖市和河北省的石家庄、保定、唐山、秦皇岛、廊坊、沧州、张家口、承德8个地级市,规划内容涉及各个方面。规划历经6年完成,并于2010年8月5日上报国务院,虽因多种原因未获国务院批复,但无疑促进了2006年《国务院关于推进天津滨海新区开发开放有关问题的意见》、2009年《国务院关于同意支持中关村科技园区建设国家自主创新示范区的批复》的出台,推动了《中华人民共和国国民经济和社会发展第十二个五年规划纲要》提出"打造首都经济圈"。

三、2012年至今:顶层设计

党的十八大以后,实现京津冀协同发展上升为重大国家战略,习近平总书记多次开展有关京津冀协同发展的调研工作。2013年5月,习近平总书记在天津调研时提出,要谱写新时期社会主义现代化的京津"双城记",从而实质上明确了首都圈的"双引擎"。2013年8月,习近平总书记在北戴河主持研究河北发展问题时,要求河北推动京津冀协同发展,这在实质上明确了首都圈规划范围包括河北。2014年2月26日,习近平总书记在北京主持召开座谈会并发表重要讲话,明确了实现京津冀协同发展是重大国家战略,提出京津冀协同发展的基本要求,明确北京是全国政治中心、文化中心、国际交往中心和科技创新中心,要坚持和强化首都核心功能,调整疏解非首都核心功能。

2013年9月,国务院批准国家发展和改革委员会《关于编制环渤海地区发展规划纲要及首都经济圈发展规划有关问题的请示》,明确首都经济圈发展规划范围为京津冀三省市全域,规划期为 2014—2020 年,展望到 2030 年,重点是按照区域一体化发展方向,统筹解决制约三省市特别是首都可持续发展的突出问题。2014 年 8 月国务院成立了京津冀协同发展领导小组,紧接着将"首都经济圈发展规划"调整为"京津冀协同发展规划"。2015 年 4 月 30 日,中央政治局会议审议通过《京津冀协同发展规划纲要》,明确了有序疏解北京非首都功能是京津冀协同发展战略的核心,明确了京津冀协同发展战略纲要,要在京津冀交通一体化、生态环境保护、产业升级转移等重点领域率先取得突破。同时,《京津冀协同发展土地利用总体规划(2015—2020 年)》《京津冀协同发展交通一体化规划》等规划相继完成编制与出台,京津冀协同发展进入实施推进阶段。

在产业方面,2016 年 6 月 29 日,工业和信息化部与京津冀三省市政府联合发布的《京津冀产业转移指南》提出,将在京津冀构建"一个中心、五区五带五链和若干特色基地"的产业发展格局;在交通方面,京津冀区域已初步形成了"京津保"一小时通勤圈。2017 年 4 月《京津冀区域城际铁路网规划》出台,京津冀将新建 24 条 3450 km 的城际铁路网,连接区域所有地级及以上城市。此外,一系列推动京津冀协同发展的重点工作也在有序进行。

总体来看,自 2014 年以来,京津冀的区域治理体系在党中央、国务院的督导下已经逐步完善,京津冀首次出台了三地联合的区域规划及一系列专项合作行动,并且类似税收收入分享、人大立法等协调京津冀三方利益的协作机制已经初步建立。北京开始加速向津冀疏解、转移非首都功能产业,京津冀三地区域发展不均衡的问题也得到了高度重视,并通过中关村创新协作共同体、人才一体化等合作手段予以纠正。

第二节 京津冀区域协同治理整体框架

一、基础:复杂的纵向层级关系

曹海军(2017)将京津冀区域中涉及的政府主体归纳为"三地四方",其中,"三地"指的是河北省、北京市和天津市,在三地所对应的省级(直辖市)政府的基础上,还涉及中央政府,从而构成"四方"。事实上,京津冀区域内政府体系的层级关系更为复杂。

首先,省级单元中,北京与天津为直辖市,河北为一般省级单位。虽然三者行政级别原则上相同,但北京作为我国的首都,是政治中心、文化中心,掌握有多种优质资源,其行政地位不言而喻。即使是同为直辖市的天津市,也难以与北京相提并论。此外,直辖市因最高领导一般为副国级,高于省级的最高领导,因此也更有利于集聚公共资源,又在一定程度上导致天津市强于河北省。其次,城市

第八章 京津冀区域空间治理体系发展特征

单元中,虽然石家庄市不属于副省级市,但作为省会城市,其最高领导一般兼任省委常委,因而在资源配置中也比一般地级市更具优势。相似的还有省域内的经济中心城市,例如河北唐山市,也可能因市委书记兼任省委常委,在话语体系中相对优于一般的地级市。第三,京津冀区域内有两个国家级新区,分别是位于天津的滨海新区和位于保定的雄安新区。二者均由原先的若干县级单位合并而成,但获批国家级新区后,行政级别相当于副省级,不仅优于所在的地级市,甚至优于省会城市石家庄市(石家庄不属于我国的副省级省会城市)。尤其是雄安新区,2017年6月中央批复组建了"河北雄安新区管理委员会"作为雄安新区的行政管理机构,属于河北省人民政府派出机构,并与"中共河北雄安新区工作委员会"合署办公,同时接受国务院京津冀协同发展领导小组办公室指导(江东等,2019)。第四,受上一层次行政区划级别的差异影响,基层的县级单元也存在相应的分异。例如,北京市、天津市的区,不同于普通地级市的区级单位。此外,河北省还设有两个省直管县,分别是位于石家庄的辛集市和位于保定的定州市,又另有112个县(县级市)是省财政直管(表8-2)。立足我国的制度背景,行政等级高低直接关联了政府行政权力的大小。因此,行政区划并不只是意味着国家对领土的结构安排,更重要的是背后隐藏着一种相对稳定且制度化的政府权力与利益的分配逻辑(胡德等,2007)。

表8-2 京津冀区域内城市行政区划体系等级结构

沟通层级	行政级别	实际话语权	涉及的城市单元
1	直辖市	首都	北京
		一般直辖市	天津
	省	一般省	河北省
2	副省级	国家级新区	滨海新区、雄安新区
	地级市	省会城市	石家庄
		省内经济中心	唐山
		一般地级市	承德、张家口、秦皇岛、廊坊、保定、沧州、衡水、邢台、邯郸
3	县	省直管县	辛集市(石家庄)、定州市(保定)
		区	此处不一一列举
		一般县级单位	此处不一一列举

资料来源:根据公开资料整理。

二、横向关系改变:分设协调领导小组

目前,京津冀区域已初步构建起多元主体参与的模式,但治理主体仍以政府为主导,并且中央政府介入程度较深,市场力量与社会力量参与仍不充分。行政手段仍是其最主要的治理手段,相继出台了诸多区域规划、专项政策、合作框架。

组织架构方面，2014年8月，国务院成立了"京津冀协同发展领导小组"，组长由国务院副总理担任，并有常设的办公室。这是我国第三个指向特定区域发展而在中央层面成立的"领导小组"，此外就是2000年成立的"西部开发领导小组"、2004年成立的"振兴东北领导小组"。京津冀区域协作各项事宜已经上升到由国家政治局委员任组长的高层次定期协商模式，可见中央政府的直接参与，是京津冀区域空间治理模式的突出特征。依托其推动相关工作，具有较强的约束力与协调能力，降低地方之间发生低效博弈竞争的风险。省级层面上，以省（直辖市）为单位分别设立了协同发展小组，并参与具体的协调工作。虽然还是依托省级行政单元设立的协调机构，但较之省级政府主要专注于负责以区域利益为出发点的相关工作，一定程度上改变了三省市纵向层级关系不匹配的问题，在一定程度上减弱了话语权不平衡的问题。

中央政府直接参与，牵头编制各项区域规划，作为统筹区域空间协同发展的重要纲领。2015年，正式出台了《京津冀协同发展规划纲要》，由京津冀协同发展领导小组组织编写，集合了北京市、天津市、河北省发展改革委副主任以及交通部、环保部、民航总局等相关部委的专业人员，最终经中共中央政治局审议通过。同年年底，国家发展改革委、交通部公布了《京津冀协同发展交通一体化规划》，统领区域交通网络化布局与一体化服务的推进。2016年，国家发展改革委印发实施了全国第一个跨省市的"十三五"规划，即《"十三五"时期京津冀国民经济和社会发展规划》。该规划由国家统一组织，三省市参与并充分论证沟通，并成为三省市编制各自"十三五"规划及相关规划的重要依据。随后，同年国家发展改革委联合国土资源部印发了《京津冀协同发展土地利用总体规划（2015—2020年）》，立足保护优质耕地和生态环境的前提，统领京津冀区域协同发展中的各项土地利用任务（图8-1）。依托中央政府，从决策层面率先实现统筹，一定程度上也可以改变地方政府间的横向关系，由地方发展竞争转变为共同目标发展。

三、京津冀区域空间治理的主要领域

京津冀区域协作经历了长时间、多领域的探索，于2014年以后进入全面深刻的实质协作阶段，对区域空间结构演化、区域空间生产与重构均产生了深刻的影响。从区域空间的复杂性及区域治理的空间生产来看，京津冀区域空间治理是一个系统性工程，包含社会、经济、生态等多个领域。总体上，要实现区域内生产要素的优化配置，保障区域空间资源的可持续利用。从各地方利益的角度出发，要实现经济共赢，保障发展公平。从中央政府的角度出发，要培育世界级城市群，成为国家参与全球经济竞争的重要空间单元，并在国内先行示范新型城镇

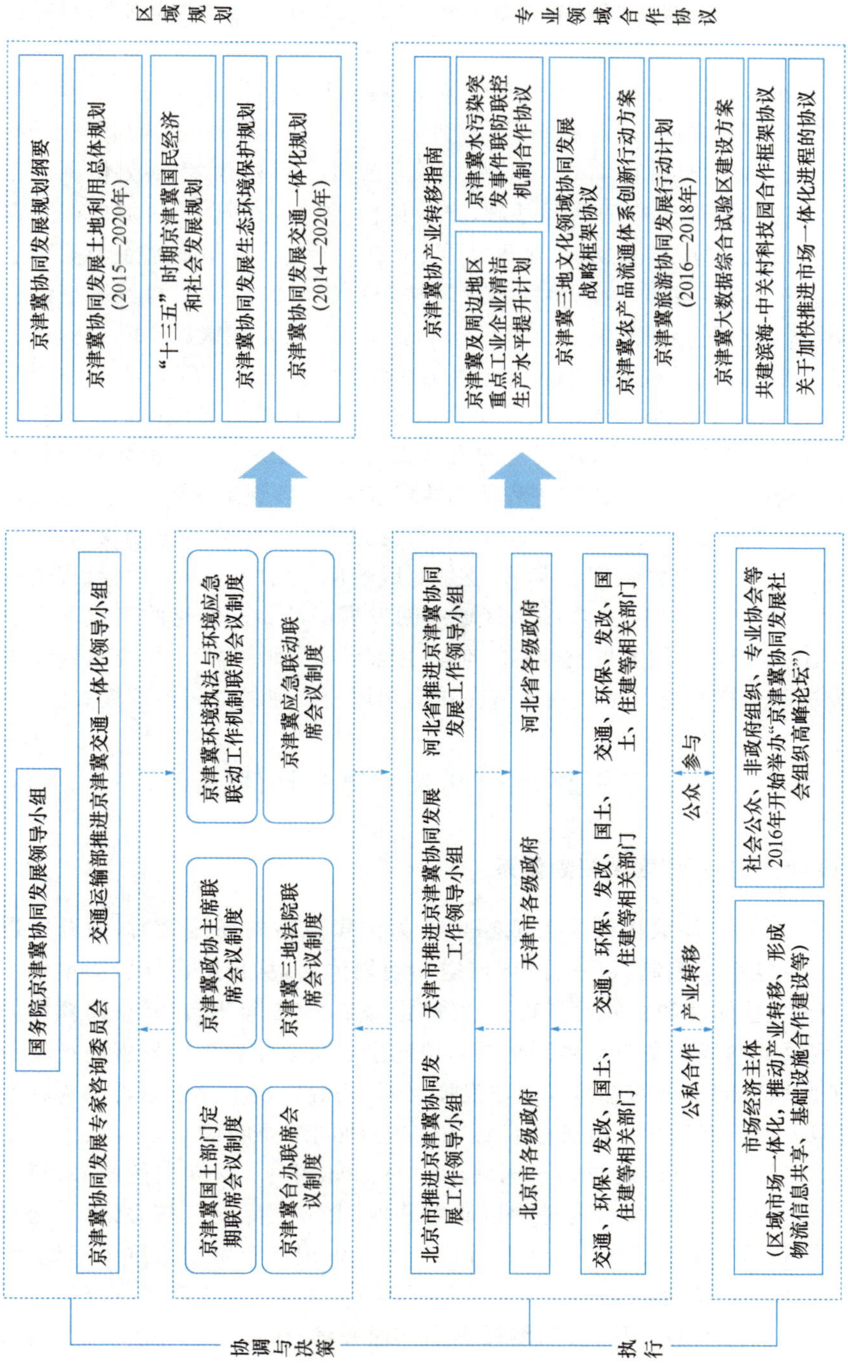

第八章 京津冀区域空间治理体系发展特征

区域规划

- 京津冀协同发展规划纲要
- 京津冀协同发展土地利用总体规划（2015—2020年）
- "十三五"时期京津冀国民经济和社会发展规划
- 京津冀协同发展生态环境保护规划
- 京津冀协同发展交通一体化规划（2014—2020年）

专业领域合作协议

- 京津冀协同产业转移指南
- 京津冀及周边地区重点工业企业清洁生产水平提升计划
- 京津冀水污染突发事件联防联控机制合作协议
- 京津冀三地文化领域协同发展战略框架协议
- 京津冀农产品流通体系创新行动方案
- 京津冀旅游协同发展行动计划（2016—2018年）
- 京津冀大数据综合试验区建设方案
- 共建滨海-中关村科技园合作框架协议
- 关于加快推进市场一体化进程的协议

协调与决策

- 国务院京津冀协同发展领导小组
  - 京津冀协同发展专家咨询委员会
    - 京津冀国土部门定期联席会议制度
    - 京津冀协办联席会议制度
  - 交通运输部推进京津冀交通一体化领导小组
    - 京津冀政协主席联席会议制度
    - 京津冀三地法院联席会议制度
  - 京津冀环境执法与环境应急联动工作机制联席会议制度
  - 京津冀应急联席会议制度

执行

- 河北省推进京津冀协同发展工作领导小组
  - 河北省各级政府
  - 交通、环保、发改、国土、住建等相关部门
- 天津市推进京津冀协同发展工作领导小组
  - 天津市各级政府
  - 交通、环保、发改、国土、住建等相关部门
- 北京市推进京津冀协同发展工作领导小组
  - 北京市各级政府
  - 交通、环保、发改、国土、住建等相关部门

公私合作｜产业转移

市场经济主体（区域市场一体化，推动产业转移，形成物流信息共享、基础设施合作建设等）

公众参与

社会公众、非政府组织、专业协会等 2016年开始举办"京津冀协同发展社会组织高峰论坛"

图 8-1 区域空间治理运作机制总体框架

图片修正自：白易彬，2017。

化、生态文明等发展模式。在多重战略目标叠加下,京津冀区域空间发展目标亦具有多重要求。

方创琳(2017)依托协同论,通过理论论证,将京津冀协同发展的科学释义分解为规划协同、交通协同、产业协同、城乡协同、市场协同、科技协同、金融协同、信息协同、生态协同、环境协同共10个领域。立足于空间的角度,规划协同属于空间战略,交通协同属于空间联系基础,产业协同、城乡协同属于区域空间资源的整合利用,市场协同、科技协同、金融协同、信息协同是为了减弱甚至消除生产要素流动的空间边界阻碍,生态协同与环境协同属于对区域空间自然基底的保护。京津冀区域空间协同发展的根本目标是落实生产要素在区域空间中的优化配置,为了实现这一目标需要加快交通网络建设,实现区域空间资源的整合利用;同时,通过生态环境共治,保障地区间的发展公平性以及区域整体的生态环境安全。最后,通过梳理《2019京津冀协同发展报告》《京畿协作——京津冀协同发展》两部最新概括京津冀协同发展进程著作的章节安排,发现京津冀区域目前采取的协同策略,基本涵盖于区域战略空间结构、交通、生态、产业、创新五项议题之中。

综上,不论是理论推演、现状需求,还是实践响应,京津冀区域空间治理的主要领域均主要包括以下四点:① 统一区域空间发展战略;② 优化网络化联系空间环境;③ 保障产业协同发展空间;④ 推动生态环境区域共治。围绕这四个领域,本研究进一步概括总结京津冀区域在相应领域内构建的空间治理模式。

第三节 区域空间规划体系构建

一、顶层设计:"统一分"区域规划体系

2014年开始,京津冀协同发展战略上升为国家战略的高度之后,便开始以中央政府为主导系统编制"统一分"区域空间规划体系,从顶层设计层面增强了发展的系统性、整体性和协同性。首先,"统"指的是2015年出台的《京津冀协同发展规划纲要》(本章下文简称协同纲要),协同纲要是京津冀协同发展的行动指南,统筹了区域协同发展的总体方向与发展目标,明确提出了建设以首都为核心的世界级城市群的高目标。服务于目标的实现,协同纲要明确了京、津、冀三地错位的功能定位。北京市定位为全国政治中心、文化中心、国际交往中心、科技创新中心;天津市定位为全国先进制造研发基地、北方国际航运核心区、金融创新运营示范区、改革开放先行区;河北省定位为全国现代商贸物流重要基地、产业转型升级试验区、新型城镇化与城乡统筹示范区、京津冀生态环境支撑区。立足历史积累效应与发展现状,协同纲要提出交通一体、生态环境保护、产业转型

第八章　京津冀区域空间治理体系发展特征

升级三个重点领域。重点疏解四类非首都功能：一是高消耗产业；二是相对低端的服务业，如物流基地、专业市场等；三是某些公共服务机构；四是部分行政类或事业性单位及企业总部。同时，协同纲要中明确勾勒出京津冀区域空间发展战略，要求按照"功能互补、区域联动、轴向集聚、节点支撑"的思路，形成"一核、双城、三轴、四区、多节点"的发展骨架。其中，"一核"为北京，"双城"为北京与天津，"三轴"包括京津、京保石、京唐秦三条产业发展带和城镇集聚轴；"多节点"又被细分为两个等级，定位石家庄、唐山、保定、邯郸为区域性中心城市，河北省其余七座城市则定位为节点城市。由此，推动有序疏解非首都功能，构建以重要城市为节点，以战略性功能区平台为载体，以交通干线、生态廊道为纽带的网络型空间格局（李国平等，2019；孙久文等，2018）。

在协同纲要的统领下，中央相关部委针对三个重点领域，陆续出台了相应的专项规划。包括交通部与国家发展改革委联合编发的《京津冀协同发展交通一体化规划（2014—2020 年）》、环保部与国家发展改革委联合编发的《京津冀协同发展生态环境保护规划》。为了集中承接非首都功能的转移，中央政府成立了雄安新区作为北京功能转移的"两翼"之一，国家发展改革委和河北省政府迅速联合编发了《河北雄安新区总体规划（2018—2035 年）》。此外，国家发展改革委牵头印发实施了全国首个跨省域的区域"十三五"规划，即《"十三五"时期京津冀国民经济和社会发展规划》，统筹了城市群发展、产业转型升级、交通设施建设、社会民生改善等一体化布局。此外，还有国土资源部与国家发展改革委联合编发的《京津冀协同发展土地利用总体规划（2015—2020 年）》，该规划旨在优化区域土地利用的空间格局，立足区域尺度实现对优质耕地和生态环境的严格保护，并对各项土地利用任务进行统筹安排。将各地区划分为减量优化区、存量挖潜区、增量控制区、适度发展区，通过实施差别化用地计划和土地供应管理、严格执行项目准入负面清单等方法，优化区域空间利用的综合效益（图 8-2）。

二、省级战略：细化规划方案

顶层设计的统筹规划陆续出台后，京津冀三地进入了频繁的规划修编与专项规划出台阶段。2016 年以来，京、津、冀三省（市）政府陆续出台相应的专项规划，或进行新阶段的规划编制，推进城市总体规划修编工作，主要响应协同纲要中的功能定位、空间结构与产业部署。河北省政府于 2016 年 2 月至 12 月，针对协同纲要中对河北省"一基地、三区"的定位，分别编制了专项发展规划，包括《河北省建设全国现代商贸物流重要基地规划（2016—2020 年）》《河北省新型城镇化与城乡统筹示范区建设规划（2016—2020 年）》《河北省建设京津冀生态环境支撑区规划（2016—2020 年）》和《河北省全国产业转型升级试验区规划（2016—

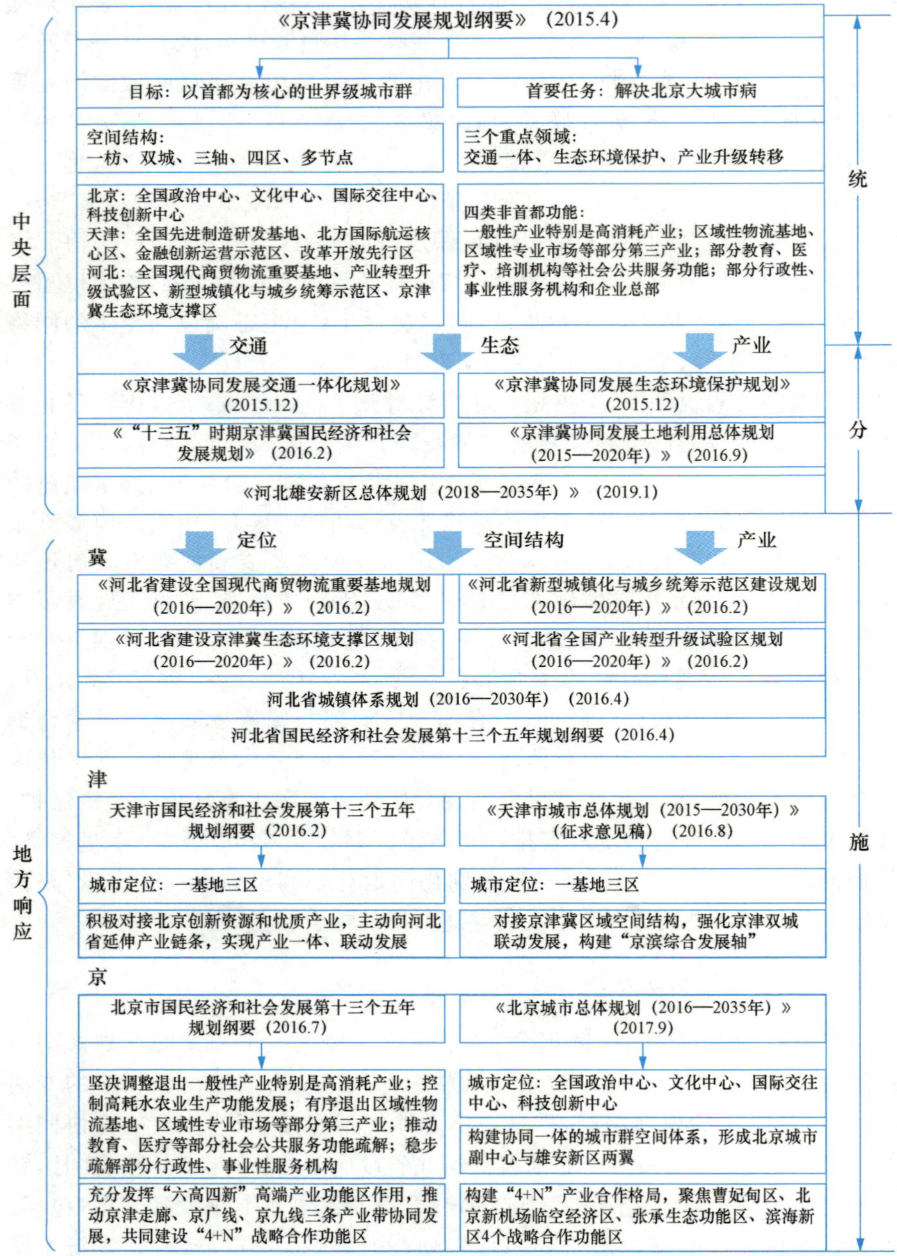

中央层面

《京津冀协同发展规划纲要》（2015.4）

- 目标：以首都为核心的世界级城市群
- 首要任务：解决北京大城市病

空间结构： 一枋、双城、三轴、四区、多节点

三个重点领域： 交通一体、生态环境保护、产业升级转移

- 北京：全国政治中心、文化中心、国际交往中心、科技创新中心
- 天津：全国先进制造研发基地、北方国际航运核心区、金融创新运营示范区、改革开放先行区
- 河北：全国现代商贸物流重要基地、产业转型升级试验区、新型城镇化与城乡统筹示范区、京津冀生态环境支撑区

四类非首都功能： 一般性产业特别是高消耗产业；区域性物流基地、区域性专业市场等部分第三产业；部分教育、医疗、培训机构等社会公共服务功能；部分行政性、事业性服务机构和企业总部

交通
- 《京津冀协同发展交通一体化规划》（2015.12）
- 《"十三五"时期京津冀国民经济和社会发展规划》（2016.2）

生态
- 《京津冀协同发展生态环境保护规划》（2015.12）
- 《京津冀协同发展土地利用总体规划（2015—2020年）》（2016.9）

产业
- 《河北雄安新区总体规划（2018—2035年）》（2019.1）

地方响应

冀

定位
- 《河北省建设全国现代商贸物流重要基地规划（2016—2020年）》（2016.2）
- 《河北省建设京津冀生态环境支撑区规划（2016—2020年）》（2016.2）

空间结构
- 《河北省新型城镇化与城乡统筹示范区建设规划（2016—2020年）》（2016.2）

产业
- 《河北省全国产业转型升级试验区规划（2016—2020年）》（2016.2）

- 河北省城镇体系规划（2016—2030年）（2016.4）
- 河北省国民经济和社会发展第十三个五年规划纲要（2016.4）

津
- 天津市国民经济和社会发展第十三个五年规划纲要（2016.2）
- 《天津市城市总体规划（2015—2030年）》（征求意见稿）（2016.8）

城市定位： 一基地三区

- 积极对接北京创新资源和优质产业，主动向河北省延伸产业链条，实现产业一体、联动发展
- 对接京津冀区域空间结构，强化京津双城联动发展，构建"京滨综合发展轴"

京
- 北京市国民经济和社会发展第十三个五年规划纲要（2016.7）
- 《北京城市总体规划（2016—2035年）》（2017.9）

- 坚决调整退出一般性产业特别是高消耗产业；控制高耗水农业生产功能发展；有序退出区域性物流基地、区域性专业市场等部分第三产业；推动教育、医疗等部分社会公共服务功能疏解；稳步疏解部分行政性、事业性服务机构

城市定位： 全国政治中心、文化中心、国际交往中心、科技创新中心

- 充分发挥"六高四新"高端产业功能区作用，推动京津走廊、京广线、京九线三条产业带协同发展，共同建设"4+N"战略合作功能区
- 构建协同一体的城市群空间体系，形成北京城市副中心与雄安新区两翼
- 构建"4+N"产业合作格局，聚焦曹妃甸区、北京新机场临空经济区、张承生态功能区、滨海新区4个战略合作功能区

（统 / 分 / 施）

图 8-2　京津冀区域规划体系框架

第八章 京津冀区域空间治理体系发展特征

2020年)》。同时,在《河北省城镇体系规划(2016—2030年)》与《河北省国民经济和社会发展第十三个五年规划纲要》中贯彻协同纲要的定位与要求。因河北省下辖11座地级市,河北省的相关规划中进一步对各城市承担的职能与发展目标进行了细化。天津市在2016年2月发布的《天津市国民经济和社会发展第十三个五年规划纲要》中,发展定位与协同纲要一致,明确提出"积极对接北京创新资源和优质产业,主动向河北省延伸产业链条,实现产业一体、联动发展"等区域协同发展思想。2016年8月,天津市发布了修编的《天津市城市总体规划(2015—2030年)》(征求意见稿),虽仍未获批,但规划中城市定位同样与协同纲要一致,并且提出对接京津冀区域空间结构,强化京津双城联动发展,构建"京滨综合发展轴",全面将京津冀协同思想融入城市空间发展战略中。北京市亦在《北京市国民经济和社会发展第十三个五年规划纲要》和《北京城市总体规划(2016年—2035年)》中体现了对协同纲要的响应。《北京市国民经济和社会发展第十三个五年规划纲要》中明确了产业疏解的重点对象,与协同纲要中要求相一致。同时,进一步明确了产业疏解的空间策略,提出了构建"4+N"战略合作区,聚焦与河北曹妃甸区、北京新机场临空经济区、张承生态功能区、滨海新区的战略合作,立足跨区思想筹谋北京城市发展。2017年9月发布的《北京城市总体规划(2016年—2035年)》中,不仅城市定位与协同纲要完全一致,还提出了两个层次的空间发展战略,除了市域空间结构,还提出构筑协同一体的城市群空间体系,形成北京城市副中心与雄安新区两翼(图8-2)。

三、地级市部署:城镇主要发展轴基本衔接

从河北省各地级市的城市总体规划来看,响应程度相对滞后。加上恰逢国家空间规划体系改革,各地级市进入国土空间规划编制工作,部分城市总规版本仍较老旧。但大部分城市的现行总规均在2014年协同发展战略地位上升后有所修编。

从各城市的空间发展战略来看,承德、张家口被划定为西北部生态涵养区,在其城市发展布局中对这一定位有所落实,承德将城市北部划为生态产业区。张家口将张北、赤城、尚义、康保、沽源划为以生态安全和环境承载能力为前提的"北翼",且其中一点定位为京西北生态屏障区。

从协同纲要的"京唐秦"产业发展带和城镇集聚轴来看,基本衔接了唐山城市规划中的"山前发展带"和秦皇岛城市规划中的"102复合交通线"小城镇发展轴,可以串联起唐山的中部发展核心和秦皇岛的滨海城镇发展带。

从协同纲要的"京保石"产业发展带和城镇集聚轴来看,保定城市空间结构以京广铁路为界分为东西两片,并在京广铁路沿线布局了围绕涿州市、定州市、中心城区三个组团。石家庄市城市主要发展职能亦布局在这一轴线上,包括"一

核"中心城区、五大区域性产业协作区之中的空港—新乐京津工业协作区、南部—冀南工业协作区。邢台的京广—京港澳城镇发展轴与这一轴带基本衔接，这一发展轴上还分布有中心都市区和邢台北部副中心宁晋县，旨在发展高新技术产业。邯郸的南北向发展轴与此轴相连，直通邯郸城市中心都市区，但邯郸城市发展的四个主要节点则分别分布于城市东西两侧。

从协同纲要的"京津"产业发展带和城镇集聚轴来看，廊坊的京津发展主轴布局于此，轴带上分布有中心城区。同时，北部布局了京唐发展轴，串联了北三县，并与京唐秦发展轴衔接。

从分区来看，区域的东部滨海发展区，基本耦合了秦皇岛的"一带"，即市域沿海"4+2"组团式的滨海城镇发展带；唐山的"两带"之一沿海发展带；沧州"三带"之一的沿海发展带。中部核心区的保定、廊坊具有较显著的"向京"发展格局，沧州则主要联系天津，往天津方向上安排了两条发展轴。然而，三座城市之间基本没有安排横向连接的发展轴，沧州市东西向轴带指向了南部的衡水市。而保定城市发展格局以京广铁路为界分为东西两片，亦未安排东西向发展轴带联系两个片区。南部功能拓展区中亦未形成合力，虽然依托京广铁路发展轴，一定程度上串联了石家庄、邢台、邯郸。但邢台与邯郸的发展节点并未布局于此，反而偏向于城市东侧邻近山东地区。而石家庄市亦缺乏东西向发展轴带，在东西两侧分别安排了两条生态发展带。一定程度上，致使衡水在整个区域空间布局中面临相对"孤立"的局面，虽然它安排了东西向、南北向两条发展轴，但向南未与邢台衔接、向北未与保定或沧州衔接、向西未与石家庄衔接(图8-3、表8-3)。

表8-3 河北省各地级市总体规划中的空间发展战略

城　市	规划来源	空间发展战略摘要
承德	《承德市城市总体规划(2016—2035年)》	一核、两轴、两带、三区 "两轴"指长城文化遗产带和御道文化遗产带； "三区"指环京津城镇发展区、山海联动发展区、生态产业区
张家口	《张家口市城市总体规划(2016—2030年)》	一带两翼，一主三副多点 "一带"为京张走廊重点发展带，包括市辖区、怀来、涿鹿北部和怀安北部； "两翼"为北部生态经济示范区与南部传统文化提升区，其中，"北翼"依托京尚、张承交通轴线，建设坝上生态农牧经济区、草原文化旅游基地、新能源应用示范基地、云计算数据处理平台、京北生态屏障；"南翼"依托京蔚、宣大、张保交通轴线，打造京西北优质特色农产品种植加工基地
廊坊	《廊坊市城市总体规划(2016—2030年)》	一主、两副、三区、四轴、多点 "四轴"指京津发展主轴、津石发展轴、京唐发展轴、大广发展轴； "三区"指北三县、都市区、南三县三大发展分区

第八章 京津冀区域空间治理体系发展特征

（续表）

城 市	规划来源	空间发展战略摘要
秦皇岛	《秦皇岛市城市总体规划（2008—2020年）》（2016年启动修编）	一带、两点、三轴 "一带"指市域沿海"4+2"组团式的滨海城镇发展带；"两点"指青龙和卢龙县城；"三轴"分别指沿205复合交通线（含205国道、京秦铁路）、102复合交通线（含102国道、京山铁路、京秦客运专线、京沈高速公路）和承秦复合交通线构成的三条小城镇发展轴
唐山	《唐山市城市总体规划（2010—2020年）》（2017年启动修编）	两核、两带 "两核"指的是中部和南部发展核心，中部发展核心包括中心城区、古冶片区、丰润片区和空港片区；南部发展核心包括曹妃甸新城、曹妃甸工业区、唐海片区和南堡开发区； "两带"指的是沿海发展带和山前发展带，另外还形成平青大公路、112国道至唐南公路两条次级城镇发展轴
沧州	《沧州市城市总体规划（2016—2030年）》	一核多星、一轴三带 "一核"指沧州都市区，是市域核心城市功能和产业功能的集中地区；"多星"指都市区之外的其他各县市城区和部分中心镇；"一轴"指石黄城镇发展轴，该轴线是石家庄—衡水—沧州—黄骅城镇发展轴的东段主体和出海口，是支撑沧州市产业转型和新型城镇化的重要战略空间；"三带"指沿海发展带、京沪发展带和京九发展带，依托长深高速公路、京沪高速公路、京九客专等区域性交通干道，打造东、中、西三条南北向城镇发展带
保定	《保定市城市总体规划（2011—2020年）》（2018年启动修编）	两片、三组团 "两片"指的是京广铁路以西是市级商业金融、信息服务等综合服务中心，以及高新技术开发区、传统工业区兼有部分生活居住功能；京广铁路以东主要是历史文化名城保护区和现代文化展示区，兼具承接历史城区商业功能疏解的区域； "三组团"：分别在中心城区北、东、南三个区域规划三个组团
石家庄	《石家庄市市域城乡统筹规划（2010—2030年）》（2018年启动修编）	一核、五区、六极、两带 "一核"指以石家庄中心城区为中心，整合周边具有功能与空间一体化发展潜力的正定、藁城、鹿泉、栾城四县（市），构建交通与功能高度一体化的石家庄都市区，打造京畿首府和华北中枢最强大的区域中心； "五区"指五大区域性产业协作区，包括空港—新乐京津工业协作区、西柏坡（平山）冀晋旅游休闲产业协作区、井陉—矿区冀晋能源综合产业协作区、南部—冀南工业协作区；辛集华北皮革综合产业协作区
衡水	《衡水市城市总体规划（2016—2030年）》	一核、三轴、三区 "三轴"包括京九—大广复合发展轴和石黄复合发展轴两条主要发展轴，次级发展轴为衡德城镇发展轴； "三区"包括衡德经济协作区、饶安城镇协调发展区、大营—营东城镇协调发展区
邢台	《邢台市城市总体规划（2016—2030年）》	一主、两副、三轴 "一主"指以中心城区为中心的都市区； "两副"指两个副中心城市，包括进宁晋县城和清河县城； "三轴"指京广—京港澳城镇发展轴、青银城镇发展轴、邯（邢台）—黄—邢临城镇发展轴

(续表)

城　市	规划来源	空间发展战略摘要
邯郸	《邯郸市城市总体规划(2008—2020年)》	一个都市区、两条城镇发展主轴、四个主要节点 "两条城镇发展主轴":沿南北向京广铁路、京珠高速铁路和东西向青红高速公路、邯长邯济铁路及309国道沿线; "四个主要节点":涉县、馆陶、大名、曲周

资料来源:根据各城市公开资料整理。

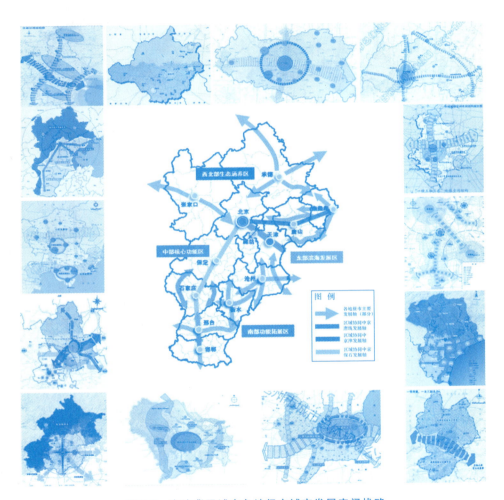

图8-3　京津冀区域内各地级市城市发展空间战略

第八章 京津冀区域空间治理体系发展特征

第四节 交通协同发展与区域空间治理

一、顶层设计：交通发展规划一张图

协同纲要中提出了"协同发展，交通先行"的指导方针，为了增进京津冀区域内地区间的密切联系，以中央政府为主导，省（直辖市）级政府积极参与的京津冀区域跨境基础设施建设进入高峰期。中央政府牵头推动京津冀区域形成"交通发展规划一张图"，提出建设高效密集轨道交通网，强化干线铁路建设，连通区域主要节点城市和沿海港口，增强京津冀对外辐射带动作用。区域内，城际铁路网络是近期建设的重点，目标是要实现所有地级及以上城市相互连接，并在沿线人口规模达到10万及以上的城镇设站，构建起内外疏密有别、高效便捷的轨道交通网络。以2015年12月国家发展改革委与交通部共同公布《京津冀协同发展交通一体化规划（2014—2020年）》为起点，在中央政府的统筹下，京津冀开始立足区域联合安排部署交通网络设施建设，涵盖公路、铁路、空海通道，甚至是公共交通服务。随后，北京市、天津市、河北省各自出台的"十三五"时期交通发展规划中，均加强了城际交通网络建设力度，根据区域协同发展需求调整运输结构。《北京市"十三五"时期交通发展建设规划》中提出打造1小时京津冀区域交通圈。《河北省轨道交通发展"十三五"规划》提出加大力度建设铁路项目，在2016—2020年投资新建铁路项目2000亿元，轨道交通营业里程力争突破8500km，其中包含2000km的高速铁路。《天津市综合交通运输"十三五"发展规划》指出，要围绕京津冀"四纵四横一环"的运输通道，重点建设高效密集的客运铁路网，同时完善货运铁路布局（表8-4）。

表8-4 京津冀区域协同背景下的交通建设策略

时间	相关规划	工作重点	现状问题
2015	《京津冀协同发展交通一体化规划（2014—2020年）》	构建四纵四横一环主骨架；打造交通一体化；规划同图、建设同步、管理协同	衔接不畅 水平悬殊
2016	《京津冀区域城际铁路网规划》	构建以轨道交通为骨干的城际交通网络	
2017	《新建北京至雄安新区城际铁路环境影响报告书简本》		
2016	《北京市"十三五"时期交通发展建设规划》	适应疏解北京非首都功能和产业升级转移需求的区域交通格局	要素过于集聚，交通辐射范围不足

(续表)

时间	相关规划	工作重点	现状问题
2017	《河北省轨道交通发展"十三五"规划》	大力度建设铁路项目	铁路建设显著之后于京津
2017	《天津市综合交通运输"十三五"发展规划》	重点建设高效密集的客运铁路	货运量明显大于客运量
2016	《津冀港口群集疏运体系改善方案》	带动港口资源跨省级行政区域整合	港口竞争
2017	《加快推进津冀港口协同发展工作方案（2017—2020年）》		
2014	《民航局关于推进京津冀民航协同发展的意见》	强化天津枢纽、培育石家庄枢纽、加快建设或扩建承德、邢台、张家口唐山支线机场	北京独大
2017	《推进京津冀民航协同发展实施意见》		

二、府际关系：引入市场机制

（一）建立新型政府关系：联合组建投资公司

2014年12月，为了切实推进区域轨道交通协同规划与建设，京津冀三地省（市）政府与中国铁路总公司联合组建了京津冀城际铁路投资有限公司。这是一种依托市场机制建立起的新型政府关系，一定程度上有利于平衡主体间的"权-益"关系，并且组建过程受到国家发展和改革委员会与京津冀协同发展领导小组办公室的指导，具有较好的稳定性。具体实践中，京津冀三地政府与中国铁路总公司的出资比例为3∶3∶3∶1，共同设立了1000亿元规模的三地城际铁路发展基金。这一联合公司的主要职责是投资京津冀区域的城际铁路项目，并进行相应的工程建设，负责资产管理，并经营一定的房地产开发、土地整理等业务，产生的相关税收收益由沿线省市共同分享。同时，以具体路线为对象，可以由投资公司作为发起人，吸引社会投资人共同出资成立项目公司，统筹推进线路的投资、建设、运营及资源综合开发。

（二）国企主导深入合作：成立合资公司

2014年8月天津港（集团）有限公司与河北港口集团有限公司共同出资20亿元成立了渤海津冀港口投资发展有限公司，各占50%的股权，主要负责津冀地区港口项目的投资与开发。2016年，天津港集团又和唐山港集团股份有限公司共同出资成立了津唐国际集装箱码头有限公司，负责京唐港集装箱码头的建设、运营和管理。2017年，津冀国际集装箱码头有限公司改组成立，其中渤海津

第八章 京津冀区域空间治理体系发展特征

冀港口投资发展有限公司占股90%,秦皇岛港股份有限公司占股10%。2018年,天津港(集团)有限公司与曹妃甸港集团有限公司签署项目合作意向书,合作推动建设世界级港口群,申报京津冀自由贸易港。航空交通方面也形成了类似的合作,2015年河北省人民政府国有资产监督管理委员会和首都机场集团公司签订《河北机场管理集团有限公司委托首都国际机场集团公司管理协议书》,河北机场集团有限公司正式纳入首都国际机场集团公司管理,实现机场统一管理、一体化运营。通过这一方式,可以较好地将协调成本内部化,消除了利益分化,从而实现资源的有效整合,减少竞争的负面影响,推动两地深入切实地开展合作。

三、协调机制:构建合作网络

此前,京津冀区域存在较多的断头路、瓶颈路。究其原因,京津冀三地修路进度不同,从干道修建至打通区县间的道路循环的时序存在差异。不仅如此,跨境交通一般涉及不同行政区之间的土地使用、资金协调问题,存在较强的沟通障碍。此外,还有复杂的审批手续,例如一条途径河北、北京、天津三地的国家高速公路,三地路段需分别向发改部门立项报批,并以市界为界分开走流程,只要其中一个成员对于报批与建设不积极,便会影响整条高速公路的贯通。此外,河北省县级单位接壤的有时为北京市的区级单位,二者行政级别上不对等,亦造成了交通对接的难度。为此,2016年6月京津冀三省市成立了区域交通一体化统筹协调小组,并签署《交通一体化合作备忘录》,建立了三省市交通运输部门年度联席会议制度,对发展战略和合作领域、发展规划和重大项目实施、区域立体交通的合理配置、不同运输方式的有效衔接、津冀港口的有效竞合、区域交通信息共享、争取相关政策等重要问题进行研究与协调,并推进项目对接。同一时间,京津冀三省市区域交通一体化统筹协调小组第三次联席会议就首都大外环高速公路承德至平谷段、北京新机场高速公路东延、105国道这3条公路签署了接线协议,确定了接线位置,将共同加快项目实施(图8-4)。同时,会上还审议通过了《京津冀交通一体化京津冀交通基础设施(公路)项目库管理办法》《京津冀三省市区域交通一体化统筹协调小组工作规程(2016年修订版)》《京津冀交通一体化京津冀交通基础设施(公路)项目库管理办法实施细则(北京)》。在创新协调机制的保障下,京津冀区域2014年至2019年已经累计打通了断头路共1600 km。

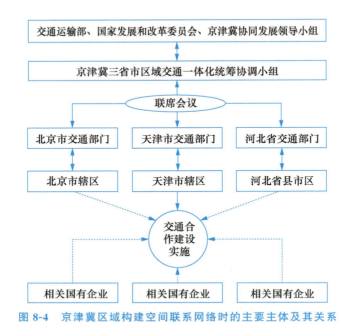

图 8-4　京津冀区域构建空间联系网络时的主要主体及其关系

第五节　产业转移与区域空间治理

一、依托产业转移平台实现资本"再领域化"

随着京津冀区域协同发展稳步推进，三地间的产业定位与分工日益明晰，地区之间的专业化分工水平逐步提高（孙久文等，2015）。北京的比较优势体现为信息、技术、人才、政策等软实力，同时面临来自土地、劳动力、资源、环境等因素的制约。在这样的背景下，低端产业投资资本在北京既面临高端产业的竞争淘汰，同时也受制约条件影响阻碍发展。相应地，以河北为主的京津冀其他区域反而存在劳动力、土地、资源等优势。从市场机制的角度出发，伴随着区域内发展先进地区产业转型升级，原先相对低端的产业会由发展滞后地区承接，即发生产业转移（卢根鑫，1997）（图8-5）。由此，实践中会发生相关企业在地域空间上的位置变化，但本质上是发生了相关资源要素的优化配置，既支持了地方本身产业的转型、优化、升级，也实现了整个区域产业布局优化的目标（朱苏加等，2018）。

产业转移升级和协同发展已经成为有序疏解北京非首都功能、推动京津冀

第八章　京津冀区域空间治理体系发展特征

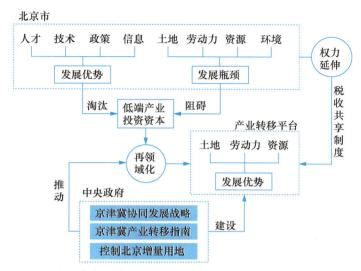

图 8-5　京津冀产业转移平台建设中资本与管制权力的"再领域化"

协同发展的重点领域和关键支撑(李国平，2019)。2016 年 6 月,工业和信息化部、北京市人民政府、天津市人民政府、河北省人民政府通过联合编制《京津冀产业转移指南》(2016 年)的办法来引导京津冀区域合理有序地承接产业转移、优化产业布局。此外,三省市还联合制订了《关于加强京津冀产业转移承接重点平台建设的意见》(2017 年)作为相关工作的指导性、综合性文件,并在其中明确三地将联合打造"2＋4＋46"个产业转移承接平台。其中"2"指的是北京城市副中心、河北雄安新区两个集中承接地;"4"指的是曹妃甸协同发展示范区、北京新机场临空经济区、天津滨海新区、张承生态功能区四大战略合作功能区;"46"指的是分布于京津冀三地的 46 个专业化、特色化承接平台,46 个平台又进一步细分为 15 个协同创新平台、20 个现代制造业平台、8 个服务平台、3 个现代农业合作平台(表 8-5)。相关政策进一步推动了低端产业资本的空间转移,为北京高端产业腾退空间,同时带动河北省发展。由此,产业转移平台成为相应资本发生再领域化的重要载体,目标在于破解原领域上资本循环的障碍。

二、创新利益共享机制支撑空间"共享"

京津冀区域内各城市还依托重要的产业园区为具体合作项目构建了"交互空间"。例如,2016 年,京津两市签署《共建滨海-中关村科技园合作框架协议》,在天津滨海新区共建"滨海-中关村科技园",引导北京金融服务、数据中心、科技

表 8-5 京津冀产业转移平台分布

城市	协同创新平台	现代制造业平台	服务平台	现代农业合作平台
北京	—	亦庄永清高新技术产业开发区	—	—
天津	武清京津产业新城 未来科技城京津合作示范区 武清国家大学创新园区 宝坻京津中关村科技城	天津经济技术开发区 天津滨海新区临空产业区 天津华明东丽湖片区 天津北辰高端装备制造园 天津南海河教育园高教园 天津西青南站科教商务区	静海团泊健康产业园	—
石家庄	正定新区	石家庄高新技术开发区 石家庄经济技术开发区	乐城国际贸易城	—
承德	—	—	—	京承农业合作生产基地
张家口	—	—	—	京张坝上蔬菜生产基地
唐山	曹妃甸循环经济示范区	唐山高新技术产业开发区	—	—
秦皇岛	中关村海淀园秦皇岛分园 北戴河生命产业创新示范区	秦皇岛经济技术开发区	—	—
保定	中关村创新中心 白洋淀科技城	保定高新技术产业开发区	白沟新城	涿州国家农业高新产业开发区
廊坊	霸州经济开发区	廊坊经济技术开发区 固安经济开发区	永清临港经济保税商贸园区 万通商贸物流城 燕达国际健康城	—
沧州	—	沧州渤海新区 沧州经济技术开发区	明珠商贸城	—
衡水	滨湖新区	衡水工业新区	—	—
邢台	邢东新区 清河经济开发区	邢台经济技术开发区	邢东产城融合示范区	—
邯郸	冀南新区	邯郸经济技术开发区	—	—

企业、高端人才等创新资源集聚。同年，成立了天津滨海-中关村科技园管理委员会，该管委会为滨海新区政府派出机构，不设行政级别，设双主任，分别由中关村科技园区管理委员会主任和滨海新区区长担任。滨海-中关村科技园位于天津，并未占用北京土地，但北京中关村科技园区管理委员会主任担任区长之一，参与到园区建设与日常运作工作中，一定程度上实现了相关管制权力的空间延伸。此外，京津冀区域还推进了财政和税收体制改革，以支持跨地区实现利益共享。具体来说，依托《京津冀协同发展产业转移对接企业税收收入分享办法》（图8-6），建立起产业转移项目投资共担和利益共享机制。重点在于税收共享的企业范围由迁入地与迁出地的省级政府共同确认，进一步简化纳税人跨省（市）迁移手续，设置一定的分享上限，由中央财政部相关部门进行核算，并明确行为规范。一定程度上，这也体现了企业迁出地相关权力向企业迁入地的延伸，为土地资源实现异地共享提供了一定的政策支持。

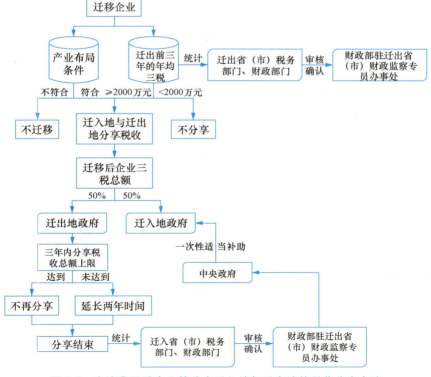

图8-6 京津冀区域产业转移中迁入地与迁出地的税收分享办法

三、建立国家级新区推动尺度重构

尺度重构，是国家实现发展战略和区域空间生产的常用策略。这一行为并不会削弱国家功能，而是创造出新的"资本积累空间"。我国在改革开放后，受全球化力量影响，空间尺度体系也处于不断重组中。一方面，提出了多样的区域发展战略，并通过配套的制度创新或政策倾斜生产出特定的空间尺度，重构原有的尺度关系，形成空间生产单元之间新的差异化格局（李云新等，2019）。另一方面，通过行政级别的调整生成特殊的政策地区，例如经济特区、国家级新区、自贸区等，带动中心城市与城市群的发展，可以发挥引领并示范发展策略的作用（晁恒等，2015）。其中，国家级新区已经在国家国土空间开发和区域协调发展中发挥了重要作用，依托这种空间单元改变区域发展的组织形式，是我国新时期重要的区域空间生产策略（晁恒等，2015）。尺度重构视角下，这是一种以中央政府为实施主体的空间生产策略。本质上，通过创新各种发展制度或治理制度影响区域发展（罗震东，2007）。晁恒等（2015）的研究中指出，设立国家级新区具有至少两方面优点：一是具有明确的物质空间范围，有助于细化与落实总体空间战略；二是重组了区域权力结构，为实施区域空间规划提供支撑，因而兼具了可操作性、针对性和有效性。可以发现，国家级新区设立，至少涉及两方主体，即中央政府与新区所在地方政府，且以中央政府为绝对主导。从中央政府的角度出发，目的在于更好地促进区域尺度的资本积累，从而实现国民经济的可持续发展。京津冀区域因具有特殊的政治区位，更强化了中央政府优化该区域发展格局的意愿。

受历史积累作用及市场化与分权化的影响，京津冀区域内地方政府间还是存在一定的竞争关系。同时，通过历史回顾可以发现，三地在区域合作中的话语权存在不平等的特征，尤其是河北省始终处于相对弱势的地位。一般来说，国家级新区的职能定位具有高端化、战略化的特征，将来可成为区域内的新产业中心，发挥一定的辐射带动作用。尤其对于京津冀区域而言，三地产业梯度较大，河北省在承接北京与天津产业转移过程中存在一定落差，通过设立国家级新区的方式可以改善这一局面。由此，更好地支撑相关产业在区域内重新集聚，实现区域发展的低成本战略。另外，国家级新区具有副省级（或正厅级）的管理权限，可以实现所在地区治理层级的跃迁。有利于打破区域内的竞争格局，并在协调活动中发挥平衡作用，促进区域发展的协调与认同。京津冀区域空间治理中，最强烈的空间权力重构体现为尺度关系的调整，尤其是雄安新区的设立。2017年4月1日，中央政府公布设立"雄安新区"，定位为国家级新区、千年大计，这是继深圳经济特区、上海浦东新区之后，又一个具有全国战略意义的新区（孟广文等，

2017；孙久文，2019）。雄安新区，规划范围涉及隶属于河北省保定市的雄县、容城、安新三县及周边部分区域。建立新区旨在集中承接北京的非首都功能，支撑人口、经济密集地区的优化开发（刘潇，2018）。

雄安新区的设立属于国家主导的尺度重构行为，通过区划调整的刚性手段，直接促使原隶属于保定的雄县、容城、安新三县及周边部分区域发生"尺度跳跃"，成为国家级新区，行政级别跃升为副省级功能区。2017年6月，经中央机构编制委员会批准正式设立了河北雄安新区管理机构。随后，中共河北省委、河北省人民政府组建了中共河北雄安新区工作委员会、河北雄安新区管理委员会，作为中共河北省委、河北省人民政府派出机构。职能方面，雄安新区管理委员会（下文简称"雄安管委会"）全面负责新区内的开发建设管理问题，同时托管雄安新区范围内的县级及部分镇级行政单元。雄安新区设立前，雄县、安新县、容城县、高阳县龙化乡原隶属保定市，而鄚州镇、苟各庄镇、七间房乡原隶属于沧州市的任丘市。向上，雄安管委会接受国务院、京津冀协同发展领导小组办公室指导（江东等，2019）。由此，国家通过尺度重构的方式重塑京津冀协同中的"场所空间"，为京津冀区域，更是为河北省创造了"附着"流动资本的更大机会。对于三地协调发展并实现建成世界级城市群的目标，具有十分重要的现实意义与深远的历史影响（孟广文等，2017）。

第六节　区域尺度的生态协同保护

一、顶层设计：环境管制尺度上移

2015年国家发展改革委和环保部共同出台了《京津冀协同发展生态环境保护规划》（下文简称京津冀环保规划），以中央政府为主导划定了区域的生态保护红线、环境质量底线和资源消耗上限。通过红线、底线、上限的设置，充分体现了京津冀区域已将资源环境保护作为社会经济发展中的刚性约束条件。为了更好地协调相关矛盾、保证相关约束的权威性，需要依托上级政府的适当统领。从京津冀环保规划的编制和发布主体来看，京津冀区域确实已将资源环境管制的相关权力进行了尺度上移。标志着京津冀三地在环境治理与生态建设领域开始突破行政界线，创新体制机制，进行深入协同合作。同时，在生态保护、环境治理的日常工作中，也逐渐建立起区域联动机制，将相关执法、应急处理等职能从三地环保部门转移至区域联动的工作领导小组。2015年，京津冀三地环保部门实施执法联动、应急联动、环评会商，出台了《北京市天津市河北省环境执法与环境应急联动工作机制合作协议》后，先后多次切实开展联合执法行动。2016年，三地启动大气污染防治攻坚行动,制订"1+1+6",即一本台账,一个一个追究,六个配套方案,促进区域层面环境执法量化问责。一定程度上,实现了环境管制职能的尺度上移(图 8-7)。

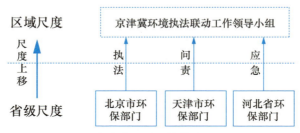

图 8-7　京津冀区域环境管治尺度上移

二、区划思想:差异化制度空间

　　2016 年 12 月,第十二届全国人民代表大会常务委员会正式通过了《中华人民共和国环境保护税法》,并于 2018 年 1 月 1 日起实施。此后,京津冀及周边地区相继制订各地区环境保护税方案,但税额普遍高于全国其他地区,北京将大气污染、水污染按法定幅度上限执行环保税。总体上,京津冀区域整体成为全国高环保税区域,即该区域内污染行为的成本高。区域内,河北省精准制订环境保护税税额标准,但将大气污染和水污染等主要污染物税额按地域分为三档,税额由一档向三档逐级递减。总体上,体现了建立差异化制度空间的区划思想。税额标准的设置,由区域中心向外围逐渐递减,以北京为中心存在明显的距离衰减特征。值得注意的是,不仅环北京的县(市、区)①被执行了最高标准,环雄安新区的县(市、区)②也与之执行同样的标准。对于这部分地区,具体的税额标准是:大气主要污染物为 9.6 元/当量,水主要污染物为 11.2 元/当量,大气其他污染物为 4.8 元/当量,水其他污染物为 5.6 元/当量。结合国家相关标准来看,大气污染物的税额区间为 1.2~12 元/当量,水污染物的税额区间为 1.4~14 元/当量。可见京津冀发展核心区内,将环保税额设置于较高区间内,通过高成本来约束污染破坏环境的行为,同时实现对高污染企业的淘汰。执行第二档税额标准的地区,主要包括石家庄市、保定市、廊坊市、定州市、辛集市(不含执行一档税额

---

　　① 环北京,并执行一档环保税额的县(市、区)包括:涞水县、涿鹿县、怀来县、赤城县、丰宁满族自治县、滦平县、三河市、大厂回族自治县、香河县、廊坊市的广阳区和安次区、固安县、涿州市。
　　② 环雄安新区,并执行一档环保税额的县(市、区)包括:雄县、安新县、容城县以及永清县、霸州市、文安县、任丘市、高阳县、保定市的竞秀区、莲池区、满城区、清苑区、徐水区、定兴县、高碑店市。

的区域)。其相应的税额标准为:大气主要污染物为6元/当量,水主要污染物为7元/当量;大气其他污染物为4.8元/当量,水其他污染物为5.6元/当量。执行第三档税额标准的地区,主要包括唐山市、秦皇岛市、沧州市、张家口市、承德市、衡水市、邢台市、邯郸市(不含执行一档、二档税额的区域)。其相应税额标准为:大气主要污染物和其他污染物均为4.8元/当量;水主要污染物和其他污染物均为5.6元/当量(图8-8)。可以发现,河北省对环保税额的差异化设置,与地方产业发展阶段及主导产业结构密切相关。同时,为了防止"先污染、后治理"的不可持续发展路径,总体税额标准并不低,基本处于国家标准的中等区间内。

图8-8 河北省环保税差异化征收等级分区

第七节 国内外区域治理模式比较研究

一、比较分析框架构建

考虑分析框架拟解决的问题为"如何建立良好的区域治理模式",同时为了更好地认识区域治理中集体行动的复杂性,关注结构性问题,本研究将选择一些更有实质性、程序性的比较变量。参考洪世键(2009)对区域治理的定义:①who,区域治理的主体;②whom,区域治理的客体;③how,区域治理的调控机制;④ by what,区域治理的工具手段。该定义能较好地体现区域治理中的结构问题,并涵盖了实施路径中需要明确的主体、方法、保障等各方面要素,因此将其作为构建分析框架的重要依据。其中,关于区域治理的客体在前文已有界定,本节主要关注的是区域规划的编制与实施问题。最后,构建起了"参与主体—治理手段—协调机制"三个维度下的比较研究分析框架(图8-9)。

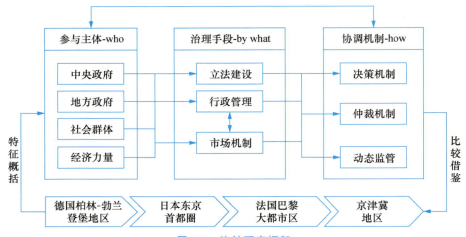

图 8-9 比较研究框架

具体来说,区域治理的本质在于通过多元主体间平等、沟通、协商、协力,促进良好治理绩效的实现,使区域内各地方收获共赢(张成福等,2012)。这些主体存在一定差异性和相关性,差异性支持分工,可能体现在职能、资源、价值取向、利益追求等方面;而相关性支撑了协作,可能存在共同的发展目标、资源互补性、相互约束性等。一般来说,区域治理中可能包含政府体系(包括中央政府、地方政府)、经济力量(企业、私人、商会等)、社会群体(公共组织、市民等)三类主体。他们之间的关系特征,决定了区域治理的基本模式,如中央政府主导、地方自治为主、市场化发展、网络化治理等。但不论在哪种情境下,厘清主体之间的利益关系与权责关系最为重要。

而主体的差异性,决定了他们在应对区域治理时依托的方式不同。政府整合区域资源的职能无法取代,区域治理中必须留有政府权威的空间(洪世键,2009)。因此,依托政府机构职能的行政手段是重要的治理手段之一,行政手段可以参与区域治理决策,并对区域治理进行管理与监督。此外还有市场手段,是区际关系形成的内在机制,也是非政府主体间、公私之间维系关系的重要基础。最后,为了更好地约束行政手段与市场手段,法律手段作为保障区域治理合理有效、有序开展的依据,也必不可少。稳定成熟的区域治理中,一般都由上述三种手段相辅相成地发挥综合作用。

合作关系的形成与稳固具有一定前提,包括各主体通过合作收获的利益大于付出的成本、存在强有力的统筹、合作是解决问题的最优选择等(Nicholls 等,2005)。实现这些,离不开一套完善的沟通协调机制贯穿于区域治理的各个环节。决策中,需要达成对利益分配、权责关系的共识,保障各主体成本与效益的平衡。实施中,因现实环境难以预料,可能存在许多决策时未考虑到的问题,一旦发生变故则需要依托强有力的仲裁机制及时有效地解决矛盾,避免合作关系破裂。另外,环境是变化的,主体关系也是变化的,还需要一定的动态监管体系来及时反馈"关系的变化",与仲裁机制相配合,以确保区域治理可持续推进。

二、德国柏林-勃兰登堡地区

德国的行政管理体系分为"国家—州—区域—城市(地方)"4个层级,其中区域是一个行政区的组合概念,且基本设有相应的区域管理机构。在此框架内,德国的空间规划体系层次丰富而有序,区域规划普遍且有效,学者们常常从其区域规划的角度开展区域治理研究(Albrechts 等,2003;洪世键,2009;Lackowska 等,2011)。

德国柏林-勃兰登堡地区区域治理的特点是专注于专业化领域内的沟通协调,这是由于该区域内行政管理结构复杂且地方自治突出,仅勃兰登堡州就涉及1个州政府、5个区域、14个县、4个自治城市和数百个地方政府。沟通协调的难度与复杂性导致其未采用建立完备区域政府的方式,而是组建了若干具有行政职能的跨州管理机构,1996年正式成立的"柏林-勃兰登堡联合区域规划部"便是其中之一(Hauswirth 等,2003)。它由柏林的"城市发展部"和勃兰登堡的"基础设施和区域规划部"组成,"最高决策者"是双边州长参与的"州规划会议",拥有直接制定和执行联邦州层面规划决策的权力。主要负责为两州制定共同的"州发展规划"和"州发展程序",并确定次区域的发展导则、审查重要的开发项目。

该区域机构内部设有严谨的管理体系,良好地支撑了地方政府间的有效沟通与高度融合。首先,机构工作人员由两市/州分别派遣并合署办公,同时平等负担相关责任、收益与成本,实现了两市/州权责共担、成本明晰、利益共享。其次,机构人员的编制和薪酬仍隶属于各自市/州的规划部门,融合但非消融,依托这种人员构成的复合性自发存在一定的相互约束机制(图8-10)。同时,设有"分歧台阶"制度,必要时引入上级政府仲裁矛盾,"分歧台阶"的形成本质上是矛盾逐渐聚焦的过程及上级政府适时有效的介入。举例来说,遇到矛盾时先由联合区域规划部内部协商解决方案。若失败,交给州秘书处理,再失败,则由两州部长和参议员裁决。仍无法解决问题时,柏林市长、勃兰登堡州长、双方部长、参议员召开"州规划会议"协商对策。若矛盾依然存在,最终交由两州内阁/参议员介入处理(唐燕,2009)。

虽然,联邦政府基本未直接介入柏林-勃兰登堡地区的区域治理。但一方面,联邦政府制定的《空间规划法》是柏林-勃兰登堡地区编制规划、共商决策的重要前提、依据与原则。另一方面,联邦政府会保留一些重要项目的主导权,直接参与并提供经济补贴,柏林-勃兰登堡便有4个地区被列入联邦政府提升都市区内相对落后地区公共服务配置的项目中(孙莹炜,2015)。最后,联邦政府还承担着仲裁最终矛盾的责任。

政府组织以外,柏林-勃兰登堡地区也广泛鼓励经济组织、社会公众等非政府主体的参与。一部分企业受政府委托,提供相应的公共服务并接受政府监管。另外,建立"邻里论坛"也是其开展特色的、非正式的区域对话活动的经典模式,主要面向区域内核心与外围过渡地带的发展问题,吸引社会各界共同参与探讨地区发展战略,既促进了相邻政府之间的理解与信任,也有助于培养区域共同责任感。

图 8-10 柏林-勃兰登堡联合区域规划部组织架构

三、日本东京首都圈

日本东京因战后人口、经济等要素快速地集聚,而衍生了交通拥堵、环境污染、绿地蚕食等一系列大都市病,日本中央政府主导建立首都圈规划来应对这些挑战,同时配以一系列立法加以保障,限制进一步集聚(Alden,1984)。1956年制定了《首都圈整备法》后,相继开展了5次首都圈整备的基本规划,自上而下地优化首都圈的开发格局。前两轮规划的主体为"首都圈整备委员会"(1956年),属于中央直属的行政委员会。第3轮规划开始,规划主体调整为国土厅下属的"大都市圈整备局",是相对纯粹的中央行政机构。可以发现,东京首都圈早期区域规划有明显的中央主导特色。

然而,随着东京首都圈经济发展停滞、社会结构变化、价值体系转变,规划也开始转型。表现为逐渐强调地方行政主体的自主作用,鼓励形成自主联合的广域地方规划。国家层面上,取消了《国土综合开发法》编制的《全国综合开发规划》,改为《国土形成规划法》(Watanabe 等,2010)。首都圈层面上,在《国土形成规划法》的引导下,2008年成立了"首都圈广域地方规划协议会",并在以该协议会为中心的沟通协商下,通过了2009年的《首都圈广域地方规划》(白智立,2017)。"首都圈广域地方规划协议会"可以被视为规划的决策主体,包括中央在地方设置的国家行政机关如财务局、整备局、运输局等,还有规划区域内的都道府县、政令都市等地方政府。依托"计划(plan)、实施(do)、评估(check)、反馈(act)"(即PDCA政策循环反馈模式)的流程循环模式对规划执行情况实施评估检查,发现问题后及时采取措施应对。

具体实施中,政府各部委提出国土形成规划的基本原则与总体目标后,地方政府在符合其要求与约束的前提下,可以不限制固定的范围或组合,针对实际需求在各种公共服务领域内,自由开展行政联合。东京首都圈范围内,就形成了交通运输、环境保护、产业发展、居住环境等多个领域、不同层次的"广域联合"。而在灵活合作模式的背后,日本还设计了相应的联合制度来确保合作有序推进。具体来说,在符合法令与条例的前提下,将可能包含政府、地方公共团体和民间代表等在内的多元主体作为"广域联合体",赋予其可直接处理相关行政事务的权力。且主体间必要时可介入合作方的工作,对其具有劝告权(游宁龙等,2017)。这一阶段,日本形成了由地方主导推进的区域治理机制,且治理手段灵活多元,中央政府还修改了《地方自治法》支持相关制度创新(图8-11)。

四、法国巴黎大都市区

法国的政治体制具有一定的特殊性,既是集权制国家又有传统民主特色。

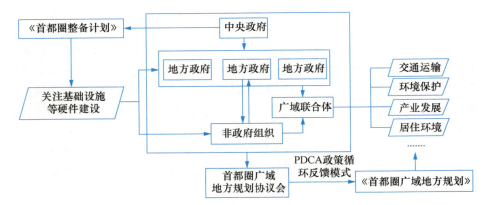

图 8-11　日本东京首都圈广域规划治理模式

结合其行政体系与规划体系来看,行政体系分为"中央—大区—省—市镇"4 级,但后三者相对平行独立而非上下级关系。在规划体系内,大区拥有规划相应的权限,省不具备规划实权,而市镇拥有实际的土地支配权和建筑许可权。一定程度上,这不利于区域治理中构建纵向与横向的府际关系。因此,20 世纪 60—80 年代,巴黎大都市区治理在推动"去中央集权化"的过程中存在着许多困难,整体治理模式较分散。为了应对这些问题,20 世纪 80 年代开始形成自治市镇联盟,由那些具有共同发展战略和财政支持的市镇组成(严涵等,2014),以减少市镇层面的参与主体数量。由此,区域治理的分散形势得以改善,但仍存在一些问题,例如国家、巴黎大都市区、巴黎市政府三个层面上分别形成了对该区域的发展愿景,虽然本质上冲突不大,但偶尔也会形成竞争关系(Pablo 等,2016)。这样的背景下,法国逐渐探索形成了复合治理模式,改变原先"多层但分散"的区域治理为"中央主导—地方自治"的双层治理。打破了上下分级的定向权力架构,在行政领域内基于多利益导向建立多元主体间具有法律效力的合作关系(张衔春等,2015)。

　　首先,中央政府通过立法、加强审批、重兴建设型规划等举措发挥适当的统筹作用。2014 年 1 月通过了《大都市区法》(The Metropolitan Law),将巴黎市及近郊 3 省合并为巴黎大都市区,并设为固定的行政层级。中央还负责对不符合法规的规划内容进行严格控制,并重新运行了公共规划机构来负责重要基础设施建设。此外,中央政府通过下放一些部门机构参与地方规划决策来实施监管(Ancien,2005)。其次,巴黎大都市区政府则依据中央政府制定的总体框架,进一步制定更具有可操作性的相关规划,提供具体的行动方针而不仅仅是政策要求,例如在规划中明确将建设联系巴黎市与周边地区的高质量铁路网络作为

第八章 京津冀区域空间治理体系发展特征

优先发展领域（Ancien，2005；Elinbaum 等，2016）。最后，市镇政府作为执行层面，在符合约束条件的前提下具有更灵活的协作模式。巩固地方相应自主权的同时，也保障非政府主体的参与权。1999 年颁布的一项法律中提到，只要符合共同目标，并且具有足够的影响力，可以在开展某些重大发展项目时建立城市间协会，且这些地方协会可自行编制当地规划（Pablo 等，2016）。地方政府还可以与政府以外的各类利益主体进行横向联合，包括商会、志愿组织、企业等市场主体（Cole 等，1995）及部分规划专家（图 8-12）。前者使得地方政府拥有更广泛的力量进行开发建设，后者提升了地方规划技术水平，还解决了曾经地方对中央技术力量过度依赖的问题（张衔春等，2015）。

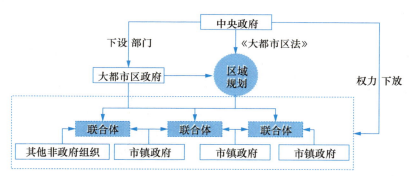

图 8-12 巴黎大都市区区域治理模式

五、京津冀与国外大都市区治理模式比较

（一）参与主体

不论是区域治理的相关理论，还是上述实践经验均表明，引入多元利益主体，并构建其良性互动机制与有效相互监督机制是区域治理的必然趋势。总体来说，一般包括中央政府、地方政府、社会力量、经济团体、公民代表等。差异化背景下，会形成不同的合作模式，但总体趋势一致。德国、日本、法国首都圈的区域治理中均形成了以中央政府为统筹、地方政府灵活协作实施、社会力量广泛参与的主体关系。中央政府与地方政府的关系中，中央政府的关键作用在于制定约束规则，具体实施操作中则给予地方充分的弹性空间。地方政府合作方面，德国在专业化领域内成立了地方联合机构，日本与法国在相应法律约束下充分鼓励地方自由合作。社会力量的参与上，基本都形成了一定的范式并长期较稳定地发挥作用。概括起来常见的有：公私合作提供公共服务、建立对话机制或平台听取公众意见、提供技术支持等。

相比之下，京津冀协同治理中，目前的主导推动者为国家层面的相关部委，牵头编制了一系列综合性区域规划。虽然统一了区域战略目标,但约束体系、权责关系仍不明确,发挥的引导作用强于统筹作用。地方政府间为了实现协同发展,已开展了多种合作,以签订协议、行动方案、举办联席会议等非制度化突破的方式为主。接下来应当总结这些模式的优势与劣势,在顶层设计上制定一定的监管规则与优化对策。此外,目前的区域治理模式下,基本止于对地级市的发展定位,而对区县等基层政府如何参与到区域协同治理中考虑相对不足。社会力量的参与,虽有一定的基础,但处于起步阶段,总体参与尚不充分。

(二) 治理手段

分析中可以发现,治理手段的选择与区域发展阶段、政治背景密切相关,一般集权制度下主要依托行政手段,分权背景下更多地依托多元手段。但总体趋势都是走向行政手段、法律手段与经济手段综合运用的模式,且法律手段是至关重要的基础。随着大都市区结构从单中心向多中心、网络化发展,治理需求愈发多元,也会进一步激励治理手段创新。

京津冀协同治理目前主要依托行政手段,出台了大量的专项政策与合作框架。经济手段也有了一定基础,包括地区间的产业合作、企业迁移、市场共建等,并仍在不断丰富创新中。基础较弱的在于法律手段,应作为未来建设的重点部分。我国空间规划的相关法律体系中,目前只有《城乡规划法》《土地管理法》,且其中对区域规划的界定与要求也不明确。区域治理中的各类问题因此缺乏处理原则与依据,一定程度上阻碍了区域协作向纵深发展。对此,德国、日本、法国的经验均表明,需要设置专门的法令明确保障机制、约束机制与监督机制,且时间上早于规划编制、层级上高于区域规划。日本东京首都圈的"法规先行"最为典型,1956年先颁布《首都圈整备法》后形成《首都圈基本计划》,2005年《首都圈整备法》修订后形成《首都圈整备计划》,2006年国家《国土形成计划法》更新后编制《首都圈广域地方规划》。

(三) 协调机制

区域治理中,因存在多元的利益主体,从决策到实施环节,再到监管环节均离不开必要的沟通与协商,建立健全协调机制是保障区域治理有序、有效的必要前提。具体来说,地方政府间首先需要达成共识,同时接受中央政府的引导与约束,实施中利益主体之间可能发生矛盾与冲突需要及时解决,治理过程则需要科学地、定期地进行评估与监督以确保及时修正。这些问题普遍存在,国外成功经验中存在一定的共性。首先,有一个相对稳定的"平台"持续发挥着凝聚统筹、承上启下的作用,例如柏林-勃兰登堡地区的联合规划机构、东京首都圈的广域地方规划协议会、巴黎大都市区设立的固定的行政层级等。其次,明确无法达成共识时的解决途径。例如,柏林-勃兰登堡地区的"分歧台阶"最为典型;东京首都圈广域行政体内部成员可参与对方活动并有劝告权;巴黎大都市区市镇联合的背后是共同利益纽带,可以灵活联合也可以自由解散。最后,监管是一个动态持续的过程。如柏林-勃兰登堡地区直接合署办公,日常合作的同时相互约束;东京首都圈采取了 PDCA 模式;而法国中央政府直接下放部门参与区域日常决策与管理。

京津冀目前常常针对所推进的具体活动与事件而建立合作关系,表现为相对松散的议事模式,如发布政策文件、召开协商会议等。整体协作制度的安排缺乏系统性,还有相当一部分协调制度较为笼统和模糊。《京津冀协同发展规划纲要》这类综合性区域规划虽然提出了制度创新要求,但对实施路径、管理体系、监督机制的构建并不具体,这与缺少专门的责任主体发挥承上启下的作用有一定的关系。此外,监督机制不完善也影响了相关规划与政策的实施效果。总体而言,京津冀协调机制目前存在一定的政策碎片化、顶层设计不足等问题,纵向和横向的协调机制不成体系,也未建立起有效、权威的监管体系。

表 8-6 京津冀协同治理与国外治理模式比较

比较内容		京津冀区域（现阶段）	德国柏林-勃兰登堡地区	日本东京首都圈	法国巴黎大都市区
参与主体		中央政府主导,地方政府参与	地方政权、地方部门代表、各类社会志愿者等	中央政府、都县政府、指定城市、市町村政府和团体、经济团体等	中央政府、各大区政府、各市镇政府、非政府组织等
治理手段		行政手段为主	行政手段、经济手段、法律手段相辅相成	行政手段、经济手段、法律手段相辅相成	行政手段、经济手段、法律手段相辅相成
协调机制	协调者	不固定（松散议事制）	柏林-勃兰登堡联合区域规划部	首都圈广域地方规划协议会	巴黎大都市区（设立固定行政层级）
	矛盾处理	不明确	"分歧台阶"制度	广域行政体内部相互监督	类似市场机制
	动态监管	缺乏	合署办公,相互监督与约束	PDCA 政策循环反馈模式	中央政府下放部门直接参与区域治理日常工作

第八节 本章小结

京津冀区域治理模式体现了强烈的政府主导特征,但政府主体间存在一定的话语权不平衡的问题。首先,北京市的政治地位决定其在区域发展中拥有更多的话语权;其次,北京在长期历史作用下,经济建设亦在区域内发展迅猛,积累了优势发展资源,在经济合作中占据主导地位,但也率先面临空间发展瓶颈及迫切的转型升级需求;最后,京津冀区域的京畿区位,决定了中央政府对该区域的区域治理活动介入较深,各个时期重要的区域治理活动均体现了中央政府主导的特点,但2014年以来区域迅速进入制度化合作阶段,也与这一发展背景密切相关。治理主体中,以政府为主导,就决定了区域内的治理手段以行政手段为主。由政府牵头在多个领域签订了各种合作协议,建立地方领导联席会议,尝试构建日常协调机构,总体上都属于行政手段,但早期的这些手段主要形成的是软性约束。随着京津冀区域治理模式向成熟化发展,从顶层设计开始了制度创新,区域空间也朝着联系紧密、目标统一、问题统筹的方向演进。

为了响应空间发展需求,京津冀区域已创新了诸多空间生产与重构策略。总结起来,主要通过引入市场机制、建立利益共享机制、共建产业园区等方式,旨在增强区域内的联系网络。这些手段,一方面建立了合作各方的协调机制,另一方面弱化了纵向层级关系。例如,在交通基础设施共建中,建立新型府际关系,建立城市政府、国有企业合资公司,极大地增强了横向沟通效率,利用市场机制实现了利益的融合。纵向维度上,京津冀区域主要采取的是尺度重构的方法。一方面,决策权几乎还是集权模式,空间发展战略规划和区域交通发展规划都采取了自上而下分解的方法,形成顶层设计(统)—省级政府(分)—地方政府(施)的传递机制。另外,关乎区域共同利益的生态环境安全,亦采取了将执法权力上移的方式,规避了利益分化导致的无序竞争,通过集权实现了对全局利益的统筹。另外,结合行政区划调整的方法,实现了雄安新区的尺度跃升,直接改变了中央政府、北京、河北省的利益格局,也增加了河北省的纵向沟通层级。

为了实现京津冀区域生产要素的优化配置,与区域空间的统筹发展,京津冀已初步建立起多领域、多主体、多层次的空间治理体系。从领域上看,为了响应区域协同发展需求,全面建立起区域空间规划体系,并在其指导下,分别从交通一体化、产业协同化、生态环境共治化三个领域分别建立了相应的治理体系。首先,通过区域空间规划体系,统筹了区域空间发展目标,并初步形成了"中央政府—省(直辖市)级政府—地级市政府"逐层细化的规划方案,自上而下分解空间战略。同时,在区域规划中为三地明确优先协同领域,即交通、产业和生态。其次,在交通一体化建设中,同样通过自上而下的战略分解方式建立区域共识。在实施层面,通过引入市场机制建立新型政府关系,实现地方政府间协调成本内部化、发展利益一体化的目标,并通过建立项目库、信息共享平台等方式形成地方间合作网络。再次,在产业协同发展中,通过构建产业转移平台、园区交互空间、行政区划调整等方式,有序推进了产业发展的空间置换。实施中,通过税收共享、园区联合管理、设立国家级新区等制度创新手段,保障空间置换的落实。这

第八章　京津冀区域空间治理体系发展特征

些手段,本质上改变的是权力的空间边界,从而影响了空间组织生产方式。最后,在生态环境共治中,主要采取环境管制权力尺度上移、划定差异化制度空间等方式,增强了生态环境保护的权威性及主体间的相互制约性。

从治理主体上看,京津冀区域依然具有十分显著的中央政府主导特征,不论是区域空间规划体系建立、交通基础设施一体化建设、产业功能协同、生态环境共治,均以中央政府牵头编制的区域规划为纲领。同时,该区域也因中央政府的深度干预而实现了诸多制度突破,包括雄安新区的建立、政府间合资组建投资公司、实现税收共享等。此外,中央政府目前是区域内空间治理中最主要的监督者与仲裁者。例如,通过建立区域协同组织将环境管制权力尺度上移,实现对区域生态环境保护的全面监管。又如,在产业转移的税收共享制度中,迁移企业此前的缴税情况是重要的分配基准,而对此进行核实确认的责任由中央政府承担,确保了相关工作的公平性。

第九章

京津冀土地优化利用管控体系优化建议

京津冀土地资源在开发利用过程中仍面临一些挑战,包括空间优化配置,土地利用效率提升,跨域资源共享,生态环境协同保护等,需推动区域协调与统筹机制持续优化。另外,随着京津冀协同发展战略提出与落实以及相关区域规划颁布与实施,区域内部的产业格局与土地利用模式都将产生较为剧烈的变化,也需要加快梳理相应支撑技术与保障政策的创新需求。本章立足前文研究基础,在尊重区域自然本底特征的基本前提下,针对区域土地利用面临的现实挑战,重新审视京津冀区域土地优化利用协同管控的需求。基于前文分析得到的区域空间治理体系特点,参考驱动因素的影响机制,为更好地建立区域土地优化利用管控体系提出建议。以期为区域尺度建立起多主体、差异化、系统化、精细化的管控机制,实现管控制度与支撑技术的双重创新拓宽思路。

第一节 京津冀土地优化利用管控需求

一、尊重自然基底差异,探索合理补偿机制

本研究主要依托遥感影像解译数据,获取土地利用动态变化信息,分析了京津冀土地资源的空间分异特征与土地利用的时空演变规律。可以明显发现,京津冀区域土地资源分布呈现十分显著的非均衡特点,区域内 75% 的生态用地集中分布于张家口与承德,而耕地资源主要集中在河北省中南部平原地区。然而,耕地与生态用地提供的服务与产品是面向全域的,在外部性作用下,其遭受破坏而产生的负面效应将由区域共同承担。基于对区域共同利益的考虑,耕地与生

第九章 京津冀土地优化利用管控体系优化建议

态用地集中分布的地区往往面临着更大的土地资源保护压力,甚至需要牺牲部分经济利益。从这个角度出发,区域内的耕地与生态用地实际上存在"供给范围"与"服务范围"不匹配的现象,可能衍生区域不公平的问题。同时,受地方利益分割的影响,更加大了建立区域协同保护机制的难度与复杂性。

在理性认识生态资源与耕地资源对区域可持续发展重要意义的基础上,区域土地优化利用过程中,应当更重视生态用地与耕地的协同保护需求。系统性地推动京津冀区域实施自然资源统筹管理,并建立起常态化的协同管控机制。制度层面上,厘清相关主体的权责关系,建立利益平衡机制是关键。可能涉及执法、司法、补偿等维度的机制创新,中央政府应当在其中发挥重要的协调与监督作用,并增强相关顶层设计工作。建立试点,推动多元模式创新。例如,探索适用于不同生态系统、不同情境下的补偿标准评估方法;引入多元补偿手段,充分考虑技术支持、财政转移支付、建立专项基金、吸纳社会资本等方式的适用范围及可操作性;探索监督机制创新,强化公众参与,完善政绩考核与责任追究制度等。进而逐渐建立起具有明晰管控范围、内容、标准,有明确补偿依据、责任后果、沟通渠道的整体框架,形成协同管控的长效机制。技术层面上,信息共享平台的建立是相关工作的重要基础,同时还需要积极创新质量监测、风险预警、管网互联等技术手段,减少协同管控中的沟通成本,充分提升决策效率。

二、立足发展阶段分异,建立差异管控思路

基于对土地利用变化驱动因素的全面分析与归纳研究,发现京津冀区域内各城市因处于不同的发展阶段,呈现出了差异化的土地优化利用需求。需要以尊重自然潜力、顺应发展需求、服从上位规划等为基本原则,加快建立区域差异化管控体系,因地制宜地部署土地优化利用工作重点。大致来说,主要包括以下四类。

第一类地区,社会经济发展进入提质升级阶段。土地利用可能存在两方面问题,一是土地利用创造的经济效益虽在区域范围内极具优势,但与其他发展更成熟的地区相比,仍有一定的提升空间;二是,社会效益与生态效益的重要性不断提升,甚至逐渐超过经济效益。未来土地优化利用相关工作的重点在于存量用地的挖潜与盘活,既需要依托功能的疏解与转移,预留升级空间,也需要积极通过政策引导、市场引领,优化土地集约利用模式。第二类地区,社会经济发展具有较好的基础,但仍处于加速发展阶段,同时具有较大的土地资源开发利用潜力。对这类地区而言,京津冀协同发展战略的提出以及北京非首都功能疏解的推进,都为它们带来了新的发展机遇。土地优化利用相关工作中,需保障引入产业的用地需求并引导其科学布局,在土地利用规模增长的同时兼顾节约集约利用原则。第三类地区，社会经济发展目前可能相对滞后，但拥有优质的耕地资源，也发育了一定的工业基础。其土地优化利用相关工作的重点在于，结合规划发展定位，保持适度开发建设，加快优化产业结构，提升土地利用综合效益；同时，保护耕地资源，推动农业现代化发展，拓宽农业发展思路；激活农村土地要素，推动乡村振兴，加速实现城乡融合发展。第四类地区，生态资源丰富，在区域生态安全格局中举足轻重。但受自然条件约束，社会经济发展水平不高，未来也以生态涵养功能为主。土地优化利用相关工作中，除了切实落实生态用地的保护，践行生态文明思想，也要积极探索释放生态价值的发展模式。

三、引导资源优化配置，创新区域协同模式

根据国内外相关经验，区域尺度的土地优化利用，不仅仅是针对土地要素本身管控模式的创新。更重要的是通过建立合理有效的协同发展机制，引导各类生产要素实现高效流动与科学布局。随着区域协同程度的加深，各类生产要素的空间结构得到优化，进而也会对区域土地利用格局产生积极影响。结合长时间尺度下，京津冀区域土地利用的时空演变规律，并关注不同历史阶段区域发展所处的政策背景，确实发现京津冀区域也表现出同样的特点。具体来说，区域内建设用地扩张的整体格局，与区域规划中的战略布局是相吻合的，且随着京津冀协同发展战略进入实质开展阶段，土地扩张方向不再呈现明显的"向心趋势"。另外，驱动因素分析中，也可以明显识别到港口、铁路网络与站点等空间要素逐渐增强的影响作用。尤其伴随着滨海新区的成立以及河北省提出沿海率先发展战略以后，港口对建设用地扩张的牵引作用逐渐显著，也可以从侧面说明区域发展战略对土地要素优化配置发挥着重要的引导作用。

京津冀区域协同发展，一直以来都受到广泛的重视与支持。但结合整体发展历程来看，区域规划频繁调整，历史时期内存在多个协调范围，区域治理长期处于探索状态。2010年以后，国家愈发重视京津冀区域的协同发展需求，开始以中央为主导推出了一系列区域发展战略。2014年，中央成立了国务院京津冀协同发展领导小组及京津冀协同发展专家咨询委员会，三地随后也迅速成立了各自的推进京津冀协同发展工作领导小组，出台了一系列专项规划、协同发展意见、专业领域协作框架等政策文件来具体指导实践。同时，开始致力于消除壁垒，建立区域统一市场，以更好地推动各类生产要素实现优化配置，例如推动产业转移、形成物流信息共享等。总体上，京津冀区域协同治理已进入制度化创新阶段，也初步建立起整体治理框架。但在实践过程中，项目得以落地、区域规划得以实现，还需要更多的支撑技术与保障政策。尤其随着各类生产要素流动格局的改变，跨域建设需求的不断增长，将随之带来用地指标重新分配、土地资源共享、土地跨域协同管理等方面的诉求,需要围绕土地政策创新开展更多深入的、有针对性的专题研究。

四、重视纵向传导机制,建立精细化管控体系

基于多尺度的分析框架,可以发现土地优化利用在不同空间尺度下应当具有差异化的管控内容。除了区域尺度的战略指引与网络建设,也需要关注市域尺度的规模控制与功能布局,县域尺度开发保护的具体安排,甚至是地块尺度对投入产出的调节。目前,京津冀区域尺度上的战略共识已经相对清晰,也逐步建立起区域战略在市域尺度的响应机制,但进一步在县域尺度的落实仍较为缺乏。事实上,作为国家空间治理体系中的基础单元,县域尺度集中了更加多元、更具特色的问题,也是有效实施土地优化利用管控的关键环节。例如,研究发现,县域交界处常常存在更活跃的土地利用变化,也是生态用地被占用的热点地区;又如,不同城市的中心城区与外围县之间存在差异化的互动模式,保定、唐山等市外围县域内的开发建设活动十分活跃,这是因为邻近区域核心城市而受到了更强大的辐射作用。原本自上而下分解指标或下达要求的土地管理机制,容易对地方实际问题与需求把握不准确,而发生基层单元缺乏可操作性的问题。随着永久基本农田、生态保护红线等刚性用途管控制度的建立,也需要更多地依托基层单元来落实并实施监管。应当加快对相关政策依据和技术工具进行精细化设计,并完善建立自上而下、自下而上的双向传导机制,形成分工有序、层层递进的管控体系。

另外,从各城市之间的分异需求来看,北京、天津等经济较发达的城市以及张家口、承德等受地形约束影响的城市,可供开发建设的空间相对有限。除了通过区域协调,实现异地空间共享与利益共享之外,更重要的还是依托自身已有土地资源进行挖潜提效。从存量用地挖潜的角度来看,也对精细化管控体系提出了更高要求。一方面,需要建立完善的项目审批制度,立足严谨详实的收益评估、环境影响评价、资金来源保障等多个方面进行审查核实,再进行批准落地。另一方面,更重视过程监督管控,通过对土地再开发过程中每个环节的严格把控,同时建立跟踪记录数据,保障项目的有序推进与问题的及时处理。

第二节 土地优化利用管控体系构建总体思路

一、建立系统化思维

区域土地优化利用管控体系的建立与完善,是一项系统工程。需要从制度层面，到实施层面，再到技术层面相互配套、逐步落实，才能避免停留在设想阶段。同时，要求兼顾其他生产要素与土地要素的优化配置，关注人地系统的良性互动，才能培育内在动力，形成长效机制（图9-1）。顶层设计需要围绕加强立法、优化机构、明晰权责、政策创新等多个维度全面推动深化改革，旨在维护内在秩序并保障权威性，是一切工作有序开展的基本前提。同时，为了更好地保障公共利益与公共安全，部分关键资源的配置与管理，仍需由中央政府充分参与引导，例如粮食安全、生态保护、重大工程建设等。立法应当涵盖区域土地利用中可能遇到的大小事务，涉及土地管理、空间规划、自然资源资产产权保护、生态补偿等各个方面。通过拟定相关法律法规，发挥统一价值取向、规范主体行为、提供仲裁依据等作用，促使区域土地利用协同管控的秩序更为稳定。

图9-1 区域土地优化利用管控系统框架

机构改革与重组，涉及横向维度上调整部门之间的职能分工，也包含纵向维度上跨区域组织机构的设立。国家推行机构改革以后，在国土空间治理方面，体现了自然资源集中统一综合管理的思想，充分尊重生态系统的整体性及其内在规律，也更注重维护自然资源资产增值收益的公平分配，有利于在区域尺度上实现资源环境成本内部化，也深刻改变了相关主体的行为逻辑。纵向维度上，京津冀区域设立了京津冀协同发展领导小组，重点发挥统筹作用；并依托雄安新区的建立，重构了京津冀区域治理结构。可以更好地处理跨行政区的土地利用矛盾，充分协调地方之间的发展需求，支撑国土空间格局优化。在此基础上，应当加快丰富区域性组织的内部架构，建立不同的部门负责专业化管理，并在地方层面成立相应的办事机构确保执行力度。

制度保障方面，要求给予充分的创新空间，本质上需要更好地服务于生产组织方式的变革。支持利益共享，推动相关财税制度改革，允许地方政府之间共享税收利益，立足区域尺度引导产业优化布局，从而提升土地利用综合效益。支持经济联动，鼓励跨地区产业园区共建，加快建立有效的协商平台与机制，最大限度发挥地方比较优势，降低生产成本并实现发展提质增效，推动产业用地节约集约利用。支持成本分摊，实施污染联合防治，健全生态补偿机制，优化绩效考核制度，强化目标共识，建立互动调整机制，保障问题得到及时反馈并尽快有效解决。

二、技术方法的支撑

为了更好地适应区域尺度的管控需求，实践中要求加快相关技术方法的创新。结合本研究的主要发现，本书提出以下四项支撑技术或方法（图9-2），将来应当在实践中进一步拓展与深化。第一，建立统一的数据共享平台，集成地理基础数据、社会经济数据、土地利用变更数据、相关空间规划图层数据等多源信息，这是科学决策的重要依据，也是实现高效沟通协商的基本前提。数据共享平台的建立与完善，还有利于技术语言与相关标准的统一，很大程度上降低地方之间、上下级之间的沟通成本。第二，研制区域尺度的土地利用适宜性评价方法，建立具有一定推广价值的指标体系、评价模型与评价标准，推动相关评价方法在多类型试点地区反复检验。待方法逐渐成熟，开发相关应用软件，支持便捷运算与结果叠加分析。相关运算结果，有利于掌握区域资源环境承载力的分异特征，指导空间格局优化。第三，完善土地优化利用分区方法，综合考虑土地资源潜力、土地利用现状、社会经济发展条件等多维因素，根据实际管控需求，划分出优化方向与管控内容相对一致的区域。针对不同分区内的土地利用问题与发展定位，提出相应的调控指标与管控措施，因地制宜实施差异化管理，提升工作效率。第四，形成土地利用动态监测系统。基于"3S"技术，综合运用多元数据挖掘信息，对土地利用变化实施统一调查监测，制订相应评价指标，定期反馈调查结果，作为及时处理问题和绩效考核工作的重要依据。

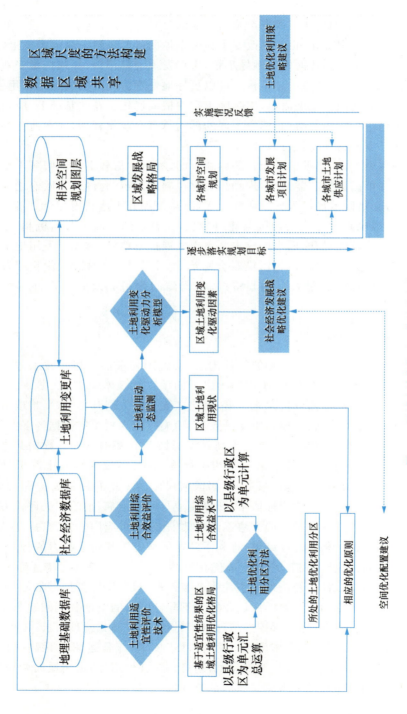

图 9-2 区域土地优化利用管控技术体系构想

第九章 京津冀土地优化利用管控体系优化建议

第三节 区域协同发展的保障策略

一、加强相关政策落地实施

在区域发展过程中,产业经济发展、住宅建设、交通基础设施项目等均不可避免地需要占用耕地或生态用地。同时为了补给耕地,生态用地又常常被耕地进一步占用。一方面,无法解决区域内耕地后备资源不足的问题,另一方面也不利于区域生态安全格局的稳定性。随着发展理念的转变,通过推行耕地占补平衡、退耕还林还草等土地保护政策,上述问题已在一定程度上得到了切实改善。然而,这类土地保护政策,目前在空间落地性方面仍有不足,亦尚未建立起完善的、可执行的跨区域执行机制。政策落地性的不足,可以主要从以下两个方面来理解。一是微观尺度上地块之间的占补关系,例如,如何保证耕地实现"占优补优",而不是用中等地、甚至是劣等地加以补充的问题。二是宏观尺度上如何实现空间协同发展目标。产业转移过程中,目前虽然统筹建立了"2+4+46"产业转移承接平台,对不同类型产业流向进行定向引导。但在实践中,产业转移项目落地常常面临园区基础设施不够、项目用地指标不足、政府承诺兑现缺乏保障等各方面难题。影响了项目落地效率,难以实现企业、迁入地、迁出地三者共赢。

立足我国空间规划体系深入改革的契机,为了更好地解决相关问题,应当秉承"一张蓝图干到底"的思想,将区域内重要的自然资源管理纳入统筹平台,加速推动耕地、生态用地保护与占补平衡的协同管理。同时,增强国土空间规划的用途管制与过程管控,严格控制人类活动对耕地、生态用地的无序占用,形成保护更加有力、执行更加顺畅、管理更加高效的自然资源保护制度。此外,可积极开展城乡建设用地规模控制与集约利用政策创新试点,在适宜的地区率先建立统一的土地储备,并探索用地指标调配协商机制。也可以把握重大项目机遇,推行跨区域的土地利用全周期一体化管控,包括在用地指标协调、规划编制、项目选择、项目运营等方面的全方位合作。

二、完善区域协同治理体系

近年来,京津冀协同治理的制度化建设始终处于不断优化与完善中,也取得了诸多实际成效。然而,目前的治理体系仍存在一些问题。一是,治理主体之间的权责关系需更加明晰,且社会力量的参与尚不充分。二是,目前区域治理过程中主要依托行政手段,法律手段和经济手段有待强化;尤其在耕地、生态用地保护中,亟需依托法律手段增强相关工作的权威性。三是,高效的协调机制主要建立于决策层,但实施层面的协调仍不成体系,也缺乏上下联动的长效机制。为了加快健全区域治理体系,围绕上述问题,可以着重从以下三个方面进行优化(苏黎馨等,2019)。

第一,从机构创新入手,梳理参与主体间权责关系。不论是正式的政府机构,还是行政委员会,区域治理中需要一个介于中央与地方之间的区域机构发挥承上启下作用,负责管理区域治理中的日常事务。京津冀目前在中央和地方分别成立了协同发展领导小组,且地方层面的协同发展领导小组是以行政区划为单元设立的,本质上仍是独立而非融合的。未来,三省市领导小组可以考虑合并,形成职能综合、权责独立的"京津冀区域治理办公室",由三省市分别派遣相关工作人员维持日常运作,参与中央决策,并协调地方实施。在建立区域联合机构的过程中,不可避免需要对区域内政府体系的整体权责体系进行梳理与明确,这是区域联合机构有序运作的重要依据,也有利于加快区域协同向纵深发展。

第二,加快立法建设,以更好地平衡行政手段与市场手段。京津冀区域治理中法律手段的不足,导致行政手段需要发挥一定的替代性,容易较多地干预区域市场建设。未来,应当加快制订相关法律法规。首先要加快形成区域空间规划编制、实施的法律依据以及处理矛盾与问题的权威评判依据与制度流程。同时,为地方政府之间实现利益共享、责任共担提供法律依据与法律保障。一方面,结合产业转移等资源优化配置事件,加快形成规范地方政府税收共享的相关法规,保障发达地区经济要素有序扩散,欠发达地区积蓄后发优势。另一方面,制订区域性基础设施建设及养护成本、运营收益等分配原则,建立矛盾仲裁机制,对相关行为形成有效约束。此外,也可以在政绩考核制度中加入"区域一体化"指标,有意识地引导地方政府间合作共赢。在这样的基础上,再赋予市场经济力量较灵活的参与机制,能更好地平衡行政手段与市场手段,促进它们的良性互动与有效互补。

第三,整合协调需求,统一构建多边协商机制与高效的矛盾仲裁机制。应加速建立区域内统一的数据库,推动基础信息共享,形成有效"沟通语言"。在此基础上,由执行层面的区域联合机构牵头、各地方政府参与编制相关规划、出台有关政策,决策中充分听取非政府机构与公众的意见。坚持举办"京津冀协同发展社会组织高峰论坛"等活动,吸引各界人士广泛参与讨论。最后,将相关决策上报中央有关机构审批。仲裁机制方面,首先考虑问题或矛盾的重要程度,对于触及原则与总体目标的矛盾仍应直接交由最高决策层(例如,国家区域治理和协调委员会)处置。一般性问题的处理上,可先由区域联合机构组织协商。若无法达成共识,再将问题上报"国家区域治理和协调委员会"类似机构,组织相关部委领导及地方领导联席讨论。

第九章 京津冀土地优化利用管控体系优化建议

三、建立健全绩效考核制度

原有的政府绩效考核制度，很大程度上参考的是经济发展成效，即 GDP 增长。这容易导致地方政府将治理重心置于促进经济发展，而忽略生态环境的保护与修复。此外，在相应考核机制的作用下，容易驱使地方政府仅从自身利益的角度出发，来筹谋产业经济发展，导致重复建设和资源浪费，不利于自身及区域的可持续发展。京津冀区域内，北京、天津、河北各地政府都有自己的绩效考核体系，然而考核的出发点主要是自身发展需求，而非区域协同发展目标。立足区域发展的系统性与整体性，地方政府的绩效考核及其配套政策，应该与主体功能区、城市功能定位和区域特殊性等相适应。将公共服务、生态环境等评价指标纳入体系中，并因地制宜设置考核权重，构建基于功能分区的绩效考核制度。从而对区域发展进行分类指导，兼顾地区之间的差异性与区域整体的协同性。

此外，需要不断优化考核指标的选取原则，加快完善考核制度。革新理念，积极落实《生态文明建设目标评价考核办法》，弱化 GDP 增长考核，相应地提升生态环境保护的权重。例如，进一步推动生态环境统筹管理，将重点项目的指标细化分解，精确到市甚至区县，并定期考核指标完成情况；设置生态治理共同基金，将基金使用、管理的效率作为考核绩效的重要参考；建立污染天气的统一应急预案与处理机制，在每次成功的联合行动后，统一计为各地方相关部门或主管领导的工作成效。强化问责，加快做到考核数据与信息的公开化，健全相关法规制度，形成合理的公众参与及公众监督，对关键问题做到从严问责。细化过程，将相关部门或主管领导的绩效考核内容具体到项目落地问题、管理责任对象、合作运作模式等，而不仅仅是考核期末呈现的结果性指标。

四、积极引入市场机制

京津冀区域治理模式中，市场手段的运用仍有待增强。虽然区域内紧密的行政型合作有效地强化了地区之间的协同意识，也奠定了良好的合作基础，但还是需要积极地引入市场机制，才能更好地培养协同发展的内生动力。一方面，促进各类要素的高效流动，促进协调发展；另一方面，减少或降低沟通成本，形成区域共治、利益共享机制。在产业转移工作中，应当发挥市场在资源配置中的决定性作用，加快形成区域一体化市场体系，开放产业在区域内的转移，逐步形成完善的产业集群，激发企业创新活力，提升生产效率。政府侧重发挥市场引导作用，致力于激发市场活力，积极推动相关政策创新，完善创新、创业环境，促进科技成果转化。引入市场机制，可以建立新型府际关系，有效降低资源配置成本，做到利益共享。为了更好地优化三地产业投资方向与领域，区域已经成立"京津冀产业协同发展投资基金",由国家出资引导社会资本参与,以更好地推动创新要素的定向集聚。在迈出了"率先实践"的第一步后,应进一步完善内在运作机制,才能使其发挥实效。

除了产业转移,生态环境协同治理领域也需要大力促进市场机制的建立与完善。在生态文明理念的指导下,强化对自然资源资产属性的认识,加速构建统一的自然资源资产产权制度。作为利益分配与权责界定的重要依据,推进生态产品实现应有的价值。在此基础上,配套相应的金融政策,适当发展生态产权抵押贷款,激励相关主体保护生态资源的自主性、自觉性与积极性。同时加快建立科学的价格评估机制,不断健全相关补偿制度,使得碳排放权、排污权、水资源有偿使用、建设用地指标交易等得以在公开公平的市场平台有序推行。

参考文献

[1] 白易彬. 京津冀区域政府协作治理模式研究[M]. 北京：中国经济出版社,2017.

[2] 白智立. 日本广域行政的理论与实践：以东京"首都圈"发展为例[J]. 日本研究,2017, (1)：10-26.

[3] 鲍丽萍,王景岗. 中国大陆城市建设用地扩展动因浅析[J]. 中国土地科学,2009,23 (8)：68-72.

[4] 曹海军. 国外城市治理理论研究[M]. 天津：天津人民出版社,2017.

[5] 晁恒,马学广,李贵才. 尺度重构视角下国家战略区域的空间生产策略：基于国家级新区的探讨[J]. 经济地理,2015,35(5)：1-8.

[6] 陈冰红,熊国平. 国外城市开发边界划定研究[J]. 城乡规划,2019,(3)：8-12.

[7] 陈江龙,高金龙,魏也华,等. 大都市区建设用地空间扩展机理研究：以南京市区为例[J]. 地理科学,2013,33(6)：676-684.

[8] 陈美球,魏晓华,刘桃菊. 国外耕地社会化保护对策与启示[J]. 新农村,2010, (2)：35-37.

[9] 陈强,王浩,敦帅. 全球科技创新中心：演化路径、典型模式与经验启示[J]. 经济体制改革,2020,(3)：152-159.

[10] 陈松林,刘强,余珊,等. 福州市晋安区土地适宜性评价[J]. 地球信息科学,2002, (1)：61-65.

[11] 陈伊翔,朱红梅,朱永霞,等. 基于面板数据的省域建设用地扩张驱动机制分析[J]. 国土与自然资源研究,2016,(2)：17-20.

[12] 丁寿颐. 京津冀北地区城乡建设用地增长研究[D]. 北京：清华大学,2014.

[13] 段增强,张凤荣,孔祥斌. 土地利用变化信息挖掘方法及其应用[J]. 农业工程学报, 2005,(12)：60-66.

[14] 方创琳.京津冀城市群协同发展的理论基础与规律性分析[J].地理科学进展,2017,36(1):15-24.
[15] 封志明,刘登伟.京津冀地区水资源供需平衡及其水资源承载力[J].自然资源学报,2006,(5):689-699.
[16] 郭钧.天津港口发展综合评价理论与方法[D].天津:天津大学,2004.
[17] 关伟,王雪.大连市土地利用变化的人文因素[J].地理研究,2009,28(4):990-1000.
[18] 韩会然,杨成凤,宋金平.北京市土地利用变化特征及驱动机制[J].经济地理,2015,35(5):148-154,197.
[19] 洪世键.大都市区治理:理论演进与运作模式[M].南京:东南大学出版社,2009.
[20] 胡德,刘君德.政区等级、权力与区域经济关系:中国政府权力的空间过程及其影响[J].中国行政管理,2007,(6):11-13.
[21] 胡序威.中国区域规划的演变与展望[J].城市规划,2006,(S1):8-12,50.
[22] 胡银根,蔡国立,徐小峰,等.2014.基于灰色关联分析的武汉市建设用地扩张驱动力实证研究[J].水土保持通报,34(6):214-218.
[23] 胡源,王秀兰.武汉市土地利用结构变化及其驱动因素分析[J].水土保持研究,2014,21(6):234-239.
[24] 黄宝荣,张慧智,宋敦江,等.2000—2010年中国大陆地区建设用地扩张的驱动力分析[J].生态学报,2017,37(12):4149-4158.
[25] 黄大全,金浩然,赵星烁.四类城市建设用地扩张影响因素研究:以北京市昌平区为例[J].资源科学,2014,36(3):454-462.
[26] 黄季焜,朱莉芬,邓祥征.中国建设用地扩张的区域差异及其影响因素[J].中国科学(D辑:地球科学),2007,(9):1235-1241.
[27] 黄庆旭,何春阳,史培军,等.城市扩展多尺度驱动机制分析:以北京为例[J].经济地理,2009,29(5):714-721.
[28] 黄天能,严志强,李月连.典型石山地区小城镇用地扩展特征及驱动力分析:以广西都安瑶族自治县县城为例[J].广西师范学院学报(自然科学版),2012,29(2):61-67.
[29] 嵇涛,杨华,何太蓉.重庆主城区建设用地扩展的时空特征及驱动因子分析[J].长江流域资源与环境,2014,23(1):60-66.
[30] 江东,王雪尧.论雄安新区的立法需求及实现路径[J].法制与社会,2019,(22):175-177.
[31] 李飞雪,李满春,刘永学,等.建国以来南京城市扩展研究[J].自然资源学报,2007,22(4):524-535.
[32] 李国平,宋昌耀.京津冀区域空间结构优化策略研究[J].河北学刊,2019,39(1):137-145.
[33] 李国平,吴爱芝,孙铁山.中国区域空间结构研究的回顾及展望[J].经济地理,2012,

32(4): 6-11.

[34] 李国平. 京津冀协同发展报告(2019)[M]. 北京:科学出版社,2019.

[35] 李恒. 美国大学知识创新体系的区域差异及溢出效应研究[D]. 上海:华东师范大学., 2016.

[36] 李加林,许继琴,李伟芳,等. 长江三角洲地区城市用地增长的时空特征分析[J]. 地理学报,2007,162(4):437-447.

[37] 楼梦醒,冯长春. 京津冀地区城市建设用地变化及差异化驱动力研究[J]. 城市发展研究,2018,25(9):23-28,41.

[38] 刘瑞,伍琴. 首都经济圈八大经济形态的比较与启示:伦敦、巴黎、东京、首尔与北京[J]. 经济理论与经济管理,2015,(1):79-94.

[39] 李晓,冯长春,李天娇,等. 基于Logistic模型的土地利用格局影响因素分析:以重庆市义和镇为例[J]. 北京大学学报(自然科学版),2017,53(4):741-748.

[40] 李也,龚咏喜,张兆东,等. 基于矢量网格的城市土地利用邻里模式研究[J]. 地理学报,2018,73(11):2236-2249.

[41] 李也,龚伦胜,冯长春. 基于空间邻近关系的区域城市建设用地识别方法研究[J]. 城市发展研究,2019,26(7):59-66.

[42] 李云新,文娇慧,贾东霖. 尺度重构视角下地方政府空间治理策略研究:基于鄂州市功能新区建设的考察[J]. 北京行政学院学报,2019,(2):18-26.

[43] 卢根鑫. 国际产业转移论[M]. 上海:上海人民出版社,1997.

[44] 卢璐,张硕,赵裕青,等. 海州湾人工鱼礁海域沉积物中重金属生态风险的分析[J]. 大连海洋大学学报,2011,26(2):126-132.

[45] 刘晓颖. 海洋生态红线区遥感监测方案设计与实践[D]. 天津:天津师范大学,2016.

[46] 刘瑞,朱道林,朱战强,等. 基于Logistic回归模型的德州市城市建设用地扩张驱动力分析[J]. 资源科学,2009,31(11):1919-1926.

[47] 刘潇. 习近平新时代中国特色社会主义思想与雄安新区规划建设[J]. 领导科学论坛,2018,(12):18-33.

[48] 刘永健,耿弘,孙文华,等. 城市建设用地扩张的区域差异及其驱动因素[J]. 中国人口·资源与环境,2017,27(8):122-127.

[49] 刘永健,耿弘,孙文华. 长三角城市群建设用地扩张地区差异的驱动因素解释:基于回归方程的Shapley值分解方法[J]. 长江流域与环境,2017,26(10):1547-1555.

[50] 刘志佳,黄河清. 珠三角地区建设用地扩张与经济、人口变化之间相互作用的时空演变特征分析[J]. 资源科学,2015,37(7):1394-1402.

[51] 罗罡辉,吴次芳. 城市用地效益的比较研究[J]. 经济地理,2003,23(3):80-83,105.

[52] 罗迎新. 广东梅州地区建设用变化及其驱动力研究[J]. 热带地理,2009,29(3):268-273.

[53] 罗娅,杨胜天,刘晓燕,等. 黄河河口镇-潼关区间1998—2010年土地利用变化特征

[J]. 地理学报,2014,69(1):42-53.
[54] 罗震东. 分权与碎化:中国都市区域发展的阶段与趋势[J]. 城市规划,2007,31(11):64-70.
[55] 吕可文,苗长虹,安乾. 河南省建设用地扩张及其驱动力分析[J]. 地理与地理信息科学,2012,28(4):69-74.
[56] 吕秀丽,陈兴鹏,闫晓瑞. 基于灰色关联模型的郑州市建成区扩张驱动力研究[J]. 经济研究导刊,2010,(29):50-52,58.
[57] 吕志强. 快速城市化背景下的建设用地扩展类型格局及驱动力分析[J]. 水土保持研究,2012,19(4):65-71.
[58] 马海龙. 行政区经济运行时期的区域治理[D]. 上海:华东师范大学,2008.
[59] 马震,谢海澜,林良俊,等. 京津冀地区国土资源环境地质条件分析[J]. 中国地质,2017,44(5):857-873.
[60] 孟晖,李春燕,张若琳,等. 京津冀地区县域单元地质灾害风险评估[J]. 地理科学进展,2017,36(3):327-334.
[61] 孟广文,金凤君,李国平,等. 雄安新区:地理学面临的机遇与挑战[J]. 地理研究,2017,36(6):1003-1013.
[62] 欧维新,张振,陶宇. 长三角城市土地利用格局与PM_(2.5)浓度的多尺度关联分析[J]. 中国人口·资源与环境,2019,29(7):11-18.
[63] 彭高辉,管国权,何春花. 三种典型聚类算法在职员评定中的应用[J]. 河南教育学院学报(自然科学版),2007,16(1):48-51.
[64] 彭山桂,黄朝明. 中国城市扩张的合理性分析及驱动力分类[J]. 城市问题,2015,(9):4-11.
[65] 彭云飞,赖权有,钱竞,等. 基于Logistic回归模型的城市建设用地扩张影响因素分析:以深圳市为例[J]. 国土与自然资源研究,2014,(2):17-20.
[66] 屈国栋,楼章华,王磊. 基于灰色关联分析的lasso法在区域用水经济效益系数中的应用[J]. 中山大学学报(自然科学版),2013,52(2):19-22,27.
[67] 乔伟峰,盛业华,方斌,等. 基于转移矩阵的高度城市化区域土地利用演变信息挖掘:以江苏省苏州市为例[J]. 地理研究,2013,32(8):1497-1507.
[68] 史进,黄志基,贺灿飞,等. 中国城市群土地利用效益综合评价研究[J]. 经济地理,2013,33(2):78-83.
[69] 单嘉铭,吴宇哲. 国内外耕地保护对比及启示[J]. 浙江国土资源,2018,(7):21-24.
[70] 史利江,王圣云,姚晓军,等. 1994—2006年上海土地利用时空变化特征及驱动力分析[J]. 长江流域资源与环境,2012,21(12):1468-1479.
[71] 史培军,陈晋. 深圳市土地利用变化机制分析[J]. 地理学报,2000,55(2):151-160.
[72] 舒帮荣,李永乐,曲艺,等. 不同职能城市建设用地扩张及其驱动力研究:基于中国137个地级以上城市的考察[J]. 南京农业大学学报(社会科学版),2014,14(2):

86-92.

[73] 孙浩. 美国农业环境补贴政策绩效评价与启示[D]. 济南：山东师范大学,2018.

[74] 孙久文. 雄安新区在京津冀协同发展中的定位[J]. 甘肃社会科学,2019,(2)：59-64.

[75] 孙久文,丁鸿君. 京津冀区域经济一体化进程研究[J]. 经济与管理研究,2012,(7)：52-58.

[76] 孙久文,李坚未. 京津冀协同发展的影响因素与未来展望[J]. 河北学刊,2015,35(4)：137-142.

[77] 孙久文,闫昊生,李恒森. 京畿合作——京津冀协同发展[M]. 重庆：重庆大学出版社,2018.

[78] 苏黎馨,冯长春. 京津冀区域协同治理与国外大都市区比较研究[J]. 地理科学进展,2019,38(1)：15-25.

[79] 孙莹炜. 德国首都区域协同治理及对京津冀的启示[J]. 经济研究参考,2015,(31)：62-70.

[80] 谭成文,杨开忠,谭遂. 中国首都圈的概念与划分[J]. 地理学与国土研究,2000,(4)：1-7.

[81] 唐燕. 柏林-勃兰登堡都市区：跨区域规划合作及协调机制[J]. 城市发展研究,2009,16(1)：49-54.

[82] 田俊峰,王彬燕,王士君. 东北三省城市土地利用效益评价及耦合协调关系研究[J]. 地理科学,2019,39(2)：305-315.

[83] 王海涛,徐刚,恽晓方. 区域经济一体化视阈下京津冀产业结构分析[J]. 东北大学学报（社会科学版）,2013,15(4)：367-374.

[84] 王洁琛. 京津冀科技服务业创新发展研究及国际借鉴[D]. 北京：北京工业大学,2015.

[85] 王茂华,王曾瑜. 辽宋金时期京津冀地区城市空间形态与群体格局[J]. 河南师范大学学报（哲学社会科学版）,2018,45(6)：76-80.

[86] 王海欧,常艳妮,杜茎深,等. 建设用地扩张驱动力分析：以甘肃省为例[J]. 干旱区资源与环境,2008,22(3)：75-80.

[87] 王秋兵,郑刘平,边振兴,等. 沈北新区潜在土地利用冲突识别及其应用[J]. 农业工程学报,2012,28(15)：185-192.

[88] 王涛,李贝贝,何亮,等. 西安城市扩展时空特征与驱动因素分析[J]. 测绘科学,2017,42(4)：75-79,118.

[89] 王涛,杨强. 基于RS和GIS的城市扩展特征及驱动机制差异性分析：以南通地区为例[J]. 遥感技术与应用,2011,26(3)：365-374.

[90] 王雪微,王士君,宋飏,等. 交通要素驱动下的长春市土地利用时空变化[J]. 经济地理,2015,35(4)：155-161.

[91] 王国刚,刘彦随,方方,等. 环渤海地区土地利用效益综合测度及空间分异[J]. 地理科学进展,2013,32(4)：649-656.

[92] 文萍,吕斌,赵鹏军. 国外大城市绿带规划与实施效果：以伦敦、东京、首尔为例[J].

国际城市规划,2015,30(S1):57.

[93] 吴大放,姚漪颖,刘艳艳,等. 1996—2012年广州市土地利用变化及驱动力分析[J]. 广东农业科学,2015,42(6):166-175.

[94] 吴建寨,彭涛,徐海燕,等. 山东省建设用地扩展时空动态及驱动力分析[J]. 中国人口·资源与环境,2011,21(8):164-169.

[95] 吴坤,王文杰,刘军会,等. 成渝经济区土地利用变化特征与驱动力分析[J]. 环境工程技术学报,2015,5(1):29-37.

[96] 吴良林,周永章,陈子燊,等. 基于GIS与景观生态原理的土地资源规模化潜力评价[J]. 资源科学,2007,(6):146-153.

[97] 吴良镛. 京津冀地区城乡空间发展规划研究[M]. 北京:清华大学出版社,2002.

[98] 吴志强,李德华. 城市规划原理[M]. 北京:中国建筑工业出版社,2010.

[99] 武强,陈萍,董东林,等. 基于GIS技术的农业土地适宜性综合评价[J]. 工程勘察,2001,(4):44-47,51.

[100] 肖笃宁,李秀珍. 当代景观生态学的进展和展望[J]. 地理科学,1997,17(4):69-77.

[101] 许月卿,田媛,孙丕苓. 基于Logistic回归模型的张家口市土地利用变化驱动力及建设用地增加空间模拟研究[J]. 北京大学学报(自然科学版),2015.,51(5):955-964.

[102] 杨东亮,李春凤. 东京大湾区的创新格局与日本创新政策研究[J]. 现代日本经济,2019,(6):80-92.

[103] 闫小培,毛蒋兴,普军. 巨型城市区域土地利用变化的人文因素分析:以珠江三角洲地区为例[J]. 地理学报,2006,61(6):613-623.

[104] 严涵,聂梦遥,沈璐. 巴黎区域规划和空间治理研究[J]. 上海城市规划,2014,(5):65-69.

[105] 杨忍,刘彦随,郭丽英,等. 环渤海地区农村空心化程度与耕地利用集约度的时空变化及其耦合关系[J]. 地理科学进展,2013,32(2):181-190.

[106] 游宁龙,沈振江,马妍,等. 日本首都圈整备开发和规划制度的变迁及其影响:以广域规划为例[J]. 城乡规划,2017,(2):15-29.

[107] 于彤舟. 北京市村庄改造模式回顾与思考[J]. 小城镇建设,2015,(2):46-53.

[108] 张成福,李昊城,边晓慧. 跨域治理:模式、机制与困境[J]. 中国行政管理,2012,(3):102-109.

[109] 周海珍. 国际大都市科技创新与金融"双中心"建设的经验与启示:以纽约、伦敦为例[J]. 科学管理研究,2016,34(1):105-108.

[110] 张嘉宁,王继军. 黄土高原沟壑区王东沟流域土地利用效益评价[J]. 水土保持研究,2009,(2):146-150.

[111] 张金前,韦素琼. 快速城市化过程中城市用地扩展驱动力研究[J]. 福建师范大学学

报(自然科学版),2006,22(4):14-18.

[112] 张军民,赵静.淄博市城市建设用地扩展及影响机制[J].山东国土资源,2008,24(5):53-55.

[113] 张可云,蔡之兵.京津冀协同发展历程、制约因素及未来方向[J].河北学刊,2014,34(6):101-105.

[114] 张薇,甘德清,王晓红.基于GIS的土地利用结构优化配置研究进展[J].安徽农业科学,2014,42(13):4089-4091.

[115] 张衔春,赵勇健,单卓然,等.比较视野下的大都市区治理:概念辨析、理论演进与研究进展[J].经济地理,2015,35(7):6-13.

[116] 张雪茹,姚亦锋,孔少君,等.南京市2000—2014年城市建设用地变化及驱动因子研究[J].长江流域资源与环境,2017,26(4):552-562.

[117] 张雪茹,尹志强,姚亦锋,等.安徽省城市建设用地变化及驱动力分析[J].长江流域资源与环境,2016,25(4):544-551.

[118] 赵可,张安录.城市建设用地扩张的驱动力:基于省际面板数据的分析[J].自然资源报,2011,26(8):1323-1332.

[119] 赵幸,刘健.合久必分、分久必合:从区域文化遗产保护看京津冀区域协同发展[J].北京规划建设,2016,(4):30-36.

[120] 周立三.中国农业区划的理论与实践[M].合肥:中国科学技术大学出版社,1993.

[121] 周伟奇,韩立建.京津冀区域城市化过程及其生态环境效应[M].北京:科学出版社,2017.

[122] 周翔,陈亮,象伟宁.苏锡常地区建设用地扩张过程的定量分析[J].应用生态学报,2014,25(5):1422-1430.

[123] 朱苏加,李佳,齐银娟,等.产业转移研究现状及对京津冀协同发展的启示:基于文献分析的视角[J].地理与地理信息科学,2018,34(6):100-105.

[124] 朱珠,张琳,叶晓雯,等.基于TOPSIS方法的土地利用综合效益评价[J].经济地理,2012,(10):141-146.

[125] Albrechts L,Healey P,Kunzmann K R. Strategic spatial planning and regional governance in Europe[J]. Journal of the American Planning Association,2003,69(2):113-129.

[126] Alden J D. Metropolitan planning in Japan[J]. The Town Planning Review,1984,55(1):55-74.

[127] Alig,Ralph J. Econometric analysis of forest acreage trends in the southeast[J]. Fbrest Science,1986,32(1):119-134.

[128] Ancien D. Local and regional development policy in France:of changing conditions and forms,and enduring state centrality[J]. Space and Policy,2005,9(3):217-236.

[129] Anselin L. Local indicators of spatial association-LISA[J]. Geographical Analysis,

1995,27(2): 93-115.

[130] Brueckner, Jan K, Fansler and David A. The economics of urban sprawl: theory and evidence on the spatial sizes of cities [J]. The Review of Economics and Statistics, 1983,65(3): 479-482.

[131] Camagni R, Gibelli M C, Rigamonti P. Urban mobility and urban form: the social and environmental costs of different patterns of urban expansion [J]. Ecological Economics, 2002,40(2): 199-216.

[132] Cole A, John P. Local policy networks in France and Britain: policy co-ordination in fragmented political sub-systems [J]. Western European Politics, 1995, 18(4): 89-109.

[133] Contreras A V, Llanes A, Pérez-Bernabeu A, et al. ENMX: An elastic network model to predict the FOREX market evolution [J]. Simulation Modelling Practice and Theory, 2018,86: 1-10.

[134] Du X, Jin X. Spatial pattern of land use change and its driving force in Jiangsu Province [J]. International Journal of Environmental Research and Public Health, 2014,11(3): 3215-3232.

[135] Elinbaum P, Galland D. Analysing contemporary metropolitan spatial plans in Europe through their institutional context, instrumental content and planning process [J]. European Planning Studies, 2016,24(1): 181-206.

[136] Feng Y, Liu M, Chen L, et al. Simulation of dynamic urban growth with partial least squares regression-based cellular automata in a GIS environment [J]. ISPRS International Journal of Geo-Information, 2016,5(12): 243.

[137] Gardi C, Panagos P, Van Liedekerke M, et al. Land take and food security: assessment of land take on the agricultural production in Europe [J]. Journal of Environmental Planning and Management, 2015,58(5): 898-912.

[138] Hauswirth I, Herrschel T, Newman P. Incentives and disincentives to city-regional cooperation in the Berlin-Brandenburg conurbation [J]. European Urban and Regional Studies, 2003,10(2): 119-134.

[139] Lackowska M, Zimmermann K. New forms of territorial governance in metropolitan regions? A Polish-German comparison [J]. European Urban and Regional Studies, 18(2): 2011,156-169.

[140] Megrath B. The sustainability of a car dependent settlement pattern: an evaluation of new rural settlement in Ireland [J]. Environmentalist, 1999,19(2): 99-107.

[141] Nicholls W J, Walter J. Power and governance: metropolitan governance in France [J]. Urban Studies, 2005,42(4): 783-800.

[142] Pan A, Bosch D, Ma H. Assessing water poverty in China using holistic and dynamic

principal component analysis [J]. Social Indicators Research, 2017, 130(2): 537 – 561.

[143] Shoshany M, Goldshleger N. Land-use and population density changes in Israel—1950 to 1990: analysis of regional and local trends [J]. Land Use Policy, 2002, 19(2): 123 – 133.

[144] Simon N, Friedman J, Hastie T, et al. Regularization paths for Cox's proportional hazards model via coordinate descent [J]. Journal of Statistical Software, 2011, 39(5): 1.

[145] Tan M, Li X, Xie H, et al. Urban land expansion and arable land loss in China-a case study of Beijing-Tianjin-Hebei region [J]. Land Use Policy, 2005, 22(3): 187 – 196.

[146] Watanabe K, Takeuchi Y. Peripheries and future urban spatial structures of the Tokyo metropolitan area: Correspondence of regional planning [J]. Disp, 2010, 46(181): 60 – 68.

[147] Zhang T. Community features and urban sprawl: the case of the Chicago Metropolitan Region [J]. Land Use Policy, 2001, 18(3): 221 – 232.

[148] Zou, H, Hastie T. Regularization and variable selection via the elastic net [J]. Journal of the Royal Statistical Society, Series B (statistical Methodology), 2005, 67 (2): 301 – 320.